자산 토큰 없는 미래는 없다

- 전문 용어 및 외래어의 경우 외래어표기법이 아닌 업계에서 통용되거나 대중적으로 친숙한 표기법을 따랐습니다.
- 이 책의 일부 이미지 자료는 AI를 활용하여 제작하였습니다.

모든 자산이 코드가 되는 세계

자산 토큰 없는 미래는 없다

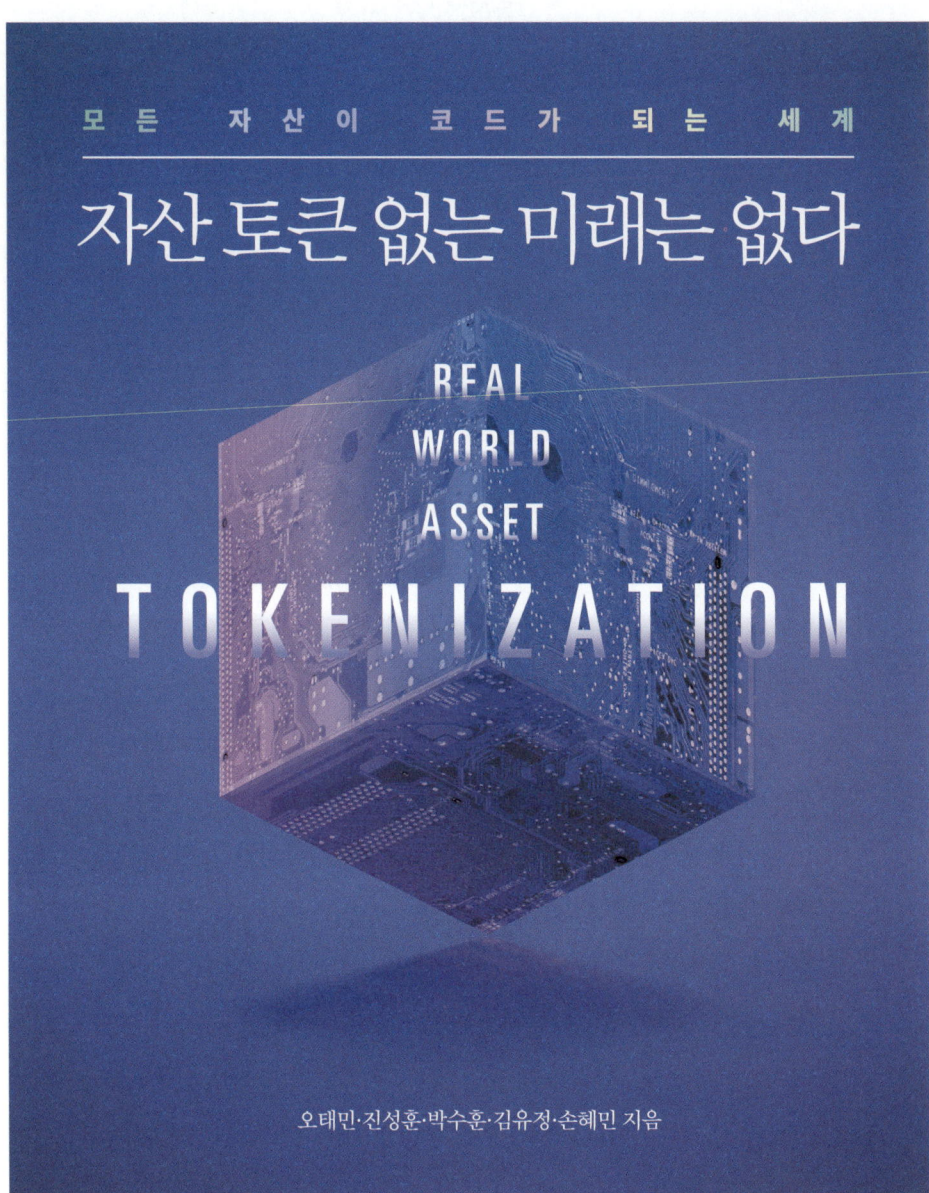

REAL
WORLD
ASSET
TOKENIZATION

오태민·진성훈·박수훈·김유정·손혜민 지음

거인의 정원

들어가며

19세기 중반, 파리의 한 우체국 창구에 선 남자가 편지 한 통을 내밀며 행선지를 말한다. "이탈리아 피렌체로 보내주시오." 그 순간 우체국 관리의 미간이 찌푸려진다. 관리는 책상 밑에서 낡고 두꺼운 규정집들을 꺼내 먼지를 턴다. 당시 프랑스와 이탈리아 사이에는 직통 우편길이 없었다. 편지가 국경을 넘을 때마다 남자는 스위스나 오스트리아 등 경유지 국가들이 요구하는 복잡한 양자 조약을 일일이 대조해야 했다. 거리와 무게를 계산하는 단위도 나라마다 제각각이었고, 각 구간을 통과할 때마다 지불해야 하는 통행세와 우송료는 편지 봉투를 우표로 도배하게 만들었다.

당시에는 편지 한 통을 보내기 위한 운임이 가난한 노동자의 며칠치 임금과 맞먹었다. 신뢰의 범위는 딱 국경선까지였고, 그 선을 넘으려는 종이 한 장은 수십 명의 검문과 계산을 통과해야 하는 '무거운' 짐이었다. 지도는 선으로 나뉘어 있었고 그 선을 넘을 때마다 발생하는 마찰열은 인류의 소통을 끈질기게 가로막았다.

이 고통스러운 불통의 시대를 끝낸 것은 1874년 스위스 베른에 모

자산 토큰 없는 미래는 없다

인 22개국 대표들이 서명한 단 한 문장의 합의였다. '우편에 관해서라면 전 세계는 이제 하나의 단일 영토다'. 이 조약과 동시에 탄생한 일반 우편연합은 물리적 국경보다 강력한 논리적 영토를 창조했다. 모스크바에서 붙인 우표 한 장의 효력을 런던의 집배원이 인정해야 한다는 이 약속은 국가 간의 복잡한 정산 절차를 지우고 도착지는 발송지에 대가를 요구하지 않는다는 상호주의를 정착시켰다. 세계는 개별 국가의 합이 아니라 하나의 거대한 통신 체제로 재편되었다.

자산 토큰화가 던지는 파장도 이와 닮았다. 토큰화라는 혁신은 자칫 미시적인 기술의 유행이나 일시적인 현상으로 비치기 쉽다. 이는 지금까지의 크립토 산업이 실질적인 경제 활동에서 증명해 낸 사용 가치가 눈에 띄지 않았기 때문이다. 대중의 눈에 크립토는 여전히 실체 없는 숫자의 나열이나 투기 수단으로 인식되며, 이로 인해 토큰화가 가져올 변화의 무게 역시 가볍게 여겨진다. 그러나 우리가 주목해야 할 지점은 블록체인 기술이 아니라 그 이면에서 일어나는 권리의 해체와 재구성에 있다.

전통적인 금융과 자산시장에서 하나의 자산은 결코 단순한 물건이 아니다. 부동산이나 기계 장비 같은 자산 위에는 소유권, 점유권, 담보권, 그리고 이용권 등 수많은 권리가 복잡하게 얽혀 있다. 이 권리들은 하나의 덩어리에 단단히 뒤엉켜 있어서 특정 권리만을 따로 떼어 거래하거나 증명하려 할 때마다 막대한 행정적 마찰이 발생한다. 소유권 일부를 넘기려 해도 전체 자산을 다시 평가해야 하고 담보를 설정하려면 자산의 활용성 자체가 묶이는 비효율이 반복된다. 기존 시스템에서 자산 거래가 무겁고 고통스러운 이유는 바로 이 권리의 응집성이라는 고질적인 문제에 있다.

토큰화는 이러한 문제를 해결하기 위해 등장한 해법이다. 자산이 토큰화되면서 확보된 분할성은 자산의 소수점 거래를 가능케 할 뿐만 아니라, 서로 뒤엉켜 존재하던 권리들을 하나씩 떼어내어 유동화할 수 있게 한다. 예를 들면, 점유권은 유지한 채 소유권만 분리하여 매각하거나 특정 시점의 수익 청구권만을 따로 떼어 담보로 제공하는 일이 가능해진다. 얽혀 있던 실타래를 풀어내어 각 가닥을 필요에 맞게 재배치하는 것이 토큰화의 기능이다. 이 과정에서 기관의 승인과 장부의 독점에 기대던 방식은 프로토콜과 표준 그리고 자동화된 규칙으로 이동한다.

이러한 변화는 금융의 인프라를 전면적으로 재설계하는 작업이며 결국 세계체제의 문제로 연결된다. 생산이 사물을 직조하는 과정이라면, 금융은 그 생산을 가능하게 하는 자원의 조달과 위험의 분산 그리고 흐름의 효율화가 일어나는 거울상의 세계다. 생산은 이미 전 지구적 사슬로 연결되어 고도화되었으나 금융을 지탱하는 권리의 기록과 정산 집행의 메커니즘은 여전히 개별 국가의 관할권과 면허 규제 장벽 속에 강하게 맞물려 있다. 시장의 외연은 세계적이었으되 신뢰와 집행이 작동하는 경로는 언제나 국경이라는 두터운 마찰계수를 극복하지 못했다.

국경은 신뢰를 유지하는 장치인 동시에 외부의 신뢰망이 자국의 관할로 침투하는 것을 제한하는 방파제였다. 이 방파제의 물리적 제도적 구조가 바뀌지 않는 한 세계적 생산과 세계적 금융 사이의 지독한 비대칭은 해소될 수 없다. 토큰화는 이 방파제에 균열을 낸다. 토큰은 국경 없이 네트워크를 따라 이동하는데, 전통적인 국경 통제 방식이 이에 대응하려면 기존에 비해 훨씬 더 큰 비용과 복잡한 조정 장치를 요구받는

자산 토큰 없는 미래는 없다

다. 물론 국가는 여전히 강력한 수단을 보유하지만, 이제 변화의 핵심은 기술 구현의 문제가 아니라 비용과 설계 방식의 문제로 전환된다. 제도가 무엇을 허용하고 어디까지 제재하는지에 따라 거래의 경로는 재편될 것이다.

사회학자 이매뉴얼 월러스틴Immanuel Wallerstein이 주창한 세계체제론World-Systems Theory은 이러한 전환점을 읽어 내기에 적합한 도구다. 월러스틴은 세계를 개별 국가의 합이 아니라 하나의 유기적 체제로 보았다. 중심부와 반(半)주변부, 그리고 주변부라는 위계는 자본과 생산, 기술과 제도적 힘이 세계경제 속에서 어떻게 불균등하게 배치되는지를 설명한다. 중심부는 기술과 고부가가치 제품, 군사력을 바탕으로 이윤과 규칙 설정에서 우위를 점하고, 반주변부는 중심부와 주변부의 성격을 함께 지닌 중간지대로 기능하며, 주변부는 원자재와 저임금 노동 공급에 상대적으로 더 크게 의존한다. 이 구조는 오늘날에도 세계경제의 권력관계와 산업질서를 해석하는 데 유효한 질문을 던진다. 토큰화가 고도화됨에 따라 기존의 질서는 어떻게 재배치되는가. 금융의 언어를 누가 설계하고 권리의 표준과 집행 경로를 누가 제공하는가. 토큰화는 이러한 질문들과 정책과 산업의 현실 문제를 결부시킨다.

이 문제에서 한국은 결코 관찰자가 아니다. 한국은 제조업과 기술, 특히 글로벌 단말기 산업에서 압도적인 역량을 축적해 온 국가다. 하지만 동시에 금융은 오랫동안 규제가 빚어낸 폐쇄적 논리 속에서 운영됐다. 이 이중성은 토큰화 시대에 위기이자 기회가 된다. 토큰화가 만드는 표준화 경쟁과 인프라 재편에 능동적으로 참여한다면 한국은 반주변부의 역할에 머무르지 않을 경로를 탐색할 수 있다. 반대로 참여가 지연되거나 방향을 잃으면 이미 형성된 표준과 플랫폼 관할권의 규칙에 종속될 위험이 커진다.

토큰화는 기술 유행이 아니라 질서의 재구성이다. 국경이 작동하던 방식의 비용과 한계를 새롭게 드러내며 신뢰를 국경 안에만 묶어두지 않는 방향의 압력을 만든다. 세계 단위의 신뢰를 형성한다면, 생산과 금융의 연결 구조는 변하고 권리의 표준과 집행 경로를 둘러싼 경쟁은 더 노골화될 것이다. 우리는 현재 자산이 쪼개지고 권리가 더 작은 단위로 표현되는 시대에 살고 있다. 그 조각들은 국경을 넘어 이동하며 새로운 금융 언어를 만든다.

변화의 심도가 깊을수록 변방에 주어지는 기회 또한 그에 비례하여 커진다. 거대한 변화는 반드시 혼돈을 수반하며, 그 혼돈은 영원할 것 같던 기성 질서의 틈을 벌려 균열을 만든다. 이 균열은 누군가에게는 지켜야 할 성채가 무너지는 공포의 징후이지만 변방에서 새로운 질서를 준비해 온 이들에게는 체제의 심장부로 진입할 수 있는 유일하고도 찬란한 관문이 된다. 화폐의 문법이 바뀌고 자산의 형태가 디지털 코드로 재정의되는 지금 이 대전환의 파도는 우리에게 묻고 있다. 기성 권력의 질서가 재편되는 이 순간에 한국은 마침내 세계체제의 중심부로 진입할 수 있을 것인가.

차 례

1장
토큰의 탄생

4장

스테이블코인

====== 7장 ======

강남 아파트 토큰화의 가능성과 현실

1장

토큰의 탄생

REAL
WORLD
ASSET
TOKENIZATION

일상을 바꾸는 토큰

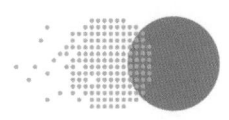

우리가 인식하지 못하는 사이, 이미 금융의 국경선은 소리 없이 무너지고 있다. 아르헨티나의 노점상, 시차와 공휴일에 가로막혀 대금 결제를 고민했던 무역상, 그리고 상당한 수수료를 지불하며 국경 너머의 가족에게 송금해야 했던 필리핀 출신 노동자까지. 이들은 자국의 불안정한 화폐 대신 스마트폰 속에 담긴 USDT(테더社)나 USDC(서클社)와 같은 스테이블코인으로 대금을 주고받는다.

여기서 우리는 이 혁신의 본질을 꿰뚫는 명칭에 주목해야 한다. 달러 스테이블코인은 사실 코인coin이 아니라 토큰token이다. 일반적으로 크립토 세계에서 코인과 토큰을 가르는 보편적인 기준은 '자체 블록체인(메인넷)의 유무'다. 비트코인이나 이더리움, 솔라나처럼 독자적인 네트워크를 갖고, 그 네트워크에서 기본 결제 단위로 기능하는 기반 자산을 코인이라고 한다. 반면 토큰은 기존 메인넷을 플랫폼 삼아서 발행 및 유통되는 자산을 가리킨다. 그러니까 코인이 안드로이드나 iOS 같은 운영체제라면, 토큰은 모바일 앱인 셈이다.

달러 스테이블코인 발행사들은 스스로 거대한 메인넷을 개발하는 수고 대신, 이미 검증된 견고한 요새의 시스템을 빌려 타는 전략을 택했다. 이는 달러라는 현실의 가치물을 블록체인의 언어로 번역함으로써, 해당 네트워크가 지닌 탈중앙적 보안 체계와 국경 없는 전송 효율을 새로운 자산적 특성으로 고스란히 내재화했음을 의미한다. 이 영리한 설계 덕분에 달러는 은행 창구의 승인을 기다리지 않는 능동적인 데이터가 되었다. 인류가 시도해 온 수많은 토큰화 실험 중 실물 경제와 결합한 첫 번째 성공 사례가 바로 달러 스테이블코인이다.

실제로 2025년 기준 스테이블코인의 연간 거래량은 33조 달러(약 4.75경 원)를 돌파했다.[1] 이는 글로벌 결제 거물인 비자VISA와 마스터카드Mastercard의 연간 결제액을 합산한 수치조차 넘어서는 규모다. 물론 카드사의 수치가 개별 소비 결제 중심이라면 스테이블코인의 수치는 자금 이체와 정산을 포괄한다는 차이가 있다. 하지만 스테이블코인이 가치의 전송 규모 면에서 이미 전통 금융의 거인들을 압도하기 시작했다는 사실은 분명하다. 이는 가상 세계의 전유물로만 여겨졌던 블록체인 기술이 현실 경제의 가장 깊숙한 혈관까지 파고들어 금융의 패권을 재편하고 있음을 보여주는 증거다.

달러 스테이블코인의 성공에 힘입어, 이제 시장의 시선은 화폐를 넘어 국채, 주식, 부동산과 같은 더 무거운 자산들, 즉 실물 자산Real World Asset, RWA으로 향하고 있다. 달러가 토큰이 되어 전 세계 네트워크를 누빌 수 있다면, 인류가 가치물이라 믿어온 모든 유·무형의 자산 역시 그 레일 위로 올라오지 못할 이유가 없기 때문이다.

토큰화tokenization는 정보를 디지털로 기록하는 수준에 머물지 않는

자산 토큰 없는 미래는 없다

다. 그것은 자산에 얽혀 있는 복잡한 권리관계를 코드의 언어로 표준화하고, 권리의 이전을 네트워크상에서 즉시 집행 가능하게 만드는 인프라의 재설계다. 스테이블코인이 달러를 토큰화하여 네트워크의 실용성을 입증했다면, 그다음 단계인 자산 토큰화는 권리의 표현 방식과 가치의 이동 경로 자체를 프로토콜 위로 옮기려 한다. 이것은 장부를 보관하고 진실을 확정하는 권한이 중앙화된 기관에서 공유된 네트워크의 논리로 이동하는 거대한 전환이다.

자산을 쪼개고 기호화하려는 시도는 사실 어제오늘의 일이 아니다. 물리적인 물질의 무게를 덜어내고 그 가치만을 뽑아내어 자유롭게 유통하고자 하는 욕망은 금융의 탄생 이전부터 인류의 진화 과정에 깊게 뿌리내려 있었다. 최첨단 기술이 그려내는 화려한 미래상의 이면에는, 보이지 않는 가치를 믿고 거래하고자 했던 인류의 아주 오래된 추상화의 본능이 숨어 있다.

추상화 기술과
기호화된 권리

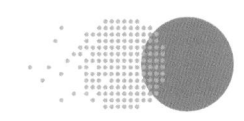

복잡한 현실을 기호로 압축하는
추상화 기술

토큰화는 블록체인 기술이 나타나기 이전부터 인류가 세상을 통제하기 위해 발전시켜 온 오래된 지적 도구인 추상화의 계보 위에 놓여 있다. 추상화란 사물의 복잡한 속성 중 필요한 가치만 추출하고 나머지는 과감히 덜어내는 과정이다. 이는 물리적인 현실을 가벼운 기호로 압축해 다루기 쉽게 만드는 인류만의 독특한 지적 공정이라 할 수 있다.

과거 한국에서 교통카드가 보급되기 전, 현금 대신 요금으로 지불하던 동전 모양의 작은 금속 조각인 버스 토큰은 이 추상의 원리를 잘 보여주는 사례다. 버스 토큰은 오직 버스에 탑승할 권리만을 엄격하게 규정할 뿐이다. 버스 기사에게 토큰을 건네는 행위는 개인의 사회적 지위나 나이 등 복잡한 맥락을 지우고, 시스템이 요구하는 표준화된 신

자산 토큰 없는 미래는 없다

[그림1] 버스 토큰(왼쪽)과 회수권(오른쪽)

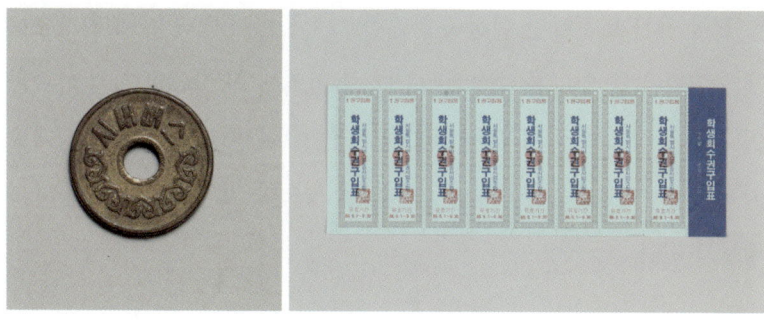

승객의 개별 맥락을 지우고 탑승권이라는 권리만을 표준화된 기호로 압축한 사례로, 일반·학생·좌석 등 이용 조건이 규격화된 단위로 표시된다. (출처: 서울역사박물관, https://museum. seoul.go.kr)

호만을 전송하는 과정인 것이다.

이 추상화 메커니즘은 현대 기호학의 관점에서 볼 때 더욱 선명해진다.[2] 기호학의 아버지 페르디낭 드 소쉬르Ferdinand de Saussure는 우리가 사용하는 언어가 사물 그 자체가 아니라, 사물을 가리키는 하나의 기호라고 설명했다. 그는 기호를 두 가지 요소로 나누었는데, 눈에 보이는 소리나 형태인 '기표signifiant'와 그것이 담고 있는 개념이나 의미인 '기의signifié'가 그것이다. 우리가 '사과'라고 말할 때, 그 소리나 글자 자체는 기표이고 우리 머릿속에 떠오르는 붉고 아삭한 과일의 개념은 기의가 된다.

블록체인 위의 토큰은 이 기호학적 원리를 디지털 세계에서 구현한다. 블록체인에 기록된 암호화된 코드(기표)가 부동산의 소유권이나 금의 가치라는 의미(기의)와 결합할 때, 비로소 자산 토큰이라는 강력한 기호가 탄생하기 때문이다. 소쉬르는 기표와 기의의 결합이 공동체의 약속에 의해 이루어진다고 보았는데, 디지털 토큰 역시 기술적 신뢰와 사회적 합의를 통해 특정 자산을 상징하는 증표로 자리 잡는다.

결국 자산 토큰화란 현실의 복잡한 가치를 디지털 공간에서 자유롭게 주고받을 수 있도록 추상화된 기호로 번역해 낸 인류의 지적 성과물이다. 부동산이나 국채 같은 거대한 자산이 토큰이라는 기호의 형태로 기록되는 순간, 소유권은 물리적 제약을 벗어나 빛의 속도로 이동하는 정보가 된다.

점토 조각에서
문자가 태어나다

이러한 추상의 기술은 이미 기원전 8,000년경 고대 메소포타미아에서 모습을 드러냈다. 당시 사람들은 살아 있는 소 세 마리를 직접 끌고 다니는 대신, 소를 상징하는 작은 진흙 조각, 즉 점토 토큰clay tokens 세 개를 주고받기 시작했다. 이는 거래의 편리성을 위한 도구를 넘어 경제 활동의 중심을 물건의 이동에서 권리의 이전으로 옮겨 놓은 전환점이었다.

물건 대신 그 물건에 대한 기록이 움직이기 시작하면서 거래의 본질이 완전히 달라졌다. 기존의 거래는 눈앞에 있는 사물을 맞바꾸는 순간 모든 과정이 종료되는 단편적인 행위였다. 하지만 점토 조각이라는 기록 매체가 등장하자 사람들은 당장 실물이 없어도 거래를 약속할 수 있게 되었다. 봄에 빌려준 밀 한 포대를 가을에 돌려받기로 하고 점토 조각을 증표로 남기는 식이다. 이 작은 진흙 뭉치 덕분에 인류는 눈앞의 즉각적인 교환을 넘어 시간이라는 개념을 경제 활동에 끌어들일

[그림2] 점토 토큰과 불라

점토 토큰은 실물의 개별 속성을 지우고 소유권이나 수량 같은 권리 정보만을 표기한 형태로 표준화했고 불라는 토큰을 봉인해 거래 내용을 검증·보관했다. 입체 토큰을 담아 확인하던 방식이 점차 겉면의 표식과 기록으로 옮겨가며, 권리의 기호화가 한층 정교해지는 흐름이 이어졌다. (출처: sites. utexas. edu)

수 있었다. 누가 누구에게 얼마의 빚을 졌고 언제 갚아야 하는지 과거의 기록과 미래의 약속이 현재의 거래 속에 하나로 묶이기 시작한 것이다. 즉결 처분되던 사물의 교환이 신용과 부채라는 시간 여행을 시작한, 인간 고유의 문명적 도약이었다.

소 한 마리를 뜻하는 점토 토큰은 그 소의 건강 상태나 크기, 뿔의 모양 같은 구체적인 특징을 담지 않았다. 오직 '소 한 마리에 대한 소유권'이라는 추상적 사실만을 나타냈다. 그 순간 소는 제각기 다른 생명체에서, 동일한 단위로 계산되고 교환될 수 있는 표준화된 대상이 되었다. 누구나 같은 의미로 이해할 수 있는 기호의 질서가 세워진 것이다. 바로 그 지점에서 경제는 사물의 세계를 넘어, 상징과 기록의 세계로 확장되기 시작했다.

추상화는 복잡성을 줄이는 기술을 넘어 사회적 관계를 재배치하는 고도의 통제 기술로 진화했다. 작은 진흙 조각은 무거운 자산을 직접 운반하는 대신 가벼운 토큰을 옮김으로써 멀리 떨어진 타인과 거래할 수 있는 유연한 정보의 길을 열었다. 시간의 정복은 곧 신용의 발명이었다. 지금 당장 실물을 주지 않아도 약속된 권리가 토큰 안에 존재한다는 선언은, 인간이 미래의 자산까지 현재의 경제 활동으로 사용 가능하게 만들었다. 이 선언이 반복되자 공동체는 계약과 채무를 확장시켰고 경제는 하나의 거대한 추상적 질서가 되었다.

시스템이 확장되자 토큰이라는 기록 자체를 어떻게 보호할 것인가라는 새로운 과제가 등장했다. 고대인은 악의적인 조작을 막기 위해 점토 조각들을 둥근 진흙 주머니인 불라bulla 안에 넣어 밀봉했다. 여기서 흥미로운 도약이 일어난다. 이들은 내부의 토큰을 매번 꺼내 확인하기 번거로우니 주머니 겉면에 토큰 모양을 눌러 표시하기 시작했고, 겉면의 기호가 내부의 실물 토큰을 대체하게 된 것이다. 이는 가치의 기록이 언어의 기록으로 진화한 순간이었다.

이 현상은 인류가 구체적인 사물을 점점 더 추상적인 기호로 바꾸어 온 과정을 잘 보여준다. 미국 텍사스 대학교의 고고학자 드니스 슈만트-베세라Denise Schmandt-Besserat는 초기 쐐기문자가 어디에서 비롯되었는지를 연구했다. 그녀는 점토판에 새겨진 기호들이 사실은 과거에 진흙 주머니 표면에 찍혀 있던 토큰의 자국에서 발전했다는 '토큰 가설'을 제시했다.[3]

토큰 가설은 중요한 시사점을 갖는다. 문자는 처음부터 시나 철학을 기록하기 위해 만들어진 것이 아니라, 곡물과 가축, 자산의 이동을 정확히 기록하기 위한 회계 수단에서 출발했다는 것이다. 다시 말해, 글쓰기의 기원은 문학이 아니라 장부였다. 사람들은 물건을 기억하기 위해 기록을 만들었고, 그 기록이 점점 체계화되면서 문자가 탄생했다.

장부 기록 과정에서 인류는 결정적인 기술을 터득했다. 정보를 물질에서 떼어내 따로 다루는 방법이다. 소나 곡물 같은 실물을 직접 옮기지 않고, 그것에 대한 기록을 옮기는 방식이 가능해지자, 사람들은 더 멀리 떨어진 사람들과도 거래하고 협력할 수 있게 되었다. 기록은 신뢰를 저장하는 장치였고, 이 신뢰 덕분에 대규모 사회와 국가가 형성될 수 있었다.

하지만 기록이 생겼다고 해서 모든 문제가 해결된 것은 아니었다. 점토판에 새겨진 장부는 무겁고 보관이 어려웠다. 기록의 진위를 확인하려면 신전이나 왕실의 서고를 직접 찾아가야 했다. 신뢰는 분명히 존재했지만, 쉽게 이동하지는 못했다. 그래서 사람들은 더 나은 방식을 찾기 시작했다. 매번 거대한 장부를 들여다보지 않아도, 손안에서 즉시 가치를 확인할 수 있는 더 작고 더 간편한 신뢰의 매개체를 원했다. 이 갈망은 또 다른 혁명으로 이어졌다. 사람들의 손바닥 위에 차갑고 단단한 금속 조각, 즉 주화가 올라오면서 신뢰는 더 가볍고, 더 널리, 더 빠르게 이동하기 시작했다.

고대 금화가 알려주는 추상화의 비밀

고대 리디아 왕국의 상인은 물건을 거래할 때마다 물건값으로 받은 금덩어리를 저울에 올리고, 돌에 문지르며 순도를 확인해야 했다. 이러한 진위 판별의 어려움은 거래 속도를 늦출 뿐만 아니라, 분쟁의 씨앗이자 경제활동 자체를 주저하게 만드는 요인으로 작용했다. 이에 리디아의 왕들은 이 문제를 해결할 묘책을 내놓았다. 일정한 무게의 금속 조각에 사자의 머리가 새겨진 인장을 찍어 국가가 그 가치를 보증하겠다고 선언한 것이다. 인류 최초의 금속 화폐인 스타테르Stater는 그렇게 탄생했다.[4]

사자 문양은 화려한 장식인 동시에 '이 단위는 공동체가 받아들이기로 한 표준'이라는 선언이었다. 사람들은 금의 진위 여부를 매번 의심하는 대신, 금 위에 새겨진 기호를 신뢰하는 질서 속으로 들어가게 된다. 여기에는 중요한 역설이 숨어 있다. 초기 주화의 재료인 일렉트럼의 금과 은 비율이 일정하지 않을 경우, 가치 판단은 더 복잡해질 수도 있었다. 그런데 바로 그 불확실성 때문에 표식의 힘이 더 커졌다. 표식은 엄밀한 차이를 감안하지 않겠다는 제도적 약속이 되었고, 사람들은 금속의 광택과 성분을 따지는 대신 사자 문양을 확인하는 것으로 족했다.

리디아의 스타테르는 토큰화가 사물의 모든 실체를 옮기는 기술이 아니라는 점을 잘 보여준다. 토큰화는 공동체가 함께 믿기로 한 최소한의 정보를 추출하고, 그 정보를 누구나 확인 가능한 형태로 고정하는 기술이다. 금이 매번 검증해야 할 물질이던 시대에서 표식만 확인하면 곧바로 거래가 성립하는 시대로 넘어가면서, 경제는 기호의 통용이 지배하는 질서로 한층 더 깊이 들어갔다.

리디아의 금속 주화는 신뢰를 표준 규격에 담아내려 했던 인류의 끈질긴 시도라는 점에서 점토 토큰과 하나의 흐름으로 이어진다. 점토 토큰이 공동체 안에서 재고를 관리하고 빚을 기록하는 내부 정산의 도

[그림3] 기원전 6세기 리디아의 일렉트럼 주화

이 주화 금속 조각에는 리디아 왕실의 상징인 사자 머리가 새겨져 있다. 뒷면의 불규칙하게 파인 자국(인큐스 펀치)은 이것이 공식적인 주조 과정을 거친 표준 단위임을 증명하는 일종의 무결성 마크였다. (출처: Wikimedia Commons Public Domain)

구였다면, 금화는 그 기록을 국가의 인장으로 보증해 낯선 이와도 거래할 수 있게 만든 외부 유통의 장치였다. 초기 주화는 가치가 너무 높아 일상의 작은 거래에 쓰이기는 힘들었지만, 손바닥 위의 표식이 이동하며 신뢰를 증명하는 방식은 거래의 마찰을 획기적으로 낮췄다.

그러나 국가가 독점한 이 단단한 표준의 레일도 완벽할 수는 없었다. 국가가 공급하는 화폐가 시장의 수요를 감당하지 못하거나 시스템에 균열이 생길 때, 사람들은 다시 한번 국가의 허락 없이 스스로 신뢰의 레일을 설계하는 대담한 실험을 감행한다.

콘더 토큰:
자치적 경제를 일구는 신뢰의 표준

국가의 시스템이 산업 현장의 속도를 따라가지 못할 때 경제는 모세혈관부터 썩어 들어간다. 18세기 말 영국 산업혁명기의 풍경이 그러했다. 거대한 증기기관이 돌아가고 공장들이 우후죽순 들어섰지만, 정작 시장에는 돈이 돌지 않았다. 국가가 발행하는 소액 주화의 공급이, 폭발적으로 늘어난 임금 노동자와 소매 거래의 수요를 감당하지 못했기 때문이다. 공장주는 노동자에게 줄 잔돈이 없어 임금 지급을 미뤘고, 노동자는 빵 한 조각을 사려 해도 거스름돈이 없어 발을 동동 굴러야 했다. 경제는 부유해졌으나 정작 잔돈이 없어 시스템이 마비될 위기에 처한 상황이었다.

이 병목 현상을 해결한 것은 국가가 아니라 지역의 상인과 제조업자들이었다. 이들은 조폐권이라는 국가의 배타적 권력이 방치된 틈을 타 스스로 신뢰를 설계하기 시작했다. 자신의 공장이나 가게 이름을 새긴 구리 조각을 직접 찍어낸 것이다. 이것이 바로 콘더 토큰conder token이다.[5] 이 금속 조각은 법정 화폐는 아니었지만, 발행자에게 가져오면 언제든 물건이나 정식 화폐로 바꿔주겠다는 강력한 약속을 담고 있었다.[6] 한국에서 통용되던 버스 토큰이 작은 금속 조각 형태로 존재했던 것처럼, 이들은 특정 네트워크 안에서만 통용되는 규격화된 약속이었다.

콘더 토큰의 생생한 위력은 그 정교한 디자인에서 드러난다. 토큰에는 발행자의 상호뿐만 아니라 지역의 랜드마크나 산업의 상징물이 정밀하게 새겨졌다. 사람들은 이 토큰의 재질인 구리에 열광한 것이 아니었다. 그 정교한 문양 뒤에 숨은 발행자의 평판과 사업 규모를 믿었

자산 토큰 없는 미래는 없다

[그림4] 1788년에 발행된 앵글시 광산 회사의 토큰

산업혁명기 영국에서 국가 조폐 시스템의 공백을 메우기 위해 민간 상인들이 발행한 콘더 토큰의 대표적인 사례다. 앞면에는 고대 켈트 문화권의 사제이자 현자인 드루이드Druid의 두상이, 뒷면에는 발행사의 모노그램이 정교하게 새겨져 있다. (출처: Wikimedia Commons Public Domain)

다. 토큰은 발행자의 신용을 담아 유통되는 증표로 기능했다. 신뢰가 중앙의 승인 없이도 민간의 합의를 통해 자생적으로 싹트기 시작한 것이다.

작동 방식은 철저히 실용적이었다. 공장주는 이 토큰으로 주급을 주었고, 노동자는 단골 식당이나 식료품점에서 이를 내밀었다. 상점 주인은 다시 이 토큰을 모아 공장주에게 가져가 정식 화폐로 정산받거나 다른 자재를 구매하는 데 썼다. 국가가 깔아놓은 메인 레일이 끊긴 곳에 상인들이 스스로 레일을 깔아 경제의 선순환을 복원한 셈이다. 여기서 토큰은 멈춰 서려던 임금과 소비의 톱니바퀴를 다시 맞물리게 하는 결제와 정산의 매개체였다.

콘더 토큰은 오늘날 블록체인 위의 탈중앙화 자율 조직Decentralized Autonomous Organization, DAO이 추구하는 가치와 놀라울 정도로 닮아있다. 특정 중앙 기관이 제공하지 못하는 경제적 보상이나 거버넌스governance

구조를 공동체가 직접 설계한 토큰 프로토콜을 통해 창출해 내기 때문이다. 18세기의 상인들이 부족한 화폐를 대신해 자신들만의 신뢰 표준을 정의했듯, 현대의 DAO 구성원들은 투명한 코드로 박제된 규칙 위에서 스스로 경제 생태계를 구축한다. 토큰은 공동체가 함께 믿을 수 있는 최소한의 기호를 정의함으로써 그들만의 질서를 창조해 내는 강력한 사회적 기술이다.

콘더 토큰은 화폐가 국가의 전유물이 아니라 공동체의 확신이 응집된 결과물임을 증명했다. 중요한 것은 기호의 형태가 아니라 그 기호를 지지하는 구성원들의 집단적 믿음이다. 이제 논의의 초점은 신뢰의 역사적 궤적을 넘어, '인간이 왜 특정한 기호에 가치를 부여하고 그 약속에 따라 일사불란하게 움직이는가'라는 근원적인 지점으로 향한다. 우리가 토큰이라는 기호 앞에서 이토록 질서 정연하게 행동하는 이유는 기술적 무결성에 있지 않다. 그것은 보이지 않는 가치와 상징에 응답하도록 진화되어 온 인간의 심리에 있다.

심리학이 발견한
토큰 경제

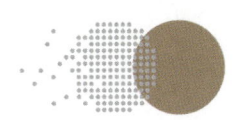

행동을 디자인하는 인프라

토큰은 단지 가치를 저장하거나 이동시키는 도구에 그치지 않는다. 토큰은 인간의 심리를 파고들어 행동을 특정한 방향으로 수정하고 강화하는 인프라로 작동한다. 누군가에게 특정 행위에 대한 보상을 약속하며 직접 설득하는 기술과, 행위의 결과로 토큰이 쌓이게 하여 스스로 움직이게 만드는 통제 기술은 전혀 다른 차원의 지배력이다. 전자가 개인에게 일일이 동의를 구하는 호소라면, 후자는 인간의 욕망을 건드려 자발적으로 움직이는 체제를 구축한다.

이러한 설계의 원형은 우리 일상 어디에나 존재한다. 어린 시절 선생님께 받았던 포도알 모양의 칭찬 스티커를 떠올려보자. 아이들이 열광한 것은 스티커 자체가 아니다. 스티커가 다 채워졌을 때 보상을 받는다는 약속, 그리고 스티커를 하나씩 붙이는 과정에서 시각적으로 쌓

[그림5] 토큰 이코노미의 원형

포도알 모양의 칭찬 스티커와 커피 무료 쿠폰은 토큰 이코노미의 원형이다. (출처: 나노 바나나 생성 이미지 재가공)

여가는 성취의 기록이 아이들의 행동을 바꿨다. 카페의 쿠폰 도장이나 중국집의 탕수육 서비스 쿠폰 역시 마찬가지다. 기업은 고객에게 매번 재방문을 호소하는 대신, 쿠폰이라는 약속을 통해 고객이 자연스럽게 다시 찾아오는 구조를 만든다.

이 메커니즘을 가장 먼저 체계적으로 연구한 분야는 블록체인 공학이 아니라 20세기 중반의 행동주의 심리학이었다. 스키너B.F. Skinner를 필두로 한 행동주의자들은 인간의 마음속 깊은 곳에 숨겨진 의도나 복잡한 동기를 먼저 묻지 않았다. 대신 눈앞에서 관찰 가능한 것, 즉 인간의 행동이 어떤 조건에서 강화되고 어떤 조건에서 소멸하는지를 정밀하게 실험했다. 그 과정에서 그들이 발견한 인류학적 성과는 '토큰 경제token economy'와 직결된다.

토큰 경제의 원리는 단순하지만 파괴적이다. 바람직한 행동이 일어

자산 토큰 없는 미래는 없다

났을 때 음식이나 휴식 같은 즉각적인 보상을 주는 대신, 나중에 실제 보상으로 교환할 수 있는 증표를 먼저 건네는 방식이다. 이때 토큰은 그 자체로 욕구를 채워주는 물질은 아니지만, 가치 있는 보상과 연결되는 순간 강력한 의미를 획득하는 조건 강화물conditioned reinforcer이 된다. 인간은 눈앞의 물리적 보상이 없어도 이 가벼운 증표를 모으는 과정 그 자체에서 보상을 얻는 것과 유사한 심리적 동력을 얻는다.

토큰 경제는 개인의 유약한 의지에 기댈 수밖에 없던 영역을 견고하게 짜인 구조의 영역으로 옮겨 놓는다. 인간은 토큰이 제시하는 규칙 안에서 자신의 행동을 조절하며 시스템이 지향하는 방향으로 스스로를 정렬시킨다. 이러한 반응은 문명화된 인간의 고등 지능에만 국한된 현상이 아니다. 실험을 통해 반복적으로 관찰된 이 놀라운 본능은, 생명체가 생존을 위해 가치를 기호화해 온 진화의 흔적이다.

실험실의 발견:
토큰은 어떻게 실재하는 가치가 되는가

토큰이 가진 힘은 1930년대 존 울프John B. Wolfe의 침팬지 실험에서 잘 드러난다. 울프의 핵심 발견은 보상 그 자체가 아니라 보상으로 교환될 수 있다는 표식만으로도 유기체의 과제 수행 능력이 유지된다는 점이었다.[7] 실제로 침팬지들은 가치가 있는 토큰과 없는 토큰을 철저히 구별했으며, 가치 없는 토큰에 대해서는 즉각적으로 흥미를 잃었다. 토큰은 허기를 채워주지 않지만 교환 가능성이라는 약속을 통해 행동을 미래의 보상과 연결한다.

토큰이 고도의 경제적 매개체로 작동한다는 사실은 예일 대학교 키스 첸Keith Chen의 카푸친원숭이 실험에서 정점을 찍는다. 원숭이들에게 토큰을 돈처럼 사용하게 하자, 그들은 토큰의 가격 차이를 머릿속으로 계산해 더 유리한 조건을 제시하는 상대방과 거래했다. 놀라운 점은 선택이 위험과 결합될 때 나타났다. 연구팀은 두 명의 실험자를 통해 원숭이들의 선택을 관찰했다. 첫 번째 실험자는 사과 한 조각을 보여준 뒤, 절반의 확률로 보너스 한 조각을 더 얹어 주었다. 반면 두 번째 실험자는 처음부터 사과 두 조각을 보여주었지만, 마찬가지로 절반의 확률로 한 조각을 빼앗아 한 조각만 주었다. 결과적으로 두 실험자가 주는 사과의 평균 양은 1.5 조각으로 정확히 같았지만, 원숭이들은 압도적으로 첫 번째 실험자를 선호했다.[8]

두 실험자가 평균적으로 같은 양의 사과를 제공했음에도 원숭이들이 첫 번째 실험자를 선호한 이유는 처음부터 두 조각을 가졌다고 믿었다가 한 알을 잃는 상실감, 즉 손실 회피loss aversion 성향이 원숭이들에게도 강력하게 작용했기 때문이다. 이런 결과는 적어도 경제 생활에서 보이는 우리의 행동 편향이 문화적 학습만의 결과가 아니라, 진화 과정에서 깊이 각인된 본능에 뿌리를 두고 있음을 시사한다.

실험 결과가 가리키는 바는 분명하다. 토큰은 가치를 담는 그릇이 아니라, 무엇에 가치가 있다고 믿게 만드는 인지적 인터페이스다. 현대 사회에서 인간이 가치를 인식하고 행동을 결정하는 과정은 이 인터페이스가 제안하는 정보의 틀 안에서 환경과 상호작용하며 최선의 경로를 찾아가는 동적인 탐색에 가깝다.

자산 토큰 없는 미래는 없다

블록체인,
인간의 심리를 코딩하다

블록체인 시스템은 인간의 본능적 욕망과 공포를 네트워크의 무결성을 유지하는 연료로 사용한다. 심리학이 실험실에서 발견한 행동 원리를, 코드라는 문법을 통해 강제력을 가진 경제적 규칙으로 구현한 것이다.

이러한 설계의 대표적인 사례가 에어드롭airdrop이다. 에어드롭은 새로운 프로젝트가 불특정 다수에게 토큰을 무상으로 배분하는 행위를 말한다. 언뜻 보면 공짜 돈을 뿌리는 마케팅처럼 보이지만, 그 이면에는 심리적 계산이 깔려 있다. 토큰을 보유하지 않은 사람이 새로운 크립토 자산을 소유하기까지는 심리적 장벽을 넘어야 하지만, 조금이라도 자산을 보유하게 되면 사용자는 해당 프로젝트에 훨씬 더 강한 소속감과 참여 의지를 갖게 된다. 일단 지갑에 토큰이 들어오는 순간, 참여자는 이를 자신의 자산으로 인식하고, 그 가치를 지키거나 키우기 위해 시스템의 규칙을 학습할 가능성이 높다.

스테이킹staking은 인간이 본능적으로 느끼는 손실에 대한 두려움을 네트워크 보안 장치로 전환한 구조다. 지분증명Proof of Stake, PoS[9]이라는 블록체인 합의 방식에서 참여자는 자신이 보유한 토큰을 일정 기간 네트워크에 묶어두는데, 이러한 스테이킹은 '규칙을 지키겠다'는 경제적 서약에 가깝다. 이 담보를 걸어야만 블록 생성과 검증에 참여할 수 있다.

PoS에서 스테이킹은 두 가지 주요 기능을 담당한다. 첫째는 보안 장치로써의 기능이다. 만약 장부를 조작하거나 거짓말을 한 사실이 적발되면 예치한 자산의 일부 또는 전부가 몰수되는데, 이를 슬래싱slashing

이라고 한다. 규칙을 어기면 실제 경제적 손실이 발생하도록 설계한 것이다. 둘째는 이해관계 정렬이다. 일정한 지분을 보유한 참여자만 네트워크 운영에 참여할 수 있으므로, 이해관계가 일치하는 주체들만 의사결정에 관여하게 된다. 참여자는 네트워크의 가치가 상승할수록 스테이킹한 자산의 가치도 함께 오르기 때문에, 시스템의 안정과 성장에 기여하게 된다.

결국 PoS는 전기를 소모해 신뢰를 확보하는 대신, 손실 회피라는 인간의 심리를 코드로 설계해 보안을 만든다. 핵심은 인간의 행동 방식이다. 우리는 추가로 얻는 이익보다 이미 가진 것을 잃는 고통에 훨씬 더 민감하게 반응한다. 행동경제학이 보여주듯, 동일한 크기의 이익과 손실이 있을 때 손실이 더 크게 느껴진다. 스테이킹은 바로 이 심리를 활용한다. 감시자가 상시 통제하지 않아도, 참여자는 자신의 자산을 지키기 위해 자발적으로 규칙을 준수하게 된다. 두려움이 질서로 전환되는 지점이다.

이처럼 블록체인은 인간의 심리를 전제로 설계된 시스템이다. 각 참여자는 자신의 이익을 극대화하려고 행동하지만, 그 행동이 네트워크 전체의 안전과 가치를 높이는 방향으로 정렬되도록 규칙이 짜여 있다. 개인의 합리적 선택이 집단의 안정으로 이어지도록 설계된 구조다. 토큰이라는 기호가 본능을 자극하고, 코드가 그 본능을 일정한 규칙 위에 올려놓는다. 블록체인은 그렇게 심리와 수학을 결합해 작동하는 사회적 운영체제다.

블록체인이 설계한 심리적 인프라는 이제 우리에게 근원적인 질문을 던진다. 내 본능과 행동이 코드로 설계된 질서 안에서 움직이고 있다면, 그 장부 위에 기록된 가치는 진정 누구의 것인가. 기술이 설계한

자산 토큰 없는 미래는 없다

이 촘촘한 규칙은 인류가 오랫동안 유지해온 소유의 개념을 뿌리부터 흔들기 시작했다. 이제 우리는 코드가 정의하는 새로운 소유의 문법, 즉 디지털 주권이라는 낯선 영토로 진입하고 있다.

디지털 주권의 탄생

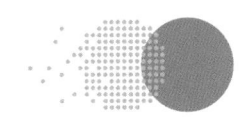

복제 가능한 세계에는
권리의 등기가 없다

한때 서울의 웬만한 아파트 한 채 값과 맞먹었던 픽셀 덩어리가 있다. 바로 게임 리니지의 '진명황의 집행검'이다. 게이머들은 이 검을 얻기 위해 수천만 원에서 억 단위의 현금을 쏟아붓고, 수개월의 시간을 사냥터에서 보낸다. 현실의 부동산처럼 거래되고 가치가 매겨지지만, 여기에는 비밀이 숨어 있다. 억대 가치의 아이템을 들고 있어도, 게임사가 서버를 닫거나 계정을 정지하는 순간 그 자산은 흔적도 없이 증발한다. 법적으로 게이머가 소유한 것은 검이 아니라, 단지 서비스에 접속할 임시 권한뿐이기 때문이다.

이 기묘한 풍경은 디지털 세계가 가진 근본적인 결함, 즉 소유권의 부재를 폭로한다. 물리 세계에서 재산권은 사물의 질감과 마찰 위에서 있다. 한 사람이 점유한 공간에 타인이 들어오려면 물리적 충돌을 감수해야 하며, 이 마찰이 곧 원초적인 등기 역할을 한다. 반면 복제가 기본값인 디지털 영토에는 점유가 없다. 내가 만든 데이터조차 플랫폼의 서버에 기록되는 순간, 법적 실재는 플랫폼의 소유로 귀속된다. 권리를 고정할 물리적 받침이 사라진 자리에는 플랫폼이 허용한 임시적 상태만이 남을 뿐이다.

리니지는 이 구조적 모순이 폭발한 거대한 실험실이었다. 혈맹이 공성전으로 성을 차지하고 세율을 정해 세금을 걷는 과정은 현실의 봉건제와 다를 바 없었다. 권력이 곧 자원 배분권이라는 냉혹한 자본주의 공식이 이식된 것이다. 하지만 유저들이 밤새 일궈낸 이 경제 생태계는 등기부등본도 법적 보호 장치도 없는 모래성 위에 지어졌다. 약관상 캐릭터와 아이템의 최종 소유권은 회사에 귀속되었고, 이용자에게 주어진 건 단지 서비스 이용 권한에 불과했다.

이더리움의 창시자 비탈릭 부테린은 10대 시절 게임 월드 오브 워크래프트를 즐기다 이 편리한 시스템의 대가를 직시했다. 열성 게이머가 흔히 그렇듯, 그에게 게임은 하나의 실재하는 세계였으며, 게임 캐릭터는 그저 가상의 데이터가 아니라 수많은 노력과 시간을 들여 완성한 애착의 대상이었다. 그런데 돌연 게임 운영사인 블리자드가 자신이 키운 캐릭터의 고유 기술을 하루아침에 하향 조정한 것이다. 부테린은 그날의 충격을 이렇게 회고했다. "중앙화된 서비스가 얼마나 끔찍한 권력을 휘두를 수 있는지 뼈저리게 깨달았다."[10]

이는 비단 게임만의 문제가 아니다. 우리가 살아가는 웹 2.0 시대의 본질적인 한계다. 웹 1.0이 정보를 소비하는 읽기의 시대였다면, 웹 2.0은 사용자가 콘텐츠를 생산하는 쓰기의 혁명이었다. 하지만 우리는

[그림6] 이더리움 창시의 계기가 된 사건을 회고하는 비탈릭 부테린

그는 자신의 개인 프로필 페이지about.me를 통해 중앙화된 서비스의 공포를 깨달았던 당시의 심정을 직접 서술했다. (출처: https://about.me/vitalikbuterin)

쓰기 권한은 얻었을지언정 소유 권한은 얻지 못했다. 인스타그램의 게시물, 유튜브의 영상, 쇼핑 플랫폼의 포인트는 모두 기업의 데이터베이스에 종속된 기록일 뿐이다. 사용자는 소유의 감각을 체험하지만, 실제로는 플랫폼이 허용한 범위 안에서의 임시적 접근권을 누릴 뿐이다.[11]

플랫폼이 기록을 독점하고 판정까지 도맡는 구조는 중앙화된 통제의 편의성에 특화되어 있다. 그러나 그 편의의 대가는 개인 주권의 상실이다. 서비스가 종료되면 장부가 사라지고, 장부가 사라지면 권리도 증발한다. 우리가 디지털 영토에서 누려온 신뢰는 언제든 플랫폼에 의해 회수될 수 있는 조건부 신뢰였다. 이제 인류는 플랫폼이 설계한 임시적 소유를 넘어, 코드가 보증하고 네트워크가 증명하는 영구적 소유를 갈망하기 시작했다. 이것이 바로 우리가 웹 3.0 시대의 디지털 주권이라는 새로운 소유 문법에 주목해야 하는 이유다.

자산 토큰 없는 미래는 없다

플랫폼의 장부에서
합의의 장부로

블록체인이 가져온 전환은 기술의 진보에서 시작되지 않는다. 그것은 권력 구조의 이동에서 시작된다. 그 핵심은 단 하나의 질문이다. '누가 장부를 소유하는가.'

기존 플랫폼 경제에서 장부는 기업의 것이었다. 꾸준한 결제로 모은 마일리지, 게임 속에서 수백 시간을 바쳐 얻은 희귀 아이템, 소셜 미디어에 쌓아 올린 수만 명의 팔로워 등 사용자의 시간과 돈이 투입된 자산 기록은 기업의 중앙 서버에 저장되는데, 이는 회사 금고 깊숙한 곳에 보관된 비밀 수첩과 같았다. 우리는 그 기록을 신뢰했지만, 그 장부에 접근하거나 수정할 권한은 전적으로 기업의 재량에 달려 있었다. 플랫폼이 허락하면 존재하고, 플랫폼이 닫히면 사라지는 자산. 이것이 토큰화 이전 디지털 경제의 기본값이었다.

블록체인은 이 지배 구조를 뒤집는다. 블록체인의 장부는 특정 기업의 밀실에 존재하지 않는다. 네트워크에 참여하는 수많은 컴퓨터가 동일한 장부의 사본을 동시에 대조하고 검증한다. 과반수의 수학적 합의가 이루어져야만 새로운 기록이 추가되므로 누군가 임의로 기록을 조작하거나 삭제할 수 없다. 이 합의 메커니즘은 자산 기록의 최종 결정권을 기업의 자의적 재량에서 떼어내 알고리즘이라는 투명한 규칙 위에 고정시킨다.

자산의 기록이 특정 기업의 비공개 데이터베이스에서 누구나 검증 가능한 공개 장부로 이동하는 순간 디지털 자산은 플랫폼 밖에서도 살아남을 수 있는 독립성을 획득한다. 이 투명성은 개인의 권리가 기업의 울타리에 갇히지 않도록 만드는 기술적 해방이다. 이러한 해방의 파급력을 가장 직관적으로 보여주는 축소판이 바로 온라인 게임 세계다. 지금까지 게임 아이템을 현금으로 거래하는 행위는 운영진의 눈을 피해 이루어지는 밀수와 같았다. 매수자가 돈을 입금하면 매도자는 게임 속 외진 장소에 아이템을 떨어뜨려 놓고 도망치듯 떠났다. 수만 건 중 한 건만 사기가 발생해도, 그 한 건이 내 차례일지 모른다는 공포 속에서 거래는 이루어졌다.

토큰화는 이 음지의 거래를 투명한 금융의 영역으로 끌어올린다. 흥정이 끝나면 토큰화된 달러 스테이블코인과 토큰화된 아이템이 스마트 컨트랙트(본문 00쪽 참조)를 통해 즉시 교환된다. 대금 지급과 소유권 이전은 동시에 일어난다. 둘 다 성공하거나 둘 다 실패할 뿐 한쪽만 성공하는 일은 존재하지 않는다. 돈만 받고 물건을 주지 않는 식의 구조적 사기는 수학적으로 차단된다.

하지만 토큰화의 진정한 파괴력은 거래의 안전을 넘어 자산의 보편성에 있다. 예컨대 대한항공 마일리지는 대한항공 서버 안에서만 가치가 있고 회사가 정한 비율로만 쓸 수 있다. 그러나 이 마일리지가 블록체인 네트워크 위의 토큰으로 발행되면 상황은 달라진다. 그것은 거래소에서 자유롭게 거래되거나 탈중앙화 금융 프로토콜에 예치되어 이자를 창출할 수도 있다. 이로써 플랫폼의 벽은 사라진다.

게다가, 디지털 플랫폼은 태생적으로 국경이 없다는 사실은 이 변화의 영향권을 세계 전체로 확대한다. 토큰화의 보편성이 곧 국경을 초월한다는 뜻이다. 한국 게임에서 획득한 아이템 토큰을 미국 거래소에서 팔고, 그 대금으로 일본 게임의 자산을 구매하는 것이 가능해진다. 기업의 허락도, 환전 창구도, 영업시간도 필요 없다. 거래는 24시간 실

시간으로 이루어진다.[12]

이 지점에서 우리는 하나의 근본적인 변화를 목격한다. 플랫폼 경제가 사용자에게 사용 권한을 시혜적으로 부여했다면, 블록체인 경제는 개인에게 완전한 소유권을 부여한다.

플랫폼 경제는 이렇게 말한다.

"우리 서비스를 사용하는 동안 이 아이템을 사용할 권리를 드립니다. 단, 우리는 언제든 이를 회수할 수 있으며, 서비스 종료 시 가치는 0이 됩니다."

블록체인 경제는 이렇게 말한다.

"이 토큰은 당신의 것입니다. 어디든 옮길 수 있고, 누구에게든 팔수 있으며, 플랫폼이 사라져도 당신의 소유권은 유지됩니다."

이 차이는 권리 구조의 진화를 상징한다. 농경 사회에서 토지 소유권이 문서로 확립되었고 산업 사회에서 주식회사의 지분이 증권이라는 형태로 제도화되었다. 이제 디지털 사회에서는 토큰이라는 형태로 가상 공간에서의 소유권이 증명된다. 인류가 수천 년 동안 지켜온 소유라는 본능이 비로소 디지털 세계에서 완벽한 제도의 옷을 입은 것이다.

블록체인은 단지 새로운 기록 방식이 아니다. 그것은 권리가 어디에 기록되고, 누가 그것을 통제하며, 누가 그것을 검증하는지를 다시 정의하는 장치다. 이 전환은 기술의 변천사가 아니라, 권리의 진화다. 우리는 지금 디지털 세계에서 소유가 제자리를 찾아가는 장면을 목격하고 있다.

NFT:
복제 가능한 세계에 이식된 디지털 등기

이러한 소유의 결핍을 기술적으로 해결하려는 시도가 바로 대체 불가능 토큰Non-Fungible Token, NFT다. NFT의 본질은 무한 복제가 기본값인 디지털 영토에 유일성과 점유의 좌표를 이식하는 데 있다. 8,000년 전의 점토 토큰이 소를 직접 끌고 다니지 않고도 소유권을 이전했듯, NFT는 디지털 데이터 그 자체가 아니라 그 데이터에 부여된 권리의 위치를 이동시킨다. 복제 가능한 세계에서 유일한 것을 만드는 방법은 사물을 가두는 것이 아니라, 권리를 중복 불가능하게 기록하는 표준화된 레이어를 구축하는 것이다.

가장 흔한 오해는 NFT를 이미지 파일 그 자체로 착각하는 데서 발생한다. 누구나 복사할 수 있는 파일에 소유권이 무슨 의미가 있느냐는 질문은 NFT가 겨냥하는 대상이 권리의 묶음임을 간과한 결과다. 현실에서 아파트의 가치가 콘크리트 덩어리가 아니라 등기부등본상의 법적 지위에 있듯, NFT는 디지털 자산과 연결된 권리의 좌표를 고정한다. 더욱 중요한 점은 이 권리가 소유라는 추상적인 단어에 머물지 않고, 누가 어떤 권한을 지녔는지에 대한 구체적인 기능들로 분화된다는 사실이다. 고급 사교 모임의 입장권, 게임 내 최고 사양의 아이템 사용권, 혹은 수익 분배에 대한 청구권 등이 조항 단위로 분리되어 장부에 기록된다.

이 구조적 변화는 소유권을 플랫폼의 서비스 경험에서 독립된 권리로 격상시킨다. 웹 2.0 환경에서 우리의 자산은 특정 기업의 서버와 약관에 종속된 임시적 상태에 불과했다. 하지만 웹 3.0은 이 권리의 기록을 플랫폼 내부의 밀폐된 수첩이 아니라, 누구나 검증가능한 공개 장부와 합의 규칙 위로 끌어올린다. 자산의 기록이 특정 기업의 재량이 아닌 네트워크의 절차로 확정되는 순간, 디지털 자산은 비로소 플랫폼 밖에서도 살아남을 수 있는 독립적인 생존력을 획득한다.

사용자가 이 권리를 직접 다루는 도구가 바로 지갑wallet이다. 블록체인 지갑은 은행 계좌처럼 기업이 관리하는 저장소가 아니라, 공개 장부 위에서 특정 권리가 나에게 속해 있음을 증명하는 열쇠key를 보관하는 장치다. 사용자는 이 열쇠를 통해 권리 이전을 직접 승인하고 행사한다. 결과적으로 플랫폼의 위상도 변화한다. 웹 3.0 플랫폼은 더 이상 권리를 시혜적으로 대여해주는 주체가 아니라, 이미 장부에 존재하는 사용자의 권리에 접속하도록 돕는 인터페이스가 된다.

결국 NFT는 디지털 권리의 내용을 흐릿한 약관에서 검증 가능한 코드로 변환하는 기술적 시도다. 소유라는 본능이 가상 공간에서 명확한 법적·기술적 지위를 찾아가는 과정이기도 하다. 플랫폼의 선의에 기대지 않고 코드의 규칙 위에서 스스로의 자산을 처분하고 이동시킬 수 있는 이 구조야말로, 인류가 디지털 영토에서 처음으로 손에 쥐게 된 진정한 의미의 주권이다.

스마트 컨트랙트:
스스로 움직이는 자산의 탄생

블록체인이 가져온 신뢰의 진화는 권리를 장부에 정적으로 기록하는 수준에 머물지 않는다. 권리가 특정 조건에 따라 스스로 움직이고 집행되는 규칙의 영역으로 진입할 때, 비로소 토큰화의 진정한 파괴력이 드러난다. 이 전환을 가능하게 하는 장치가 바로 스마트 컨트랙트 smart contract다.

스마트 컨트랙트라는 명칭은 오해의 소지가 있다. 이것은 지능을 가진 계약서가 아니라, 계약의 문장을 코드로 치환한 실행 규칙에 가깝다. 현실의 계약은 종이에 적힌 조항이 행동으로 이어지기까지 대금 입금 확인, 서류 검토, 도장 날인 등 수많은 인간의 개입과 재량을 필요로 한다. 분쟁이 발생하면 법원의 해석과 집행을 기다리는 마찰 비용도 감수해야 한다. 반면 스마트 컨트랙트는 특정 조건이 충족되면 결과가 자동으로 도출되는 디지털 자판기와 같다. 자판기에 동전을 넣고 버튼을 누르는 순간 주인의 허락 없이 음료가 나오듯, 계약의 핵심은 해석과 승인에서 실행과 검증으로 이동한다.

이 구조 안에서 토큰은 자산에 대한 기록을 넘어 프로그래밍 가능한 권리programmable rights가 된다. 토큰 자체에 전매 제한, 창작자 로열티 자동 배분, 특정 조건에 따른 권리 회수 조항 등을 원하는 대로 설계해 집어넣을 수 있기 때문이다. 거래는 더 이상 누군가의 승인에 의해 성립되는 사건이 아니라, 미리 합의된 규칙이 작동한 결과로 안착한다. 이는 인간의 재량이 개입할 여지를 삭제함으로써 시스템의 예측 가능성을 극단적으로 높이는 인프라적 혁신이다.

그러나 스마트 컨트랙트에는 치명적인 전략적 약점이 존재한다. 이 엔진은 장부 안의 데이터on-chain만을 인식할 수 있는 눈먼 집행자라는 점이다. 비행기 연착 여부, 담보 자산의 실시간 가격, 실물 문서의 진위와 같은 현실의 사건off-chain은 블록체인이 스스로 알 수 없다. 장부라는 견고한 성벽 안에서 밖을 내다보지 못하는 이 한계를 해결하기 위해 외부 데이터를 전달하는 중계자인 오라클oracle이 등장한다.

여기서 이른바 오라클 문제라는 거대한 병목 현상이 발생한다. 블록체인 내부를 아무리 무결하게 설계해도, 외부에서 입력되는 데이터가 오염된다면 스마트 컨트랙트는 그 잘못된 사실을 근거로 계약을 즉시 집행해 버린다. 기술적으로 완벽한 장부가 거짓 데이터에 의해 오염되는 순간, 탈중앙화의 신뢰는 붕괴한다.

이 문제를 극복하는 핵심은 단일한 선언을 믿는 것이 아니라 조작이 불가능한 구조를 설계하는 데 있다. 데이터를 여러 출처에서 병렬로 참조해 다수결이나 중앙값으로 값을 확정하는 분산형 구조를 취하고, 잘못된 데이터를 제공한 운영자에게 경제적 손실을 입히는 구조의 설계가 필수적이다. 또한, 고액 거래일수록 즉시 집행 대신 의도적인 지연 시간과 이의제기 절차를 두어 시스템의 안전밸브를 마련해야 한다. 오라클은 신뢰의 거점을 사람의 재량에서 시스템의 절차로 옮겨놓기 위한 책임 장치여야 하기 때문이다.

어떤 사실을 장부에서 확정하고, 외부의 어떤 데이터를 신뢰할 것인지, 그 사이의 연결 고리를 어떻게 설계할 것인가가 토큰화 전략의 성패를 가른다. 재량이 지배하던 공간을 정교한 코드의 논리로 채워 넣는 과정, 그것이 바로 지능형 자산이 탄생하는 경로다.

물질의 시대를 넘어
유동성의 바다로

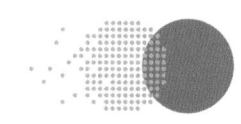

　토큰은 새로운 발명품이 아니다. 오히려 인류 문명이 확장될 때마다 반복해서 선택해 온 오래된 해법에 가깝다. 앞서 살펴본 것처럼, 사물을 통째로 이동시키는 대신 그 사물에 대한 권리와 규칙만을 떼어내 기호로 압축하는 편이 훨씬 빠르고 정확하기 때문이다.

　메소포타미아의 점토 토큰, 고대의 금화, 근대의 지폐와 수표 그리고 오늘날의 디지털 코드에 이르기까지 토큰은 복잡한 현실을 계산 가능한 신호로 바꾸는 도구였다. 물건 자체가 아니라 '누가 무엇을 소유하는가'라는 정보를 표준화해 유통함으로써 자산에 묶여 있던 유동성을 해방시켜 거대한 상업 네트워크를 가동했다. 토큰은 물질을 줄이고 정보를 남기는 기술이었다.

　동시에 토큰은 인간의 인지적 한계를 비약적으로 확장하는 장치이기도 하다. 사물을 기호로 바꾸면 우리는 그것을 더 쉽게 비교하고 합산하고 교환할 수 있다. 이는 물질 세계의 배치를 훨씬 빠르게 재구성

　　　　　　　　　　　　　　　자산 토큰 없는 미래는 없다

하게 만든다. 반대로 형태가 없는 신용이나 미래의 기대 가치 같은 무형의 영역은 토큰을 통해 구체적 보상과 연결된다. 토큰은 물질을 추상화하는 동시에 무형의 권리를 교환 가능한 자산으로 물질화하는 이중적 성격을 지닌다.

블록체인은 이 오래된 추상의 기술을 무한히 복제되는 디지털 환경에 이식했다. 기존의 디지털 세계에서는 파일이 무한히 복사될 수 있어 원본과 사본의 구분이 불가능했고 따라서 가치를 교환하려면 누군가 중앙에서 장부를 통제해야만 했다. 하지만 블록체인은 네트워크 참여자들의 수학적 합의를 통해 특정 데이터가 유일한 원본임을 증명하고 누가 무엇을 가졌는가에 대한 기록을 임의로 바꿀 수 없도록 확정한다.

그 결과 소유자는 플랫폼의 통제에서 벗어나 자산을 다른 시스템이나 국경 너머로 자유롭게 옮길 수 있고 제삼자에 의해 일방적으로 권리를 박탈당하지 않는다. 물리적 형태가 없는 디지털 권리가 위변조 불가능한 분산 장부를 통해 완벽한 독립성을 획득하는 것이다. 이 구조가 자리 잡으면 토큰화는 가상자산이라는 기존의 틀에 머물지 않는다. 국채, 예금, 부동산 같은 전통 자산뿐만 아니라 음악 저작권, 탄소배출권, 나아가 개인의 미래 소득까지도 표준화된 단위로 쪼개져 유통될 수 있다. 물리적으로 고정된 자산은 현실 세계에 그대로 존재하지만 그 가치를 나타내는 권리는 더 작고 더 가볍게 나뉘어 전 세계를 흐른다. 토큰은 인류가 자산을 소유하고 교환하며 연결하는 방식을 점점 더 정보 중심적으로 재구성해 온 거대한 진화 흐름의 연장선에 있다. 물질을 줄이고 신뢰할 수 있는 기록을 남기는 선택. 그 선택이 반복될 때마다 인류 경제의 영토는 한 단계씩 팽창해 왔다.

대한민국 역사상 가장 큰 금융사기, 1980년대 어음 파동

콘더 토큰이 던지는 메시지는 국가가 아닌 지역 상인과 제조업자가 화폐의 발행자 역할을 할 수 있다는 것이다. 이와 같은 현상은 시대와 공간을 뛰어넘어 1980년대 한국에서도 발생했다. 당시 한국은 고속 성장의 한복판에 있었다. 중화학 공업이 급팽창하고 기업 간 거래가 폭증했지만, 금융 시스템은 여전히 정부의 강한 통제 아래 묶여 있었다. 금리는 규제되었고, 대출은 행정적으로 배분되었으며, 공식 금융기관은 급증하는 기업 자금 수요를 충분히 흡수하지 못했다. 산업은 빠르게 달리고 있었지만, 돈의 속도는 그에 미치지 못했다.

그 빈틈을 메운 것이 기업어음이었다. 기업들은 외상으로 거래하고, 일정 기한 후에 지급하겠다는 약속을 담은 어음을 발행했다. 이 어음은 평범한 채권 문서가 아니라, 시장에 유통되는 신용의 단위가 되었다. 한 기업이 받은 어음을 다시 다른 기업에 넘기고, 금융 브로커가 이를 할인해 현금화하면서 어음은 일종의 민간 통화로 기능했다. 콘더 토큰이 지역 상권에서 통용된 것처럼, 어음은 산업 네트워크 안에서 통용되는 약속이었다.

이 구조가 극단적으로 팽창한 사건이 바로 1982년의 장영자 어음 사기 사건이다. 장영자는 기업과 기업 사이를 잇는 사금융 네트워크의 중심에서 대규모 어음을 매입·재할인하며 자금을 증폭시켰다. 어음은 다시 어음을 낳고, 신용은 다시 신용을 담보로 삼았다. 표면적으로는 합법적 거래의 연속처럼 보였지만, 실상은 실물 경제의 현금 흐름을 넘어서는 정도로 신용을 불린 사기였다. 결국 수천억 원대 어음이 부도 처리되며 연쇄 충격이 발생했다.

당시 한국 경제 전체는 이미 어음을 사실상의 거래 수단으로 사용하고 있었다. 장영자는 바로 이 사금융 시스템의 불투명성과 통제 불가능성을 교묘하게 파고들어 사기 행각을 벌였다. 그녀의 범죄가 그토록 거대한 규모로 팽창할 수 있었던 것은 국가 금융망이 포용하지 못한 민간 신용 시장의 구조적 결함이 존재했기 때문이다. 장영자의 사기는 새로운 시스템을 발명한 것이 아니라, 기존 시스템을 과도하게 팽창하는 방식으로 이뤄졌다.

콘더 토큰과 장영자 어음은 국가 화폐 시스템의 공백을 민간 신뢰가 메웠다는 점에서 닮았다. 둘 다 네트워크 내부에서만 통용되는 약속이었고, 발행자의 평판이 곧 화폐의 가치였다. 그러나 결정적 차이는 투명성과 총량 통제에 있었다. 콘더 토큰은 발행자와 교환 약속이 비교적 명확했고 지역 공동체가 이를 감시했다. 반면 1980년대 어음 시장은 총량을 정확히 파악하기 어려웠고, 중복 할인과 연쇄 재유통이 구조적으로 가능했다. 신용의 흐름이 보이지 않는 곳에서 신용은 쉽게 과잉으로 증식했다.

장영자 어음 사기는 개인의 범죄 의도가 있기 이전에 고도 성장기의 한국 경제가 겪은 신용 팽창의 폭발이라는 구조적 균열이 있었기에 가능했다. 산업의 속도를 따라가지 못한 국가 금융 시스템, 그 틈에서 자생적으로 생성된 민간 신용, 그리고 통제되지 않은 레버리지의 축적. 이것은 18세기 영국의 콘더 토큰에서 드러났던 자생적 신뢰의 또 다른 얼굴이었다.

화폐는 국가의 독점적 산물처럼 보이지만, 실제로는 공동체가 필요할 때 만들어낼 수 있는 신용의 기호다. 문제는 그 신용이 얼마나 투명하게 기록되고, 얼마나 정직하게 총량이 관리되느냐. 콘더 토큰은 지역 신뢰 위에서 작동했고, 장영자 어음은 과잉 신용 위에서 붕괴했다. 두 사례는 하나의 공통된 교훈을 남긴다. 국가가 산업의 속도를 따라가지 못할 때, 경제는 스스로 신용을 만들어낸다. 그러나 그 신용을 설계하는 방식에 따라 그것은 질서를 복원하는 인프라가 되기도 하고, 시스템을 뒤흔드는 폭발물이 되기도 한다.

[그림7] 신용 과잉 팽창으로 무너진 어음

1980년대 큰 논란이 되었던 장영자 어음 사건. (출처: 1982년 5월 7일자 경향신문 7면)

자산 토큰 없는 미래는 없다

제도와 만나는 토큰화

토큰이 스마트 컨트랙트라는 정교한 엔진을 장착했다 하더라도, 실제 자산의 세계로 진입하는 순간 전혀 다른 차원의 벽에 부딪힌다. 블록체인 위에서의 이전은 기술적으로 명확하다. 그러나 현실의 소유권은 기록만으로 성립하지 않는다. 분쟁이 발생했을 때 누구의 권리를 인정할지 판단하는 권한, 그 판단을 현실에 강제할 절차, 그리고 그 과정에서 책임을 지는 주체가 확보될 때야 비로소 진정한 소유가 성립한다. 부동산은 등기부라는 공적 장부 뒤에 법원의 판결권과 강제집행이 숨어 있고, 주식은 주주명부와 예탁결제 시스템, 자본시장 규율이 얽혀 있으며, 예술품은 진품 여부 판단과 점유 관행, 감정·보험·중개 네트워크가 사실상의 집행력을 구성한다.

결국 토큰화의 성패는 기술보다도 현실과의 접합에 달려 있다. 예컨대 장부상으로 토큰이 매수자에게 이전되었으나 현실의 점유자가 퇴거를 거부하거나, 기존 소유자가 이중 매매를 시도하는 순간, 코드는 물리적 강제력을 행사할 수 없다. '장부 내부의 변화가 장부 밖에서도 동일한 효력을 발휘하는가'라는 질문에 명쾌한 답을 내놓지 못한다면, 토큰은 기술이 빚어낸 세련된 표식에 머물 뿐이다. 반대로 이 간극을 메워내는 순간, 토큰은 비로소 실질적인 집행력을 갖춘 제도적 권리로 승격될 것이다.

여기서 동일한 효력은 추상적 구호가 아니다. 그것은 최소한 세 가지 조건을 만족하는 상태를 뜻한다. 첫째, 권리의 명확성이다. 토큰이 가리키는 권리의 내용이 모호하지 않아야 한다. 무엇을 소유하는지, 어떤 처분이 가능한지, 권리 행사의 우선순위는 무엇인지가 계약과 규칙으로 특정되어야 한다. 둘째, 기록과 현실의 일치다. 토큰의 이동이 현실의 권리 변동과 어긋나는 순간 토큰은 허울뿐인 표식으로 퇴행한다. 장부에서는 소유자가 바뀌었는데 현실의 명부나 점유, 수탁 구조에서는 바뀌지 않는다면, 이중 소유와 이중 양도 분쟁이 발생하고 누구의 기록이 우선하는지에 대한 싸움이 시작된다. 셋째, 집행 경로의 확보다. 분쟁이 발생했을 때 최종 판정과 강제집행이 가능한 경로가 열려 있어야 한다. 법적 관할, 책임 주체, 집행 절차가 설계되지 않으면 토큰의 집행은 장부 내부에서만 맴돈다.

토큰화는 제도를 회피하는 기술이 아니다. 오히려 제도가 그동안 당연하게 떠받쳐온 역할을 질문의 형태로 드러내는 기술이다. 부동산 등기부의 뒤에는 법원의 판결권, 등기소의 공신력, 강제집행 절차라는 거대한 제도적 인프라가 은밀히 작동한다. 이 인프라는 너무나 당연한 것으로 여겨져 대부분의 거래에서 의식되지 않는다. 그러나 토큰화는 이 당연함을 해체한다. '이 토큰의 이동이 현실의 소유권 이전을 보장하는가?', '오류가 발생했을 때 누가 법적 책임을 지는가?', '분쟁 시 어느 관할의 법이 적용되는가?' 같은 질문들이 전면에 등장하는 이유가 여기 있다. 더 나아가 해킹이나 탈취로 장부상의 토큰 주인이 바뀌었을 때조차, 법원이 이를 도난으로 보아 환수를 명령할 것인지, 아니면 코드의 실행으로 보아 유효한 거래로 인정할 것인지가 쟁점이 된다.

토큰화는 권리를 블록체인 장부의 언어로 단순 번역하는 작업이 아니다. 그것은 제도의 암묵적 기능을 하나하나 명시적으로 드러내고, 그 답을 코드와 계약과 법적 장치로 재구성하는 과정이다. 블록체인은 빠르고 투명한 기록 장치지만, 권리의 최종성은 기록이 현실을 움직이는 통로가 어떻게 설계되어 있는가에 달려 있다.

그래서 현재진행형인 자산 토큰화 프로젝트들은 장부 위의 표식 뒤에 현실의 효력을 담보할 받침들을 설계하며 제도권의 문을 두드리고 있다. 기술이 제도를 앞서가는 상황에서, 토큰이 권리의 증명을 넘어 집행력을 얻기 위해 주로 채택되는 경로는 다음과 같다.

첫째, 수탁·신탁 모델이다. 자산을 신탁기관이나 수탁자에게 묶어두고, 토큰을 그 자산에 대한 수익권이나 청구권을 대표하는 구조로 설계해 기존 법 체계 안으로 편입시키려는 전략이다. 이는 법적 제도가 미비한 상황에서 먼저 활용되는 방식이며 단기간에 제도적 안전성을 확보하기 쉽다. 하지만 이 구조에서는 블록체인의 기술적 완결성보다 수탁자의 신용과 운영 역량이 권리의 안정성을 좌우하게 된다. 수탁 구조가 흔들리면 온체인 기록은 멀쩡해도 권리의 실재는 붕괴할 수 있다. 토큰이 제도의 승인 없이도 자유를 얻는 것이 아니라, 제도를 경유해 효력을 얻는다는 사실이 노골적으로 드러나는 모델이다.

둘째, 등록·명의와 연동하려는 시도다. 즉, 부동산 등기나 증권 명부 같은 공적 시스템과 토큰 기록을 일치시키려는 것이다. 온체인 변경을 법적 효력으로 인정받겠다는 목표 아래 규제 샌드박스나 허가된 인프라를 통해 동기화 실험이 이루어지고 있다. 이 방식이 성공하면 토큰의 이동은 곧 법적 소유권의 이동으로 포개질 수 있다. 그러나 이상적인 만큼 대가도 크다. 공적 명부의 구조와 공시 체계, 분쟁 해결 절차가 변해야 하고, 국가별로 상이한 법 체계를 조정해야 하기에 글로벌 유동성을 확보하기까지 시간이 걸린다. 게다가 동기화가 완벽하지 않을 때 발생하는 기록 불일치나 업데이트 지연 같은 예외가 곧바로 법적 분쟁으로 이어질 수 있다. 가장 강력하지만 가장 느린 길이다.

셋째, 사적 계약 기반의 집행 모델이다. 토큰을 '계약을 실행시키는 열쇠'로 삼아, 토큰 보유자에게 어떤 권리가 발생하는지를 당사자 간 계약으로 미리 규정해두는 방식이다. 예컨대 토큰이 특정 지갑으로 이전되는 순간 그 사람을 계약상 권리자로 간주하거나, 토큰 보유자에게 수익 배분 청구권·서비스 이용권·담보 실행권 같은 권리를 부여하도록 약정한다. 즉, 토큰의 이동이 곧바로 법적 명의나 공적 등록을 바꾸는 것은 아니며, 토큰은 계약이 정해둔 효과를 작동시키는 트리거로 기능한다. 이 모델은 참여자가 제한되고 합의가 명확할수록 빠르고 효율적으로 작동한다.

그러나 토큰이 시장에서 유통되기 시작하면 구조적 취약점이 드러난다. 토큰을 취득한 제삼자가 기존 계약의 내용과 조건을 어디까지 승계하는지, 그 권리가 외부 이해관계자나 법적 절차 앞에서도 동일한 효력을 갖는지, 분쟁이 발생했을 때 법원이 어떤 기준으로 판단할지 등이 불투명해지기 때문이다. 결국 이는 빠른 시행 가능성이라는 이점을 얻는 대신, 넓은 유통과 제삼자 보호가 필요한 영역에서는 불확실성과 분쟁 비용을 감수해야 하는 모델이다.

넷째, 규제 준수compliance의 내재화다. 발행과 유통 과정에 회계 기준과 투자자 보호 수칙을 코드나 절차로 미리 심어두어, 토큰이 자본시장의 언어로 번역될 수 있는 토양을 만드는 전략이다. 고객 확인 제도know your customer, KYC, 자금 세탁 방지anti-money laundering, AML, 거래 제한 로직 등을 스마트 컨트랙트나 운영 프로세스에 내장함으로써 토큰 자체가 규제 친화적 속성을 갖도록 설계한다. 이는 기관 참여와 대규모 자본의

[그림8] 스마트 컨트랙트를 통한 규제 내재화

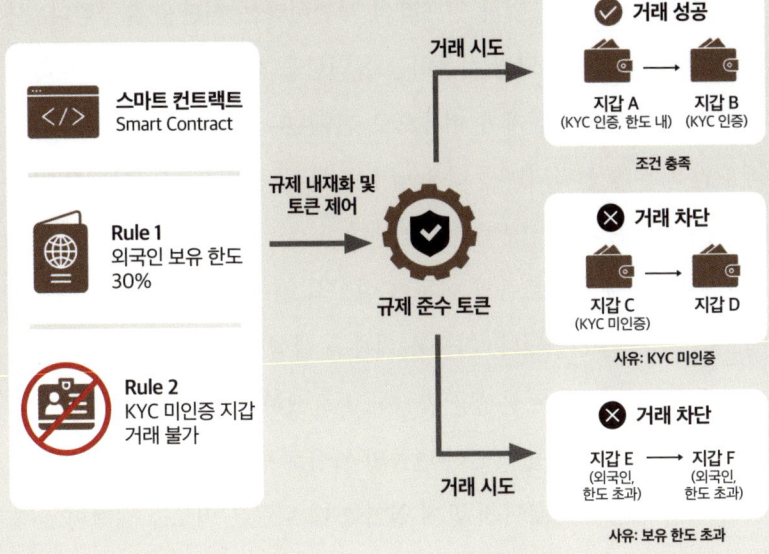

스마트 컨트랙트를 통해 규제를 내재화한 토큰의 구조. (출처: 나노 바나나 생성 이미지 재가공)

유입에 유리하지만, 그만큼 코드의 복잡성이 증가하고 블록체인의 개방성이 일부 제약될 수 있다는 상충 관계trade-off를 동반한다. 더 근원적 문제는 여기서 발생한다. 규제 준수를 내장했다는 말은, 규제가 바뀌는 순간 토큰의 규칙 또한 바뀌어야 함을 뜻하고, 그 업데이트 권한을 누가 쥐는지가 곧 새로운 권력의 기준이 됨을 의미한다. 결국 토큰화는 제도를 대체하는 방향으로만 나아가는 것이 아니라, 규범을 코드에 내장한 채 제도와 접속하는 방향으로도 진화한다.

지금까지 살펴본 네 가지 전략은 하나의 결론으로 수렴한다. 토큰화는 자산을 블록체인 위에 올리는 기술적 가공이 아니라, 권리의 실재를 떠받치는 제도적 장치를 어떤 방식으로 이식할 것인가를 둘러싼 협상 과정이다. 수탁·신탁 모델은 제도의 안정성을 빌려오는 대신 신뢰의 근거를 수탁자 쪽으로 이동시키고, 등록·명의 연동은 완전한 효력을 목표로 삼는 대신 법과 인프라의 개편이라는 시간을 요구한다. 사적 계약 기반 집행은 당장 작동하는 유연함을 제공하지만, 유통이 확장될수록 불확실성의 문제가 비용으로 전환된다. 규제 준수의 내재화는 제도권 자본과 연결되는 문턱을 낮추는 한편, 규범을 업데이트할 권한이라는 새로운 권력의 문제를 드러낸다.

토큰화의 핵심은 토큰의 이동이 현실의 권리 변동으로 인정받도록 만드는 경로 설계에 있다. 기술은 기록을 생성할 뿐, 그 기록에 최종적 효력을 부여하는 것은 분쟁을 판단하고 강제하는 제도적 장치다. 제도적 장치가 토큰의 이동을 권리 변동의 사실로 받아들이고, 예외 상황에서의 책임과 집행 경로까지 함께 열어줄 때 토큰은 비로소 집행력을 획득한 권리로 전환된다. 물론 그 전환은 단번에 완성되지 않을 것이다. 현실의 자산은 공적 명부, 점유 관행, 계약 관계, 규제 준수라는 서로 다른 층위의 장치 위에 놓여 있고, 토큰화는 이 층위들을 하나씩 맞물리게 만드는 점진적 재구성의 과정이기 때문이다.

결국 토큰화의 성패는 현실에서의 효력을 얼마나 치밀하게 확보하느냐에 달려 있다. 권리가 무엇인지가 명확하고, 기록과 현실이 어긋나지 않으며, 분쟁이 발생했을 때 최종 판단과 강제집행으로 이어지는 경로가 확보될수록 '토큰을 산다'는 문장은 더 넓은 영역에서 '권리를 취득한다'는 실재와 포개질 것이다. 그리고 그 지점에서 토큰화는 권리의 공시와 집행을 둘러싼 제도의 언어가 재편되는 문명사적 사건으로 자리 잡게 될 것이다.

토큰화의 두 전선, RWA와 메타버스

자산 토큰화가 처음 주목받기 시작한 이유는 비교적 분명했다. 국채, 주식, 부동산, 매출채권처럼 이미 기존 법과 제도 속에서 권리관계가 정리된 자산을 블록체인 위에 올리면, 제도권이 이해할 수 있는 방식으로 블록체인을 도입할 수 있고 그 효과 또한 비교적 분명하게 설명할 수 있기 때문이다. 그래서 RWA 토큰화는 제도권 금융이 블록체인을 수용하는 현실적인 출발점이 되었다. 하지만 토큰화의 궤도를 실물자산에만 묶어두면, 우리는 토큰화가 건드리는 문명적 지층의 절반을 놓치게 된다. 토큰화의 진정한 파괴력은 그동안 자산으로 취급받지 못했던 자산의 가치를 금융의 언어로 승격시키는 데 있기 때문이다.

우리는 지금 인공지능이 물리적 세계의 일자리 구조를 빠르게 바꾸는 대전환과 인류의 경제활동 중심축이 디지털 영토로 옮겨가는 대이주가 교차하는 지점에 서 있다. 이 거대한 이주는 이미 누군가에게는 가상의 이야기가 아닌 절박한 생존의 현실이다. 2020년 팬데믹의 공포가 지구를 덮쳤을 때, 필리핀의 수많은 노동자는 셧다운된 현실 경제의 폐허 위에서 길을 잃었다. 노점상의 셔터가 내려가고 이동 수단이 멈춰 선 자리에서 그들이 선택한 것은 뜻밖에도 블록체인 게임 엑시 인피니티Axie Infinity로의 출근이었다. 그들에게 게임 속 몬스터를 육성하고 대결시키는 행위는 유희가 아니었다. 그것은 현실의 일당보다 높은 보상을 약속하는 생산 활동이자, 가족의 생계를 책임지는 디지털 구명보

트였다.

하이퍼인플레이션hyperinflation으로 자국 통화가 종잇조각보다 못한 가치를 갖게 된 베네수엘라의 풍경 역시 마찬가지다. 지폐의 무게를 저울로 재야 할 만큼 국가의 화폐 시스템이 붕괴하자, 청년들은 고전 게임 룬스케이프RuneScape 속으로 망명했다. 그들은 게임 안에서 밤새 골드gold를 캐고 아이템을 모았다. 가상 세계의 규칙에 따라 획득한 이 결과물들은 비공식 시장을 통해 달러나 비트코인으로 환전되어 식탁 위의 빵과 우유가 되었다. 국가라는 거대한 울타리가 제공해야 할 최소한의 안정성을 한 게임사의 서버 안에서 작동하는 경제 규칙이 대신 메워준 셈이다.

이러한 현상은 몇몇 국가의 특수한 사례가 아니다. 인공지능이 단순 노무를 넘어 사무직과 전문직의 영역까지 잠식해갈수록, 인류는 점점 더 넓은 생존의 땅을 찾아 디지털 경계선을 넘게 될 것이다. 우리는 여기서 문명의 캐즘chasm이라 부를만한 거대한 단절과 마주하게 된다. 캐즘이란 본래 새로운 기술이 대중화되기 전 겪는 일시적인 침체나 깊은 골짜기를 뜻한다. 지금 인류는 낡은 시대의 사회적 안전망은 빠르게 해체되고 있는데, 가상 세계의 새로운 권리 체계는 아직 세워지지 않은 위험한 골짜기를 지나고 있다.

이 캐즘 안에서 발생하는 생산 활동은 디지털 노동의 성격을 띠게 된다. 문제는 이 노동의 결과물들이 여전히 플랫폼의 변덕스러운 약관이나 서버 폐쇄 한 번에 증발할 수 있는 불안정한 상태로 남겨져 있다는 점이다. 현실에서는 땀 흘려 번 돈이 법의 보호를 받는 재산이 되지만, 이 과도기적 가상 세계에서는 운영자의 클릭 한 번에 무효화될 수 있는 임시 데이터에 불과하기 때문이다. 이처럼 보호받지 못하는 노동

자산 토큰 없는 미래는 없다

과 권리의 불확실성이야말로 문명의 캐즘이 가진 서늘한 민낯이다.

　바로 이 지점에서 디지털 자산의 토큰화는 RWA 토큰화에 버금가는 가치를 갖는다. 가상 세계의 생산물이 특정 기업에 종속된 부속품에 머무르지 않고, 독립적으로 소유되고 거래되며 담보로도 활용될 수 있는 자산이 되려면 토큰화라는 장치가 필요하기 때문이다. 다만 메타버스에서 토큰화의 성패를 가르는 것은 권리의 지속성과 집행 경로를 얼마나 두텁게 설계하느냐에 있다. 서비스가 종료되거나 운영 주체가 바뀔 때 권리는 어떻게 승계되는지, 토큰이 가리키는 사용권·수익권·거버넌스 권한이 어떤 조건에서 발생하고 소멸하는지, 외부 데이터가 개입되는 순간 어떤 절차로 사실을 확정하고 분쟁을 정리하는지 같은 질문들이 토큰의 가치와 신뢰를 좌우한다. 결국 메타버스 토큰화는 기술의 문제가 아니라 권리 설계의 문제이며, 블록체인은 그 제도를 검증가능한 규칙의 형태로 고정할 수 있게 만드는 기반에 가깝다.

　이 점에서 RWA 토큰화와 메타버스 토큰화는 같은 문법의 서로 다른 적용이다. RWA는 이미 정리된 법적 권리관계를 선명한 형태로 장부 위에 옮겨오는 하향식 접근에 가깝다. 반면 메타버스의 권리는 아직 얇은 보호층 위에서 먼저 팽창하고, 그 뒤를 따라 권리의 정의와 책임 구조가 구축되어야 하는 상향식 도전이다. 바로 그래서 메타버스는 문명의 캐즘을 첫 번째로 체감하는 장소가 된다. 디지털 공간에서의 생산 활동이 늘어날수록, 그 결과물을 자산으로 축적할 수 있는 제도가 함께 성장하지 않으면 노동은 다시 임시 데이터로 환원되기 때문이다.

　메타버스에서 토큰화된 권리가 일정한 안정성을 획득하면, 그것은 금융의 레일과 접속할 수 있게 된다. 담보로서의 취급 가능성, 정산과 대출의 조건화, 수익권의 표준화 같은 기능이 설계의 대상이 된다. 다시 말해, 토큰화는 현실의 자산을 디지털로 옮기는 기술이면서 동시에 디지털의 권리를 현실의 금융 언어로 번역하는 기술이다. 그리고 이 번역이 성공할수록, 디지털 이주민들은 자신의 노동과 시간을 단지 소비한 것이 아니라 자산을 축적했다고 말할 수 있게 된다. 캐즘을 건너는 사람들에게 필요한 것은 더 화려한 가상 공간이 아니라, 그 공간에서 발생한 가치가 사라지지 않도록 붙잡아주는 권리의 두께다.

우리가 메타버스의 디지털 자산 토큰화에 주목해야 하는 이유는 그것이 새로운 유행이어서가 아니라, 인류의 가치가 자산으로 조직되는 방식이 가장 급진적으로 재구성되는 공간이 메타버스이기 때문이다. RWA가 토큰화의 견고한 현재를 설명한다면, 메타버스는 토큰화의 다음 단계가 요구할 생존의 문법을 예고한다. 토큰화의 미래는 물리적 세계의 자산이 가벼워지는 과정과 가상 세계의 권리가 무거워지는 과정이 서로를 밀어 올리며 전진하는 그 지점에서 비로소 완성될 것이다.

2장

토큰 거래의 파급력

REAL
WORLD
ASSET
TOKENIZATION

우리가 장부다

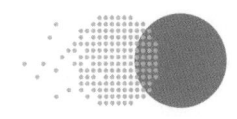

우리가 매일 사용하는 스마트폰 뱅킹 앱을 떠올려보자. 화면에 선명하게 떠 있는 잔고 숫자와, 버튼 하나만 누르면 즉시 이동하는 것처럼 보이는 돈. 그러나 엄밀히 말하면 돈은 이동하지 않는다. 은행이라는 거대한 성벽 안에서 장부의 기록이 수정될 뿐이다. A가 B에게 송금을 하면, A의 잔고에서 숫자가 빠지고 그만큼이 B의 잔고에 더해진다. 우리가 경험하는 이동은 실물의 이동이 아니라 기록의 변경이다.

승인이 떨어지기 전까지 돈은 아무 일도 하지 못한다. 정기 점검시간에는 이체가 제한되고, 국경을 넘으려면 며칠씩 검문을 거친다. 지금까지 우리가 써온 돈은 관리자에 의존하는 수동적인 데이터였다. 기존 금융의 장부는 금융의 장부는 승인된 거래의 결과를 기록하는 사후적 체계에 가까웠다. 기록이 현실을 반영하는 구조였고, 권한을 가진 자가 숫자를 확정하는 방식이었다.

이 구조의 취약함이 2026년 2월 6일, 충격적인 형태로 드러났다. 한국의 크립토 거래소 빗썸에서 이벤트 보상 지급 과정 중 단위를 잘못 입력하는 사고가 발생했다. 원화 대신 비트코인이 기록되면서 249명에게 각각 2,000개씩 총 62만 개의 비트코인이 내부 장부에 기록되었다. 당시 시세 기준 약 60조 원, 1인당 평균 1,900억 원에 해당하는 규모였다. 그러나 빗썸이 실제로 보유한 비트코인은 약 4만 2,000개였고, 그중 고객 보유량을 제외한 회사 보유량은 극히 일부에 불과했다. 보유량의 15배에 달하는 비트코인이 어떻게 지급될 수 있었을까. 답은 단순하다. 실제 블록체인 위에서는 단 한 개의 비트코인도 움직이지 않았다. 변한 것은 빗썸 내부 데이터베이스의 숫자뿐이었다.

화면 속 숫자는 늘어났지만 실제 블록체인의 합의는 단 한 번도 변하지 않았다. 그럼에도 닫힌 시스템 내부의 시장은 휘청거렸다. 막대한 허위 물량을 지급 받은 일부 이용자가 매도를 시도했고 이 물량이 거래소 내부의 매수 호가를 순식간에 집어삼키면서 가격은 단시간에 급락했다. 보유 자산의 가격이 특정 지점까지 하락했을 때 자동으로 매도를 실행하는 스탑로스 주문이 연쇄적으로 터졌고 강제청산 사례가 속출했다. 사고 발생 35분 만에 거래와 출금이 차단되었지만 그 짧은 시간 동안 시장은 현실과 데이터 사이의 간극을 뼈아프게 드러냈다.

대부분의 중앙화 거래소는 모든 거래를 블록체인에 즉시 기록하지 않는다. 이용자가 코인을 입금하면 이후의 매매는 내부 장부에서 잔고만 변경하는 방식으로 처리된다. 속도와 비용 면에서는 효율적이지만, 내부 통제가 무너지면 존재하지 않는 수량도 시스템상에서는 얼마든지 생성될 수 있다. 관리자의 입력이 곧 현실이 되는 구조다. 이용자는 화면을 신뢰하지만, 그 숫자가 외부 네트워크의 합의와 일치하는지 스스로 검증하기는 어렵다. 중앙화된 시스템에서는 숫자가 먼저 만들어

[그림9] 거래소의 데이터 오기입으로 인한 사건

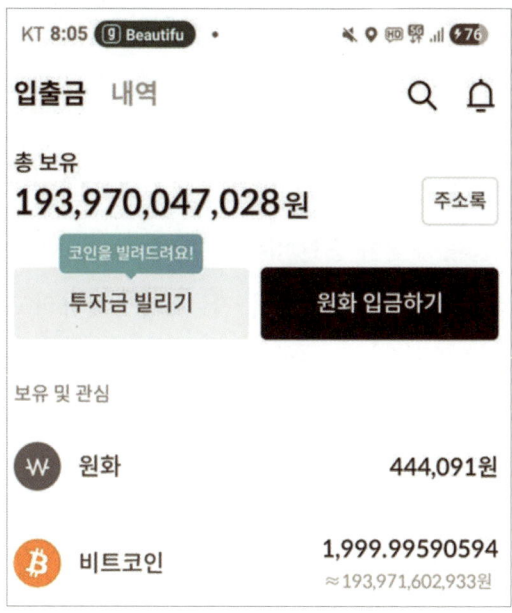

빗썸의 데이터 오기입으로 1,900억 원 상당의 비트코인이 입금되었다. (출처: 온라인 커뮤니티 에펨코리아, fmkorea.com)

지고, 그 뒤에 현실을 맞추는 과정이 따라온다.

반면 블록체인에는 관리자가 없다. 블록체인은 단순히 누가 얼마를 가졌는지 적어두는 장부가 아니다. 네트워크 전체가 하나의 실행 환경으로 작동하며, 합의를 통해 코드가 실행되고 상태가 갱신된다. 이 장부는 그 자체로 명령을 수행하는 글로벌 실행 환경global execution environment 이다. [13] 숫자는 합의의 결과로만 존재한다. 만약 비트코인 62만 개가 실제 블록체인 위에서 생성되려 했다면, 전 세계의 노드들은 즉시 그 거래를 거부했을 것이다. 당시에도 총 발행량 상한은 변하지 않았고, 블록 높이도 움직이지 않았으며, 채굴자의 초당 연산 능력 총합hashrate

역시 흔들리지 않았다. 중앙화된 장부에는 허구의 숫자가 올라갈 수 있었지만, 블록체인 네트워크의 상태는 조금도 바뀌지 않았다.

여기가 바로 장부의 강건성이 판가름 나는 지점이다. 중앙화된 체계에서 돈은 입력을 기다리는 데이터였다. 반면 블록체인 위에서 자산은 코드로 정의되는 객체가 된다. 조건이 충족되면 스스로 실행되고, 결제와 정산이 동시에 이루어진다. 누군가 승인 버튼을 누르기를 기다리지 않는 것이다. 자산 스스로가 '나는 A의 소유이며, 지금 B에게 간다'라고 권리를 증명하고 이동을 결정한다.[14] 우리는 이것을 금융 객체financial object라고 부른다. 그것은 더 이상 옮겨져야 할 짐이 아니라, 스스로 규칙을 따르는 프로그램에 가깝다.

토큰화된 자산에는 국경이 없고, 극단적으로 분할되며, 24시간 작동하고, 다른 자산과 결합해 새로운 구조를 만든다. 과거의 금융이 사후 기록의 체계였다면, 새로운 금융은 사전 합의의 체계다. 기록이 현실을 설명하는 것이 아니라, 합의가 현실을 구성한다. 2026년 2월 6일 오후 7시, 한 번의 입력 실수로 60조 원이라는 숫자가 화면에 나타났다. 그러나 비트코인 네트워크는 아무 일도 없었다는 듯 계속 작동했다. 그 장면은 질문을 남긴다. 우리가 보고 있는 숫자가 진짜 돈이 되는 조건은 무엇인가. 관리자의 권한인가, 아니면 네트워크의 합의인가.

금융은 지금 그 갈림길 위에 서 있다. 한 방향은 내부 통제를 강화하고 감독을 촘촘히 하며 장부를 더 자주 대조하는 길이다. 다른 방향은 장부를 공개하고, 합의를 강제하며, 코드로 신뢰를 설계하는 길이다. 정지된 숫자와 엘리트 서기들의 시대는 점점 균열을 드러내고 있다. 자산이 기록에 머무를 것인가, 스스로 실행되는 규칙이 될 것인가, 그 선택이 곧 금융 산업의 미래를 좌우하게 될 것이다.

자산 토큰 없는 미래는 없다

살아있는 자본의 조건들

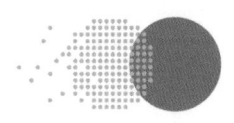

수족관을 탈출한 물고기: 직접성과 개별성

살아있는 자본이 갖춘 첫 번째 능력은 바로 자율적인 이동이다. 여기서 자율적이라는 말은 자산이 스스로 의지를 갖고 움직인다는 뜻이 아니다. 자산의 주인이 중개인이라는 인간 관리자의 개입이나 승인 없이도, 오직 자신이 가진 암호키와 프로그래밍 된 코드의 규칙에 따라 장부상의 소유권을 즉시 확정할 수 있는 상태를 의미한다.

중개자의 권한이 막강한 기존의 간접 금융은 필연적으로 거대한 마찰을 낳는다. 내가 내 자산을 팔고 싶어도 내 마음대로 건네줄 수 없다. 내가 매도 버튼을 누르면 증권사는 예탁결제원 시스템을 통해 보유 내역과 관련 정보를 확인하고 은행은 돈을 정산하는 복잡한 행정 절차를 시작한다. 자산이 이동하는 길목마다 중개인들이 검문소처럼 서서 장부를 확인하고 도장을 찍어야 한다. 우리가 주식을 팔고 현금을 받기까지 며칠을 기다려야 하고 매번 수수료라는 이름의 통행료를 내야 하는 이유는 바로 이 낡은 신뢰 시스템이 요구하는 비용 때문이다.

토큰화가 구현하는 직접성directness은 이 검문소들을 철거하고 자산이 달릴 수 있는 직통 고속도로를 뚫는다. 이것이 가능한 이유는 블록체인이 신뢰를 만드는 방식이 기존과 완전히 다르기 때문이다. 비밀은 분산 원장과 개인 키private key라는 기술적 메커니즘에 있다. 기존 금융에서는 은행만이 비밀 장부를 가지고 있었기에 우리는 그들을 믿어야만 했다. 하지만 블록체인에서는 모든 참여자가 동일한 장부를 저장하고 들여다 볼 수 있다. 이 장부는 투명한 유리 게시판과 같아서 누가 누구에게 자산을 보냈는지 실시간으로 기록되고 모두가 이를 검증할 수 있다. 장부가 공개되어 있으니 이를 대조하고 보증해 줄 중개인이 필요 없는 것이다.

여기에 내 자산을 남이 함부로 옮기지 못하게 하는 안전장치로 개인 키가 결합된다. 개인 키는 오직 소유자만이 알고 있는 비밀번호다. 토큰을 전송한다는 것은 이 개인 키로 내가 이 자산의 주인임을 전자적으로 서명하는 행위다. 이 서명은 수학적으로 위조가 불가능하다. 즉 토큰화된 자산은 중개인의 장부에 적힌 약속이 아니라, 내가 가진 암호키로 직접 통제하고 처분할 수 있는 디지털 물권이 된다. 내가 서명해서 전송하는 순간 전 세계 장부에 내 소유권이 사라지고 상대방의 소유권이 생겼음이 즉시 확정된다. 이것이 바로 법적 절차와 행정 비용 없이 개인과 개인이 자산의 권리를 즉시 맞교환하는 권리의 직거래다.

직접성이 자산이 움직이는 고속도로를 뚫어주었다면, 개별성 discreteness은 그 도로를 달리는 자산의 포장 단위를 혁신한다. 기존 자본

시장은 뭉텅이 투자가 강제되는 곳이었다. 가령 개인 투자자가 2차 전지 산업이 유망하다고 생각해서 특정 화학 기업에 투자한다고 가정해보자. 그는 해당 회사의 배터리 사업부에만 투자하고 싶겠지만 이는 불가능하다. 주식을 산다는 것은 그 기업이 가진 부실한 석유화학 사업부, 갚아야 할 막대한 빚, 심지어 오너 리스크까지 통째로 구매하는 것을 의미한다. 자산이 법인이라는 거대한 껍질 안에 뭉뚱그려져 있기 때문이다.

토큰화는 이 거대한 덩어리를 핀셋으로 정교하게 분해한다. 기업 전체의 지분이 아니라 기업이 가진 특정 자산이나 특정 프로젝트만을 따로 떼어내어 독립된 토큰으로 발행하는 것이다. 블록체인 위에서는 자산 하나하나를 독립된 객체로 만들 수 있기 때문이다. 예를 들어 A 기업이 가진 제 3공장의 태양광 발전 매출만을 담보로 토큰을 발행할 수 있다. 이 토큰은 A 기업의 주가가 떨어지든 말든 상관없이, 오직 태양광 발전소가 얼마나 전기를 잘 생산하느냐에 따라서만 가치가 변동하고 배당을 준다. 스마트 컨트랙트라는 자동화된 코드가 매출이 발생하는 즉시 토큰 보유자의 지갑으로 수익을 쏘아주기 때문이다.

이러한 개별성은 자본 시장의 효율성을 높인다. 기업 입장에서는 회사 전체의 신용도가 낮아도 상관없다. 회사가 빚이 많아도 알짜배기 프로젝트가 확실한 수익을 낸다면, 그 프로젝트만을 분리해 낮은 이자로 자금을 조달할 수 있다. 혁신적인 사업이 모기업의 재무 리스크 때문에 좌초되는 비극을 막을 수 있는 것이다. 투자자 입장에서도 혁명적이다. 불투명한 기업 경영 전반에 내 돈을 묻어두는 깜깜이 투자가 줄어든다. 내가 확신하는 특정 영화의 흥행 수익, 특정 신약의 특허 로열티 등을 정밀하게 투자할 수 있다.

[그림10] 토큰화의 개별성

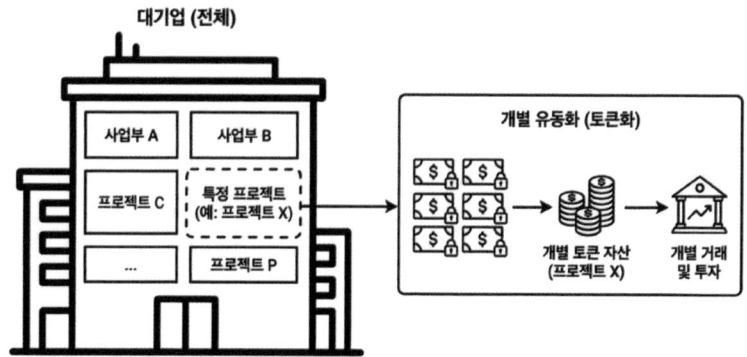

기업 전체가 아닌 특정 프로젝트 단위의 지분 거래를 가능케 하는 토큰화의 개별성. (출처: 나노 바나나 생성 이미지 재가공)

　

결국 직접성과 개별성은 자본시장의 문법을 바꾼다. 직접성은 소유의 권리를 중개인에게서 개인에게로 되찾아와 자산의 이동을 자유롭게 하고, 개별성은 투자의 대상을 막연한 기업 전체에서 구체적인 자산 실체로 좁혀준다. 이 두 가지가 결합할 때 자산은 비로소 유동화되기 어려운 무거운 덩어리가 아니라, 시장에서 활발하게 거래되고 순환하는 살아있는 자본으로 거듭난다.

장벽을 가루로 만들다: 분할성과 상시 유동화

앞서 우리는 직접성과 개별성을 통해 자산이 중개인의 장부에서 벗어나 스스로 움직이는 권리를 얻었다는 사실을 확인했다. 하지만 자산이 이동할 자유를 얻었다고 해서 당장 평범한 개인이 자본 시장의 주인이 될 수 있는 것은 아니다. 여전히 두 가지 거대한 물리적 장벽이 남아 있기 때문이다. 하나는 자산의 덩어리가 너무 크다는 것이고, 다른 하나는 시장이 열려 있는 시간이 너무 짧다는 것이다. 토큰화는 이 두 번째 문턱을 넘기 위해 분할성과 상시 유동화라는 무기를 꺼내 든다.

먼저 분할성에 대해 이야기해 보자. 자본주의 사회에서 부의 불평등이 심화되는 원인 중 하나는 고수익 자산의 높은 진입 장벽이다. 강남의 랜드마크 빌딩이나 거장의 미술품, 혹은 비상장 유니콘 기업의 지분 같은 우량 자산들은 수익률이 높지만 수십억 원에서 수백억 원의 자본을 요구한다. 돈이 돈을 버는 이 화려한 리그에 일반 개인은 입장권조차 살 수 없다.

토큰화는 이 거대한 덩어리를 아주 작고 균일한 크기로 쪼개버리는데, 이를 분할성이라 부른다. 원리는 간단하다. 100억 원짜리 건물의 소유권을 블록체인상에서 1,000만 개의 토큰으로 발행하는 것이다. 이렇게 되면 토큰 1개의 가격은 1,000원이 된다. 이제 대학생이나 사회 초년생도 커피 한 잔 값이면 강남 빌딩의 지분 0.00001%를 법적으로 소유할 수 있다. 이때 내가 산 토큰은 블록체인 장부상에 내 소유로 명확히 기록되며, 건물에서 발생하는 임대료 수익은 내 지분만큼 정확히 계산되어 내 지갑으로 들어온다.

이러한 분할성은 금융의 민주화를 실현하는 기술적 토대가 된다. 과거에는 부유층의 전유물이었던 사모펀드나 상업용 부동산 시장이 대중에게 활짝 열리기 때문이다. 투자자는 적은 금액으로도 여러 자산에 분산 투자하여 포트폴리오를 짤 수 있고, 자산 소유자는 소수의 거액 투자자를 찾아다니는 수고 없이 전 세계의 다수 대중으로부터 자금을 조달할 수 있다. 쪼개질 수 없어서 멈춰 있던 거대 자본들이 가루처럼 흩어져 시장 구석구석으로 흐르기 시작하는 것이다.

자산의 크기 문제를 해결했다면, 이제 남은 것은 거래 시간 문제다. 투자자가 주식을 거래하거나 은행 업무를 볼 때 가장 답답한 점은 금융시장에도 퇴근 시간이 존재한다는 사실이다. 주식시장은 오후 3시 30분이면 문을 닫고, 주말과 공휴일에는 쉰다. 금요일 저녁 갑자기 현금이 필요해도 내가 가진 삼성전자 주식은 월요일 아침까지 팔 수 없는 그림의 떡이 된다. 금융권에서는 이를 유동성이 잠긴 상태라고 표현한다. 원하는 순간 현금화할 수 없는 자산은 그 불편함만큼 가치가 할인되는데, 이를 유동성 디스카운트liquidity discount라고 한다.

블록체인 네트워크는 시간이 자산을 가두는 이 제약을 근본적으로 바꾼다. 블록체인은 24시간 365일, 멈추지 않는다. 이는 자산시장을 24시간 문을 여는 편의점으로 바꾼 것처럼 보이지만, 블록체인은 전 세계에 수만 개의 지점을 둔 하나의 거대한 가상 점포에 가깝다. 모든 지점, 즉 노드가 동일한 장부를 실시간으로 대조하기 때문에 특정 지역의 전력이 끊기거나 서버가 공격받아도 네트워크 전체의 기록은 멈추지 않는다. 끊임없는 합의 구조가 곧 신뢰의 밑바탕이다. 따라서 토큰화된 자산에는 장 마감 시간도, 공휴일도 없다. 새벽 3시에 부동산 토큰을 매도해 현금화할 수 있고, 설날 연휴에도 미국 국채 토큰을 매수할 수 있다. 자본의 회전율이 극대화되고, 대기 시간이라는 비용은 사실상 사라진다.

더 중요한 변화는 결제 주기의 해체다. 기존 주식시장에서는 주식을 매도해도 현금이 실제로 계좌에 확정되기까지 2일(T+2)이 걸린다. 장부 대조와 청산 절차가 필요하기 때문이다. 그 사이 자금은 묶여 있다.

그러나 토큰 시장에서는 사람이 아니라 코드가 거래를 처리한다. 매도 버튼을 누르는 순간 스마트 컨트랙트가 자산과 대금을 동시에 교환한다. 이를 즉각적인 결제 완결성이라고 한다. 거래와 정산이 분리되지 않고 하나의 동작으로 합쳐진다. 자금이 묶이지 않고 즉시 사용 가능하므로, 투자자는 곧바로 다른 자산에 재투자할 수 있다.

물론 24시간 시장이 열린다고 해서 팔리지 않던 자산이 마법처럼 팔리는 것은 아니다. 유동성은 결국 매수자와 매도자의 존재에 달려 있다. 살 사람이 없으면 팔 수 없다. 다만 토큰화는 시장이 닫혀서, 혹은 거래 단위가 너무 커서 접근하지 못하는 구조적 장벽을 제거한다.

상시 유동화의 개념은 여기서 한 단계 더 나아간다. 상품이 완성되기 전, 프로젝트가 아이디어 단계에 있을 때부터 소유권이 분할되고 거래될 수 있다. 이는 대항해시대의 주식이 수행했던 기능과 닮아 있다. 네덜란드를 출발해 인도까지 항해하는 상선은 막대한 수익을 약속했지만, 해적과 풍랑이라는 치명적인 위험을 안고 있었다. 해결책은 프로젝트의 소유권을 잘게 나누는 것이었다. 여러 사람이 위험을 분산해 투자했고, 그것이 주식회사의 기원이다.

그러나 소유권이 분산되자 또 다른 문제가 발생했다. 배를 직접 운영하는 선장과 자본을 제공한 투자자의 이해가 어긋날 수 있었다. 선장은 위험한 무역 대신 약탈을 선택할 유인을 가질 수 있고, 투자자는 그 가능성 자체를 리스크로 떠안아야 했다.

이때 등장한 또 하나의 장치가 바로 유동화다. 투자자는 항해가 끝날 때까지 기다릴 필요가 없었다. 주식을 언제든지 매도해 프로젝트에서 이탈할 수 있었다. 상시 유동화란 결과가 완성될 때까지 인내를 강요하지 않는 구조를 뜻한다. 포도가 와인이 될 때까지, 새끼 돼지가 성

[그림11] 자산 토큰화의 시작

상선의 위험을 나누었던 주식회사의 원형이 바로 자산 토큰화의 시작이라 할 수 있다. (출처: 나노 바나나 생성 이미지 재가공)

장해 고기가 될 때까지 기다릴 필요가 없는 것이다. 소유권은 시간의 종속에서 벗어나 독립적인 거래 대상이 된다.

이 구조에서는 아직 만들어지지 않은 미래의 자산과 이미 완성된 실물을 엄격하게 나누는 일이 무의미해진다. 물건이나 서비스가 완성되기도 전에 그에 대한 권리를 토큰으로 분할하여 누구나 상시로 사고팔 수 있기 때문이다. 초기 단계에 자금을 대는 투자자는 완성을 기다리지 않고 언제든 시장에서 이탈할 수 있고, 완성된 결과물을 원하는 소비자는 중간에 진입할 수 있다. 분할된 권리가 상시 거래되면서 자금 조달과 소비의 경로가 하나의 시장 위에서 연결되는 것이다.

결국 분할성과 상시 유동화는 자산을 묶고 있던 두 가지 족쇄, 규모

자산 토큰 없는 미래는 없다

의 장벽과 시간의 제약을 풀어내는 열쇠다. 분할성은 누구에게나 자본 시장의 입장권을 나누어 주고, 상시 유동화는 그 시장을 멈추지 않는 엔진으로 만든다. 이 두 요소가 결합할 때 자본은 금고 속에 잠들어 있는 정적인 보물이 아니라, 끊임없이 순환하고 재배치되는 역동적 흐름이 된다.

자산은 더 이상 기다리지 않는다.

자본은 시간을 허비하지 않는다.

이것이 우리가 향하고 있는 금융의 방향이며, 살아 움직이는 자본의 모습이다.

디파이:
알고리즘이 지배하는 새로운 금융 아키텍처

앞서 살펴본 네 가지 속성(직접성, 개별성, 분할성, 상시 유동화)은 자산을 고정된 기록에서 스스로 움직이는 객체로 진화시켰다. 하지만 이 객체들이 개별적으로 존재하는 것만으로는 부족하다. 이들이 서로를 인식하고, 가치를 교환하며, 복잡한 금융 행위를 수행하기 위해서는 이를 뒷받침할 새로운 차원의 운영체제가 필요하다. 이것이 바로 디파이 Decentralized Finance, DeFi라 불리는 탈중앙화 금융이다.

디파이는 은행 없는 금융이라는 현상을 넘어, 기존 금융기관이 독점하던 장부 기록, 신원 확인, 거래 정산 등의 핵심 기능을 스마트 컨트랙트라는 코드로 완전히 대체한 시스템이다. 기존 금융이 거대한 중앙 서버와 법적 절차라는 마찰 위에서 작동했다면, 디파이는 공개된 네트워크의 프로토콜 위에서 자율적으로 구동된다.

이해를 돕기 위해 기존의 환전소와 디파이의 탈중앙화 거래소DEX를 비교해 보자. 기존 금융 시스템에서 해외여행을 위해 달러를 환전하려면 은행이라는 중개자를 찾아가야 한다. 은행은 금고에 달러를 보유하고 있어야 하며, 직원이 신분을 확인하고 장부를 수정한 뒤에야 돈을 바꿔준다. 즉, 사람과 물리적 거점이 신뢰의 핵심이다.

반면 탈중앙화 거래소에는 은행원도, 금고도 없다. 대신 스마트 컨트랙트로 설계된 유동성 풀liquidity pool이라는 공용 자금 저수지가 그 자리를 대신한다. 누구든 이 저수지에 자신의 자산을 예치해 둘 수 있고, 교환을 원하는 사람은 국가나 기관의 승인 없이 저수지에 한 자산(예로 이더리움)을 넣고 다른 자산(예로 USDT)을 즉시 꺼내간다. 이때 교환 비율(가격)은 알고리즘이 실시간 수급에 따라 자동으로 계산한다. 24시간 멈추지 않는 거대한 금융 자판기가 전 세계 네트워크에 깔려 있는 셈이다.

탈중앙화 거래소가 기존의 환전소나 주식 시장을 대체한다면, 디파이 생태계에는 상업 은행과 보험사를 대체하는 프로토콜이 존재한다. 대표적인 영역이 탈중앙화 대출이다. 은행이 예금자와 대출자 사이에서 예대마진을 취하며 자금을 통제하는 전통적 구조와 달리, 디파이 대출 플랫폼은 자금의 공급자와 수요자를 스마트 컨트랙트로 직접 연결한다. 대출자는 암호화폐를 담보로 맡겨 필요한 자산을 빌리고, 예치자는 알고리즘이 수급에 따라 산출한 이자를 지급받는다. 심사역의 주관적 판단 없이, 사전에 코드로 설정된 담보 비율에 따라 기계적으로 대출과 청산이 집행된다.

파생상품과 보험 서비스도 전통 금융의 구조를 블록체인 위로 옮겨오고 있다. 손해 사정사의 현장 조사와 서류 작업이 필요한 기존 보험과 달리, 디파이 보험은 스마트 컨트랙트 해킹이나 스테이블코인 가치 상실 같은 특정 조건이 온체인 데이터로 확인되면 보상금이 자동으로 집행되도록 설계된다. 이처럼 디파이는 단순한 자산 교환을 넘어 여신, 수신, 파생, 보험 등 현대 금융 시스템의 핵심 기능을 중앙 기관의 통제 없이 수학과 알고리즘으로 대체하고 있다.

디파이는 토큰화된 자산들이 서로 맞물려 돌아가는 거대한 실전 실험실이자 인프라다. 자산이 개별성과 분할성을 얻어 가벼워졌다면, 디파이는 그 가벼워진 자산들이 가장 효율적인 경로를 찾아 흐를 수 있도록 전 지구적 규모의 디지털 선로를 깐 셈이다. 이제 이 똑똑한 부품들이 서로 결합하여 어떻게 기존에 없던 금융의 미래를 설계하는지, 그 결정적 능력인 조합성의 세계로 들어가 보자.

조합성:
금융 레고의 마법과 복합 자산의 탄생

지금까지 자산이 은행이라는 수족관을 탈출해, 잘게 쪼개진 형태로 24시간 자유롭게 흐르는 과정을 지켜봤다. 이것만으로도 혁신적이지만 살아 움직이는 자본이 보여줄 진정한 혁명은 이제부터 시작이다. 바로 흩어진 자산들이 서로를 알아보고, 결합하고, 스스로 새로운 형태의 금융 상품으로 조립되는 능력, 조합성composability이다.

우리가 사용하는 기존 금융 시스템을 한번 떠올려 보자. 은행의 예금, 증권사의 펀드, 보험사의 연금은 서로 분리된 사일로silo 안에 갇혀 있다. 내가 A 은행에 예금이 있고 B 증권사에 주식이 있어도, 이 둘을 연결해 새로운 투자를 하려면 복잡한 서류 작업과 심사를 거쳐야 한다. 금융 상품들이 서로 호환되지 않는 독자적인 규격으로 만들어졌기 때문이다. 마치 경차의 타이어를 트럭에 끼울 수 없는 것처럼, 기존 금융은 서로 섞일 수 없는 폐쇄적인 완제품들의 나열이었다.

토큰화는 이 폐쇄적인 벽을 허물어버린다. 블록체인 위에서 발행된 자산은 동일한 네트워크 안에서 공통의 토큰 표준을 따르기 때문이다. 이것은 마치 지구상에 존재하는 모든 금융 상품을 레고 블록으로 변환하는 것과 같다. 레고의 가장 큰 특징은 무엇인가? 해적선 세트에 들어있는 블록이든, 우주선 세트에 들어있는 블록이든 상관없이, 규격만 맞으면 무엇이든 서로 끼워 맞출 수 있다는 점이다. 토큰화된 세상도 마찬가지다. 주식 토큰, 달러 토큰, 금 토큰, 부동산 토큰이 출신 성분과 상관없이 서로 맞물린다.

이것이 왜 혁명일까? 누구나 허락받지 않고 창의적으로 금융을 조립할 수 있기 때문이다. 이제 금융 전문가뿐만 아니라 누구나 전 세계에 흩어진 자산 블록들을 가져와 설명서에 없던 새로운 성을 쌓을 수 있다. 자동으로 자산을 배분하는 봇을 만들어 주식 토큰과 달러 토큰을 결합하거나 부동산 토큰을 담보로 끼워 넣어 즉시 대출이 나오는 상품을 뚝딱 만들어낼 수 있다. 은행의 결재를 받을 필요도, 전산망을 통합하느라 수백억을 쓸 필요도 없다. 그저 코드로 블록을 조립하면 끝이다.

조합성은 금융을 정적인 상품에서, 누구나 조립하고 분해할 수 있는 역동적인 플랫폼으로 진화시킨다. 이제 우리는 이 똑똑한 레고 블록들이 어떻게 결합하여 기존에 없던 금융의 미래를 설계하는지 구체적으로 살펴볼 것이다.

지능형 화폐: 프로그래머블 머니가 만드는 금융의 혈류

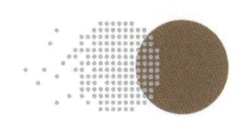

자산이 레고 블록처럼 서로 맞물릴 수 있는 구조를 갖추었다 하더라도, 그 블록들이 스스로 조립되거나 상황에 맞춰 해체되기 위해서는 이를 제어할 지능이 필요하다. 토큰화된 경제 생태계에서 이 지능의 실체는 바로 프로그래머블 머니programmable money다. 이는 숫자로 표기된 디지털 화폐를 넘어, 화폐 자체에 특정 조건If-Then을 프로그래밍하여 스스로 명령을 수행하게 만든 지능형 결제 수단을 의미한다.

우리가 흔히 쓰는 은행 앱의 숫자는 프로그래머블하지 않다. 그것은 은행이라는 중앙 시스템이 허가한 범위 내에서만 이동할 수 있는 전산 기록일 뿐, 돈 자체가 스스로 어떤 조건을 판단하여 결제를 집행할 수는 없기 때문이다. 그러나 프로그래머블 머니의 경우, '물건이 구매자에게 배송 완료되었다는 신호가 오라클을 통해 입증되면if, 즉시 대금을 판매자에게 지급하라then'는 로직을 화폐 내부에 심어두면, 에스크로와 같은 제삼자의 개입 없이도 거래의 완결성이 보장된다.

이때 프로그래머블 머니는 토큰화된 자산과 계약 규칙이 같은 장부 위에서 함께 움직이게 만든다. 서로 다른 성격의 자산 토큰이 하나의 구조 안에 묶이면, 스마트 컨트랙트는 약속된 순서에 따라 현금을 나누고, 조건이 충족될 때만 권리를 이전하며, 담보 가치가 일정 수준 아래로 떨어지면 미리 정해진 방식으로 대응할 수 있다. 다시 말해 예전에는 사람과 기관이 중간에서 확인하고 승인해야 했던 절차의 일부가, 이제는 코드와 장부 안으로 들어오는 것이다. 때문에 비용은 낮아지고 처리 속도는 빨라지며, 실수나 고의적 지연이 끼어들 여지도 줄어든다.

이 변화의 핵심은 돈이 더 빨리 움직인다는 데만 있지 않다. 더 중요한 것은, 돈이 하나의 고립된 단위가 아니라 조건과 자산, 계약과 정산이 서로 맞물리는 조합 가능한 부품이 된다는 점이다. 그렇게 되면 자본은 매번 사람의 승인과 사후 조정을 기다리기보다, 미리 설계된 규칙에 따라 필요한 곳으로 흐르고 멈추고 다시 배분될 수 있다. 포트폴리오 운용, 담보 관리, 거래 정산이 하나의 연속된 과정으로 묶이기 시작하는 것도 이 때문이다. 프로그래머블 머니는 우리가 지금까지 상상하지 못했던 새로운 형태의 자산 관리와 운용 방식, 즉 포트폴리오 구성의 혁명을 가능케 하는 기술적 전제다.

포트폴리오 구성의 혁명: 위험 분산의 기술과 자동화의 미래

전통 금융시장에서 투자자가 다양한 자산을 조합해 포트폴리오를 구성하려면 높은 마찰 비용과 복잡한 운영 리스크를 감수해야 했다.

예컨대, 한국 국채, 미국 기술주, 강남 상업용 부동산 지분을 하나의 포트폴리오로 묶는다고 가정해보자. 이 경우, 투자자는 채권 브로커, 해외 주식 중개인, 부동산 신탁사 등 여러 중개자를 거쳐야 하며, 각 자산마다 전산 시스템·시간대·결제 주기·법적 규제가 달라 실시간 리밸런싱은 사실상 불가능했다.

그러나 토큰화된 자산 환경에서는 이 모든 자산이 하나의 공통된 프로토콜 표준(예컨대 ERC-20) 위에서 작동한다. 투자자는 스마트 컨트랙트를 통해 서로 다른 성격의 자산 토큰들을 실시간으로 하나의 바구니 토큰basket token으로 묶을 수 있는데, 이러한 결합 과정을 아토믹 번들링 atomic bundling[15]이라 부른다. 이는 단순한 보유 자산의 묶음을 넘어, 독립된 복합 금융 상품이 탄생할 수 있음을 뜻한다.

이 구조는 다양한 성격의 자산을 잘 조합해서 위험을 줄이고 수익을 높이려는 전략을 자동으로 실행할 수 있게 해준다. 이는 현대 포트폴리오 이론Modern Portfolio Theory, MPT이라는 개념에서 나온 것으로, 쉽게 말해 수익률, 위험 수준, 만기 기간이 서로 다른 자산을 함께 투자하면 전체 위험은 낮아지고 기대 수익은 높아질 수 있다는 원리다.

MPT의 핵심은 서로 다른 자산의 가치가 동시에 떨어지지 않는다는 점을 이용해 특정 자산에만 생기는 위험(예컨대 어떤 회사의 부도, 특정 나라의 정책 변화)을 줄이는 것이다. 예를 들어, 한국 부동산의 가격이 하락해도 미국 기술주가 오르면 전체 손실을 막을 수 있고, 국채 같은 안정적인 자산은 포트폴리오의 흔들림을 줄여주는 안전장치 역할을 한다.

이렇게 구성된 포트폴리오는 개별 자산에서 생기는 위험을 분산을 통해 줄이고, 분산으로 제거할 수 없는 시장 전체의 위험만 감수한다. 최근에는 이런 자산 조합을 알고리즘이 자동으로 계산하고 조정하는

[그림12] 토큰화된 자산 간 조합을 통한 리스크 관리

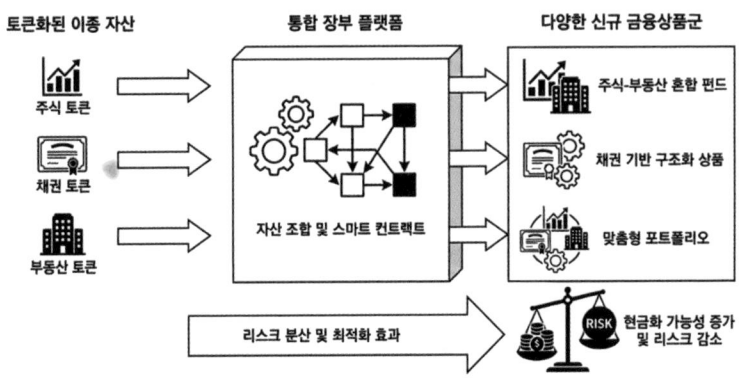

(출처: 나노 바나나 생성 이미지 재가공)

기술도 발전하고 있다. 예를 들어, 투자자가 자신이 감당할 수 있는 위험 수준을 설정하면, 프로그램이 수익률과 위험 지표(예컨대 VaR, CVaR)를 분석해 가장 적절한 자산 비중을 실시간으로 맞춰준다. 이건 과거에 부자들만 누리던 프라이빗 뱅킹과 같은 서비스를 누구나 받을 수 있게 된다는 뜻이다.

결국, 조합성은 여러 자산에 쉽게 투자할 수 있게 해주는 걸 넘어서, 위험은 체계적으로 관리하고 수익은 최대한 끌어올리도록 돕는 투자의 기본 전제가 된다. 이제 포트폴리오 구성은 전문가들만의 영역이 아니라, 블록체인과 알고리즘 덕분에 누구나 참여할 수 있는 탈중앙화된 투자 기술이 되어가고 있다.

자산 토큰 없는 미래는 없다

자동 비중 조절과 리스크 관리:
Yearn Finance로 증명된 자산 최적화 메커니즘

개인 투자자가 시장의 변동성에 실시간으로 대응하며 포트폴리오의 비중을 관리하기란 현실적으로 어려운 일이다. 흔히 투자자들은 특정 자산의 가격이 급등하거나 급락할 때 심리적 동요를 겪으며 적절한 매수·매도 타이밍을 놓치곤 한다. 전통적인 자산 관리에서 포트폴리오 매니저가 수행하던 리밸런싱rebalancing 작업은 이제 토큰화된 자산 생태계에서 스마트 컨트랙트 기반의 자동화된 전략 엔진으로 대체되고 있다. 이는 자본이 장부 위에 박제된 숫자가 아니라, 시장 상황에 맞춰 스스로 경로를 수정하는 자율주행 능력을 갖추게 되었음을 의미한다.

토큰화된 자산은 실시간으로 포트폴리오 구성을 조정하고 리스크를 통제하는 동적인 잠재력을 지닌다. 가령 시장 가격이 급변하여 특정 자산이 설정된 목표 비중을 초과할 경우, 시스템은 이를 즉각 감지한다. 이후 사전에 입력된 알고리즘에 따라 자동으로 해당 자산을 일부 매도하고 저평가된 자산을 매수하여 설계된 비중을 복구한다. 이 과정에서 투자자의 수동적인 개입이나 감정적 판단은 배제되며, 자산은 오직 데이터와 규칙에 따라 스스로를 최적화한다.

이러한 구조적 혁신은 시스템적인 리스크 보정 기능을 수행한다. 가격 움직임의 원인이 서로 다른 자산들을 조합하여 포트폴리오 전체의 변동성을 낮추고, 급격한 시장 충격에 대한 내성을 확보하는 것이다. 금융기관이 전용 트레이딩 시스템을 동원해서 실행했던 이 고도의 작업을, 탈중앙화된 자동화 코드는 초 단위로 실현한다. 이는 자산 관리의 효율성을 비약적으로 높이는 동시에, 인간의 실수나 판단 미스로 인한 리스크를 차단한다.

자동화 기술의 실질적인 가능성은 이미 탈중앙화 금융 분야의 대표 격인 연 파이낸스Yearn Finance를 통해 입증된 바 있다. 이더리움 기반의 연 파이낸스는 금고vault라는 개념을 도입하여 여러 토큰을 모으고, 자산을 자동으로 재배치하여 수익을 극대화하는 전략을 구사한다. 예를 들어 사용자가 다이DAI와 같은 스테이블코인을 예치하면, 스마트 컨트랙트는 실시간으로 가장 높은 수익률을 제공하는 렌딩 플랫폼을 탐색하여 자산을 즉시 이동시킨다.

연 파이낸스의 핵심 경쟁력은 전략 모듈화strategy modularization에 있다. 하나의 금고에는 여러 독립된 전략이 연결되어 있으며, 시장의 유동성과 이율 변화에 따라 각 전략이 자동으로 활성화되거나 비활성화된다. 가령 DAI 볼트에 자산을 예치한 투자자의 사례를 보자. 과거라면 투자자가 에이브Aave나 컴파운드Compound 등 여러 대출 프로토콜 중 어느 곳의 이율이 높은지 매 순간 확인하고, 자금을 옮길 때마다 수수료Gas fee를 지불하며 수동으로 대응해야 했다. 그러나 연 파이낸스의 지능형 금고는 이 과정을 코드로 자동 집행한다. 금고 내부에서는 전략 A를 통해 에이브에서 대출 이자가 생성되고, 동시에 전략 B에 따라 커브Curve 프로토콜에 유동성이 공급되면서 보상 토큰이 축적된다. 이렇게 확보된 수익은 다시 다이로 환전되어 금고에 복리로 쌓인다.

이러한 전략의 변경과 운용은 온체인 커뮤니티의 거버넌스를 통해 투명하게 공개되므로, 투자자는 별도의 조작 없이도 리스크는 낮추고 수익률은 극대화된 자산운용 효과를 얻게 된다. 이는 금융 상품이 스스로 수익을 찾아 이동하는 지능형 객체로 진화했음을 보여주는 사례다. 결론적으로 토큰화된 복합 자산은 스마트 컨트랙트를 통한 자동화된 자산 배분, 실시간 리스크 관리, 그리고 최적화된 수익 추구라는 삼위일체의 모델을 완성한다. 자산이 단지 유동성을 확보하는 수단에 그치지 않고, 온체인 시스템과 결합하여 스스로 운용되는 포트폴리오로 진화한 것이다. 이러한 자산운용의 자동화는 전통 금융이 도달하지 못했던 정밀한 자산 설계의 시대를 열고 있다.

자산의 담보화와
신용 창출 메커니즘

앞서 살펴본 자산의 자율주행 능력, 즉 스스로 리스크를 관리하고 비중을 조절하는 지능형 기능은 자본이 새로운 가치를 창출하기 위한 토대가 된다. 금융의 꽃은 대출이며, 대출의 핵심은 신용이다. 전통적인 경제 시스템에서 개인이 신용을 얻기 위해서는 직업과 소득, 그리고 과거의 금융 거래 이력을 증명해야만 한다. 하지만 토큰화된 자본의 세계에서는 인간의 배경이 아닌 자산 그 자체가 신용의 보증수표가 된다. 조합성의 마지막 단계는 이처럼 살아 움직이는 자산들이 서로를 담보로 삼아 새로운 가치를 창출하는 신용 창출 메커니즘에 있다.

자산의 담보화란 내가 가진 자산을 신용의 근거로 전환하여 새로운 유동성을 확보하는 것을 말한다. 토큰화된 환경에서는 부동산, 국채, 심지어 미술품 지분 토큰까지도 즉시 담보로 활용될 수 있다. 예컨대 부동산 토큰을 보유한 투자자가 급하게 현금이 필요할 때, 건물을 팔지 않고도 이를 탈중앙화 대출 프로토콜에 맡겨 스테이블코인을 빌릴 수 있다. 이때 자산은 중개인의 금고에 갇히는 것이 아니라, 스마트 컨트랙트라

[그림13] 토큰화된 자산을 담보로 스테이블코인을 대출받는 과정

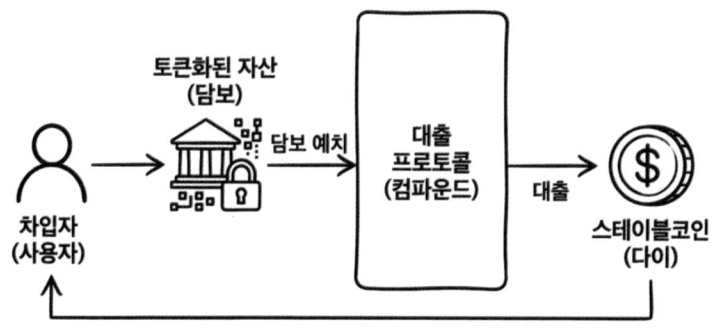

(출처: 나노 바나나 생성 이미지 재가공)

는 디지털 계약 안에 묶여 대출의 안전성을 실시간으로 보증한다.

이 과정에서 에이브나 컴파운드 같은 프로토콜은 사람의 심사 없이 코드로 대출을 실행한다. 앞서 언급한 연 파이낸스가 최적의 수익률을 찾아 자산을 이동시키는 이동 수단이었다면, 대출 프로토콜은 예치된 자산을 거대한 유동성 풀로 전환하여 타인에게 빌려줄 수 있는 신용의 원천으로 탈바꿈시킨다. 대출 프로토콜은 담보의 가치를 초 단위로 평가하여 담보 인정 비율LTV을 유지하며, 만약 담보 가치가 하락하여 위험 수준에 도달하면 코드가 자동으로 담보를 매각해 대출금을 회수한다. 이를 자동 청산automatic liquidation 기능이라고 한다.

이러한 메커니즘의 정점은 자산의 다층적 활용이다. 투자자는 부동산 토큰을 담보로 다이를 빌리고, 빌린 다이를 다시 다른 수익형 프로토콜에 예치하여 추가 이자를 얻을 수 있다. 이는 자본의 효율성을 극대화하는 레버리지leverage 효과를 낳는다. 물리적 세계에서는 등기부등본을 들고 은행과 중개인을 오가며 며칠이 걸릴 일이 온체인상에서는

자산 토큰 없는 미래는 없다

클릭 몇 번만으로 1분 안에 완결된다. 자산이 스스로 신용을 창출하며 생명력을 확장해 나가는 모습이다.

물론 이러한 신용 창출은 철저한 과담보over-collateralization 원칙 위에서 작동한다. 빌리려는 금액보다 훨씬 높은 가치의 자산을 맡겨야만 시스템이 유지될 수 있기 때문이다. 이는 중앙은행의 신용 창출과는 다른, 알고리즘 기반의 신용 체계다. 담보의 가치가 실시간으로 감시되고 위험 시 자동으로 청산되는 이 구조는, 한국의 부동산 지분이나 중소기업 채권처럼 기존에는 글로벌 시장에서 주목받기 어려웠던 자산에도 새로운 담보 가치를 부여할 수 있는 기술적 토대가 된다.

조합성의 경제적 효과: 디파이 유동성 시뮬레이션

이 장의 마지막 논의로서 조합성이 한국 경제라는 거시적인 설계도 위에서 어떤 파급력을 가질지 시뮬레이션해 볼 필요가 있다. 앞서 살펴본 자산의 담보화와 신용 창출 원리는 개별 투자자의 수익률을 높이는 도구를 넘어 국가 전체의 자본 효율성을 뒤바꿀 수 있는 파괴력을 지니기 때문이다. 이를 이해하기 위해서는 한국 경제의 고질적인 문제인 자산의 비유동성과 디파이 생태계의 신용 승수credit multiplier 효과를 결합하여 분석해야 한다.

한국은행이 발표한 2024년 국민대차대조표를 살펴보면 한국의 비금융자산 규모는 약 2.2경 원이라는 압도적인 수치를 기록하고 있다. 이 거대한 자본의 대부분은 토지와 상업용 부동산에 묶여 있다. 문제는 이처럼 막대한 가치가 존재함에도 불구하고 높은 단위 가격과 복잡한 거래 절차 그리고 정보의 비대칭성 때문에 즉각적인 현금화가 불가능한 비유동성 자산으로 방치되어 왔다는 점이다. 풍부한 시중 유동성이 존재함에도 실물 자산시장으로 흐르지 못하고 가로막혀 있었던 것은 소액으로 쪼개 유통할 수 있는 인프라가 미비했기 때문이다.

만약 이 거대한 자산 중 보수적으로 500조 원 규모의 자산이 토큰화되어 디파이 시장에 진입한다고 가정해 보자. 전통 금융 시스템에서는 부동산을 매입하는 순간 그 자금은 다음 매수자가 나타날 때까지 꼼짝없이 묶여 버리는 것이 일반적이었다. 그러나 디파이 환경에서는 이야기가 달라진다. 토큰화된 500조 원의 자산은 그 자체로 디지털 세계의 기초 담보 자산이 된다. 디파이 렌딩 프로토콜에서 통상적으로 적용되는 담보 인정 비율인 60%를 대입하면 1차적으로 약 300조 원 규모의 새로운 유동성이 시장에 공급된다.

혁신의 진짜 모습은 여기서부터 시작된다. 대출로 풀려난 300조 원은 시장에서 증발하는 것이 아니라 다시 다른 수익형 자산에 재투자되거나 다른 파생상품의 증거금으로 활용되며 2차, 3차 신용을 창출한다. 이를 디파이 자본의 효율성 승수 개념으로 환산하면 약 2배의 레버리지 효과가 발생한다고 볼 수 있다. 결과적으로 500조 원의 실물 자산이 토큰화라는 문을 통과하는 순간 시장에는 약 1,000조 원에 달하는 유효 유동성이 공급되는 결과가 나타난다.

이는 한국 GDP의 약 40%에 해당하는 막대한 규모다. 자산이 디지털로 복사된 것만이 아니라 자산이 담보가 되고 다시 투자 재원이 되는 루프가 형성되는 셈이다. 이 과정에서 발생하는 거래 수수료와 이자 수익 그리고 비약적으로 늘어나는 파생상품 거래량은 한국 금융시장의 깊이와 효율성을 이전과는 비교할 수 없는 수준으로 끌어올릴 것이다. 자본이 멈추지 않고 선순환하며 스스로 가치를 불려 나가는 고효율 경제 구조가 완성되는 과정이다.

1 | 래핑Wrapping
ERC 표준으로 구현하는 자산의 이주

블록체인 네트워크는 본래 기술적 구조와 합의 알고리즘의 차이로 인해 서로 분리된 독립적인 생태계를 구성한다. 비트코인 네트워크의 자산이 이더리움으로 직접 이동하거나 그 반대의 거래를 수행하는 것은 기술적으로 불가능하다. 이러한 네트워크 간의 고립을 해결하고 자산이 경계를 넘어 유통될 수 있도록 돕는 기술적 해법이 바로 래핑이다. 이는 특정 블록체인에 묶인 자산을 다른 네트워크에서 사용하기위해, 원본 자산을 안전한 곳에 보관하고 그 가치를 1:1로 증명하는 디지털 복제본을 발행하는 과정이다. 대표적인 사례가 비트코인을 이더리움 위에서 사용할 수 있게 래핑된 비트코인, WBTCWrapped Bitcoin다. 비트코인은 이더리움의 스마트 컨트랙트를 이해하지 못하기 때문에 그대로 옮길 수는 없지만, 잠금과 발행이라는 논리를 통해 이더리움 세계로 소환할 수 있다.

사용자가 복잡한 절차를 감수하며 자산을 래핑하는 이유는 명확하다. 비트코인은 가치 저장 수단으로서 신뢰를 받지만, 스마트 컨트랙트를 통한 정교한 금융 로직 구현에는 한계가 있다. 반면 이더리움은 대출, 교환, 파생상품 등 고도화된 탈중앙 금융 생태계를 갖추고 있다. 비트코인 보유자는 자산의 가치를 유지하면서도 이더리움의 금융 서비스에 참여해 유동성 수익을 창출하기 위해 래핑을 선택한다. 즉, 래핑은 고립된 자본에 금융적 활동성을 부여하는 수단이 된다.

이 과정에서 핵심적인 역할을 하는 표준이 ERC-20이다. 이는 이더리움 네트워크 내의 모든 서비스와 지갑이 동일한 방식으로 자산을 인식하고 처리하게 만드는 공통 인터페이스다. WBTC는 이 표준을 통해 비트코인을 이더리움의 글로벌 실행 환경 위로 소환한다. 비트코인은 본래 이더리움의 언어를 이해하지 못하지만, 래핑을 거친 WBTC는 이더리움 블록체인상에서 움직일 수 있는 자산이 되어 스마트 컨트랙트 기반 금융 서비스에 즉각적으로 투입될 수 있다.

WBTC의 작동 원리는 수탁자custodian를 통한 잠금과 발행lock and mint 논리에 기반한다. 사용자가 실제 비트코인을 비트고BitGo와 같은 전문 수탁 기관에 예치하면, 시스템은 이를 담보로 삼아 이더리움 네트워크 상에서 1:1 비율의 WBTC를 발행한다. 수탁자인 비트고는 다중서명 지갑multi-signature wallet[16]과 엄격한 보안 프로토콜을 통해 예치된 비트코인을 보관하며, 전체 발행량과 수탁 현황을 투명하게 관리한다.

WBTC 프로젝트는 단일 회사가 독점하는 시스템이 아니다. 비트고 외에도 카이버 네트워크Kyber Network, 렌 파운데이션Ren Foundation 등이 초기 멤버로 참여한 거버넌스 모델에 의해 운영된다. 사용자가 WBTC를 실제 비트코인으로 되찾고 싶을 때는 토큰을 소각burn[17]하며, 이때 수탁자는 보관 중인 비트코인을 반환unwrap한다. 모든 발행 및 소각 과정은 온체인상에서 누구나 검증할 수 있는 형태로 공개되어 데이터의 무결성을 보장한다.

현재 이더리움 생태계 내에서 유통되는 WBTC의 규모는 약 12만 개

[그림14] WRAP과 UNWRAP

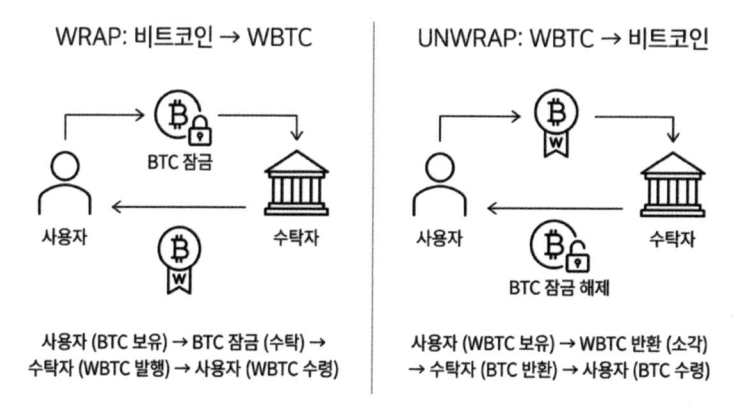

비트코인을 잠그고 이더리움 네트워크에서 WBTC를 발행하는 래핑(좌)과 소각을 통해 반환(우)하는 과정. (출처: 나노 바나나 생성 이미지 재가공)

로 추산된다(2026년 2월 기준). 이는 수십억 달러 규모의 비트코인 자본이 고립된 저장 장치를 벗어나 활발하게 움직이는 유동성으로 전환되었음을 의미한다. 결국 래핑 기술은 자산의 고유 가치를 보존하면서도 금융적 활용 범위를 넓히는 토큰 경제의 핵심 엔진이다.

위험 요소와 고려할 사항은 있다. 이러한 유동성의 확장은 필연적으로 중앙화에 따른 리스크를 동반한다. 가장 치명적인 약점은 수탁 리스크다. WBTC의 가치는 특정 수탁 기관이 실제 비트코인을 안전하게 보관하고 있다는 전제 위에 서 있다. 만약 수탁 기관의 보안 체계에 균열이 생기거나 운영 주체의 거버넌스에 문제가 발생할 경우, 이는 곧 해당 자산의 인출 불능이나 가치 폭락으로 이어질 수 있다. 기술은 탈중앙화를 지향하지만, 자산의 연결 고리는 역설적으로 중앙화된 기관의 신뢰에 기대고 있는 형국이다.

　　　　　　　　　　　　자산 토큰 없는 미래는 없다

규제 및 환경적 민감성 또한 무시할 수 없는 위험 요소다. 중앙화된 수탁 구조를 기반으로 하는 래핑 자산은 각국 정부의 금융 규제 환경 변화에 즉각적인 영향을 받는다. 수탁 기관에 대한 법적 제재나 규제 강화는 토큰의 발행 및 소각 절차를 경색시킬 수 있으며, 이는 자본의 자유로운 흐름을 가로막는 병목 현상을 초래한다. 마지막으로, 원본 자산과의 가치 고정이 흔들리는 디페깅 리스크de-pegging risk 역시 상존한다. 수탁 안정성에 대한 시장의 의구심이 번질 경우, 시장 내 WBTC 가격이 실제 비트코인 가격보다 낮게 형성되는 불균형이 발생하며 전체 DeFi 생태계에 연쇄적인 담보 청산 위기를 몰고 올 수 있다.

2 | 아토믹 스와프atomic swap
믿지 않아도 안전한 거래 기술

서로 다른 블록체인 네트워크에 존재하는 자산을 교환하는 과정에서 가장 큰 장애물은 상대를 믿을 수 없다는 점이다. 내가 비트코인을 먼저 보냈을 때 상대방이 이더리움을 보내주지 않고 잠적한다면 이를 제지할 중앙 권위체나 은행은 존재하지 않는다. 아토믹 스와프atomic swap는 이러한 신뢰의 결여를 기술적으로 해결하여, 중개인 없이도 안전한 이종 체인 간 거래를 가능케 하는 핵심 기제다.

아토믹이라는 명칭은 원자성이라는 뜻으로, 거래가 더 이상 쪼개질 수 없는 하나의 단위로 처리됨을 의미한다. 즉, 거래는 두 당사자가 모두 약속을 이행하여 완전히 성공하거나, 한쪽이라도 이행하지 않아 아예 취소되는 두 가지 결과만 존재한다. 중간에 거래가 멈춰 한쪽의 자산만 잠기는 사고를 논리적으로 원천 차단하는 것이다. 이는 기존 금융의 에스크로escrow[18] 서비스가 수행하던 역할을 암호학적 알고리즘이 대체한 결과다.

이 기술의 핵심은 해시 타임록 계약Hash Time-Locked Contracts, HTLC에 있다. 이는 거래 당사자들에게 자금을 잠그는 디지털 금고를 제공하고, 특정 암호(해시값)를 제시하거나 정해진 시간이 지나야만 자금이 인출되도록 강제하는 방식이다. '내가 자산을 보내면 상대방도 동시에 자산을 보내야 한다'는 조건을 스마트 컨트랙트가 물리적으로 집행하기 때문에, 당사자들은 서로의 신원이나 도덕성을 확인할 필요가 없다. 신뢰의 근거를 기관에서 수학으로 옮겨온 셈이다.

아토믹 스와프는 중개 수수료와 행정적 대기 시간을 0에 가깝게 수렴시킨다. 과거에는 자산을 교환하기 위해 중앙화된 거래소에 자산을 예치하고 그들의 장부 시스템에 의존해야 했지만, 이제는 24시간 내내 초 단위로 국경 없는 직접 거래가 가능해졌다. 이는 자본의 회전 속도를 비약적으로 높이며, 전 지구적 유동성 네트워크를 지탱하는 보이지 않는 엔진이 된다. 결국 아토믹 스와프는 믿지 않아도 되는 거래 환경을 구축함으로써 자본의 이동 마찰을 제거한다.

신뢰 없이도 안전한 거래를 가능케 하는 해시 타임록

HTLC는 아토믹 스와프를 구현하는 기술적 핵심으로, 두 개의 암호학적 자물쇠를 통해 중개인 없는 안전한 거래를 보장한다.

- 해시락hashlock: 특정 비밀값의 해시로 자금을 잠그고, 그 원본 값을 제시해야만 자금을 인출할 수 있는 잠금 조건
- 타임록timelock: 정해진 시간 내에 거래가 완료되지 않으면 자금을 원

소유자가 회수할 수 있게 하는 잠금 조건

이제 두 장치가 결합하여 어떻게 신뢰 없는 거래가 완성되는지, 해리 포터와 볼드모트 사이의 거래를 예시로 그 단계를 살펴본다.

1. 비밀번호와 해시값의 생성

거래의 시작점은 해리 포터다. 해리 포터는 자신만 아는 무작위 비밀번호 s를 생성하고, 이를 암호화한 해시값 h를 도출한다. 해시 함수의 특성상 h를 보고 s를 유추하는 것은 불가능하다. 해리 포터는 이 해시값 h를 볼드모트에게 전달한다.

2. 해리 포터의 비트코인 잠금

해리 포터는 자신의 비트코인 1개를 스마트 컨트랙트에 예치하며 다음과 같은 조건을 설정한다. '24시간 이내에 해시값 h의 원본인 비밀번호 s를 제시할 경우 지정된 볼드모트의 지갑에 이 비트코인을 전송한다. 만약 시간이 지나도 비밀번호가 제시되지 않으면 비트코인은 다시 해리 포터에게 반환된다.'

3. 볼드모트의 이더리움 잠금

볼드모트는 해리 포터가 건네준 해시값 h를 확인한 뒤, 자신의 이더리움 20개를 별도의 스마트 컨트랙트에 예치한다. 이때 볼드모트가 설정하는 조건은 다음과 같다. '12시간 이내에 해시값 h의 원본인 비밀번호 s를 제시할 경우 이 이더리움을 지정된 해리 포터의 지갑에 전송한다. 그렇지 않으면 이더리움은 볼드모트에게 반환된다.' 여기서 볼드모

[그림15] 아토믹 스와프 준비 및 자산 잠금 단계

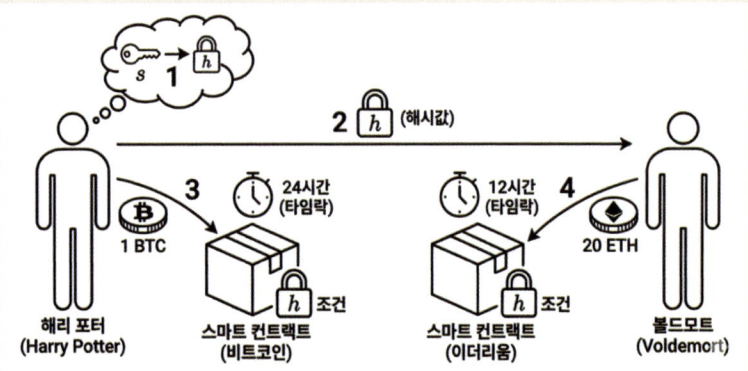

아토믹 스와프에서 '개인 키의 해시값'은 일종의 자물쇠가 된다. 이 자물쇠를 복제함으로써 거래 참여자들은 각자의 자산을 동일한 안전장치로 잠글 수 있게 된다. (출처: 나노 바나나 생성 이미지 재가공)

트의 타임록 시간(12시간)을 해리 포터(24시간)보다 짧게 설정하는 것은 안전장치다. 해리 포터가 비밀번호를 공개하고 자산을 가져간 뒤, 볼드모트가 대응할 충분한 시간을 확보하기 위함이다.

4. 비밀번호 공개와 자산의 교환

해리 포터가 볼드모트의 이더리움을 가져가기 위해서는 스마트 컨트랙트에 비밀번호 s를 입력해야 한다. 해리 포터가 이더리움을 수령하는 순간, 그가 입력한 비밀번호 s는 블록체인 네트워크 전체에 공개된다.

5. 볼드모트의 자산 수령

볼드모트는 공개된 비밀번호 s를 확인하고, 이를 해리 포터의 비트코인 계약에 입력한다. 계약 조건에 명시된 비밀번호가 일치하므로 볼

[그림16] 비밀번호 공개 및 자산 교환 실행 단계

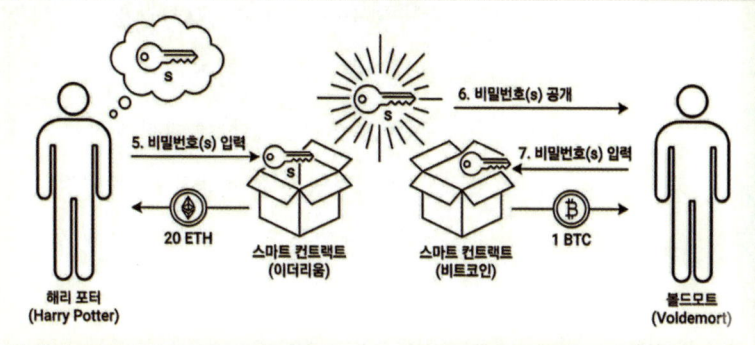

해리 포터(자물쇠를 생성한 쪽)가 볼드모트(거래 상대방)의 자물쇠를 풀기 위해 개인 키를 사용하면, 볼드모트는 개인 키를 확인하고 해리 포터의 자물쇠를 푼다. (출처: 나노 바나나 생성 이미지 재가공)

드모트는 비트코인을 성공적으로 수령하게 된다.

결국 HTLC 구조 안에서는 어느 한 쪽이 기망을 시도할 여지가 없다. 해리 포터가 이더리움을 가져가면 볼드모트는 반드시 비밀번호를 알게 되고, 해리 포터가 아무것도 하지 않으면 정해진 시간이 지난 뒤 각자의 자산은 원래 주인에게 돌아간다. 이것이 바로 기술이 강제하는 원자적 거래다.

시간의 순서가 중요한 이유

여기서 볼드모트의 타임록 시간(12시간)이 해리 포터의 타임록 시간(24시간)보다 충분히 짧아야 한다. 그 이유는 해리 포터가 먼저 이더리움을 인출하는 과정에서 비밀값 s가 공개되는데, 그 뒤 볼드모트가 그

값을 이용해 비트코인을 청구할 시간을 확보해야 하기 때문이다.

만약 두 계약의 타임록이 같거나 볼드모트 쪽이 더 길게 설정되면, 해리 포터가 마지막 순간에 이더리움을 인출했을 때 볼드모트는 공개된 비밀값을 확인하고 거래를 전파할 시간을 충분히 확보하지 못할 수 있다. 그 경우 비밀값을 알고도 비트코인을 회수하지 못할 위험이 생긴다. 그러므로 먼저 생성된 계약의 타임록은 더 길고, 나중에 생성된 계약의 타임록은 더 짧아야 거래가 안전하게 성사될 수 있다.

시간이 잘못 설정되었을 경우, 해리 포터가 이를 악용하는 방법을 구체적으로 알아보자. 가령 해리 포터가 비트코인을 24시간 조건으로 잠갔는데 볼드모트도 이더리움을 24시간 조건으로 잠갔다면 어떨까. 해리 포터는 볼드모트를 기망하기 위해서 23시간 30분을 기다렸다가 30분을 남겨놓고 이더리움을 찾는다. 볼드모트는 해리 포터가 이더리움을 찾으면서 노출한 비밀키를 얻지만 남은 시간은 30분밖에 없다.

인터넷상에서 계속 해리 포터의 활동을 관찰하고 있는 게 아니라면 볼드모트가 상황을 인지하고 행동하는 데까지 몇 초밖에 안 남을 수도 있다. 그렇게 되면, 해리 포터는 자신의 것을 찾아가는데 반해서 볼드모트는 닭을 쫓던 개의 신세가 될 수도 있다.

바로 이런 이유로 해리 포터의 계약 만기는 볼드모트의 계약 만기보다 충분히 늦어야 한다. 예를 들어 해리 포터가 24시간으로 잠갔다면, 볼드모트는 그보다 더 짧은 12시간으로 잠가야 한다. 이 의미는 해리 포터에게 12시간 내로 거래를 성사시키라는 뜻이며, 볼드모트는 해리 포터의 비밀번호를 알게 된 후, 12시간이라는 충분한 시간을 확보할 수 있게 된다는 의미이기도 하다. 만약 해리 포터가 12시간 안에 행동하지 않는다면 이더리움은 볼드모트에게 돌아가고 볼드모트도 해리 포터의 비밀번호를 알 수 없으므로 그 뒤로 12시간(총 24시간)이 지나면 비트코인도 해리 포터에게 돌아간다.

이건 거래가 깨진 것일 뿐, 아무도 자산을 잃지는 않은 상태다. 이렇게 해서 서로 신뢰하지 않아도, 누구도 사기를 당하지 않고 자산을 교환할 수 있게 된다. HTLC는 전 세계의 탈중앙화 거래에서 거래의 동시성과 조건 이행의 보장을 동시에 충족시키는 핵심 메커니즘이다. 해시락은 신뢰를 보완하고, 타임록은 시간의 위험을 제어한다. 그리고 이 두 요소가 정확한 순서와 시간차를 갖고 작동할 때, 우리는 중개인 없이도, 국가 간 블록체인 간에도 자산을 안전하게 교환할 수 있게 된다. 이게 바로 아토믹 스와프가 국경 없는 금융의 근간이 되는 이유다.

한 걸음 더 2

탈중앙 금융의 안정성 보장 장치: 부채 담보부 포지션

부채 담보부 포지션Collateralized Debt Position, CDP은 탈중앙화 금융 생태계에서 중앙은행의 발권력과 시중은행의 대출 기능을 코드로 구현한 핵심 장치다. 이 개념은 일종의 디지털 전당포와도 같다. 전통적인 전당포에서는 시계를 맡기고 현금을 빌리지만, 이더리움 기반의 대표적인 디파이 프로토콜인 메이커다오MakerDAO에서는 이더리움과 같은 디지털 자산을 맡기고 다이DAI라는 스테이블코인을 발행한다.

이 과정의 첫 단계는 사용자가 자신의 자산을 스마트 컨트랙트에 예치하여 일종의 디지털 금고를 생성하는 것이다. 이때 생성되는 계약 관계가 바로 CDP다. 흥미로운 점은 이 금고의 열쇠를 프로토콜이나 특정 관리자가 쥐는 것이 아니라, 오직 자산을 맡긴 소유자만이 통제권을 갖는다는 사실이다. 사용자는 자신이 맡긴 담보 가치의 일정 비율 내에서 다이를 발행할 수 있으며, 이렇게 발행된 다이는 시장에서 달러와 동일한 가치로 유통된다. 즉, 개인이 자신의 자산을 근거로 화폐를 찍어내는 발권력을 갖게 되는 셈이다.

여기서 시스템의 안정성을 유지하는 핵심 기제는 과담보 원칙이다. 다이 1달러를 발행하기 위해서는 보통 그보다 훨씬 높은 가치인 1.5달러의 이더리움을 담보로 묶어두어야 한다. 이는 디지털 자산의 높은 변동성에 대비한 안전장치다. 만약 담보로 맡긴 이더리움의 가격이 급락하여 사전에 약속한 담보 인정 비율 아래로 떨어지면, 시스템은 즉각적이고 냉정하게 반응한다. 중개인의 유예 기간이나 독촉 전화 없이, 스마트 컨트랙트가 즉시 담보물을 시장에 경매로 내놓아 발행된 다이를 회수하고 소각한다.[19]

이러한 자동 청산 메커니즘은 얼핏 투자자에게 가혹해 보일 수 있으나, 시스템 전체로 보았을 때는 다이의 가치를 1달러로 유지하는 강력한 신뢰의 근거가 된다. 중앙은행이 금리를 조절하거나 시장에 개입하여 화폐 가치를 방어하듯, 메이커다오는 수학적 알고리즘과 경제적 인센티브를 통해 다이의 가치를 보존한다. 결과적으로 CDP는 인간의 주관적인 신용 평가가 개입할 틈을 주지 않고, 오직 자산의 객체적 가치와 코드의 규칙만으로 작동하는 새로운 금융 질서를 보여준다.

3장

미국이 선택한 토큰화:
디지털 제국의 확장

REAL
WORLD
ASSET
TOKENIZATION

보이지 않는 혁명

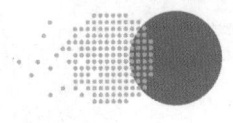

나이지리아 라고스의 한 카페를 떠올려보자. 불안정한 전력 사정 속에서도 와이파이는 연결되어 있고, 창가에 앉은 대학생이 스마트폰 화면을 들여다본다. 자국 통화 나이라Naira의 가치가 가파르게 추락하는 경제적 혼란 속에서 그는 몇 번의 터치만으로 미국 국채 10달러어치를 매수한다. 절차는 게임 아이템을 구매하는 것과 다르지 않다. 계좌 개설을 위해 외국 은행을 방문할 필요도, 수천 달러의 최소 투자 단위를 맞출 필요도, 까다로운 외환 규제를 넘을 필요도 없다. 과거의 금융 질서에서는 상상하기 어려웠던 장면이다. 토큰화는 이 모든 마찰을 제거하며, 글로벌 유동성의 말단까지 달러 기반 담보의 영향력을 침투시키고 있다.

이 변화는 더 이상 기술 커뮤니티 내부의 실험이 아니다. 글로벌 금융기관들이 제시하는 수치는 이것이 하나의 시스템 전이임을 분명히 한다. 씨티Citi는 2030년까지 전 세계 자산의 약 10%가 토큰화될 것이

[그림17] 토큰화가 제공하는 개인의 자산 접근 권리

토큰화는 세계 각국의 개인에게 자국의 경제 위기를 탈피하고 금융기관의 허가 없이도 우량 자산에 접근할 권리를 부여한다. (출처: 나노 바나나 생성 이미지 재가공)

라고 전망했고[20] 보스턴컨설팅그룹BCG은 그 규모가 무려 16조 달러(약 2경 원)에 달할 것으로 내다봤다.[21] 이 정도 규모의 자산이 온체인으로 이동한다는 것은, 국채와 부동산처럼 유동성이 낮았던 자산까지 실시간 결제 완결성을 확보한다는 뜻이다. 결제 완결성이 실시간으로 보장되면, 전 지구적 유동성의 회전율은 비약적으로 상승하고 자본 효율성은 극도로 높아질 것이다.

이 거대한 인프라 재설계의 선두에는 블랙록이 있다. 블랙록은 토큰화를 증권 인프라의 다음 세대로 규정했다. 이들이 2024년 3월, 이더리움 네트워크 위에 출시한 BUIDLBlackRock USD Institutional Digital Liquidity 펀드는 그 선언을 현실로 옮긴 첫 행보였다. BUIDL은 미국 국채를 주력 담보로 하는 펀드를 토큰화한 자산이다. 1 BUIDL이 약 1달러의 가치를 지니고, 보유자에게 일 단위로 이자를 지급한다는 사실은 BUIDL을 디지털 안전자산으로 생각하게 만든다. 그러나 BUIDL의 지향점은 블록체인 환경에서 토큰화된 자산을 거래할 수 있는 화폐다. 이미 수십억 달러 규모로 운용되며 비트코인 매매의 담보 등으로 쓰이는 BUIDL은 전통 금융의 우량 담보가 온체인 환경에서 어떻게 디지털 통화처럼 작동할 수 있는지를 보여주고 있다. 국채는 더 이상 수탁기관과 중개기관 사이에서 며칠을 기다려야 하는 자산이 아니라, 스마트 컨트랙트 안에서 실시간으로 이동하는 객체가 되었다.

블랙록의 CEO 래리 핑크Larry Fink는 "초기 인터넷이 정보에 했던 일을, 이제 토큰화 기술이 금융에 하게 될 것"이라고 단언했다. COO 롭 골드스타인Rob Goldstein 역시 "복식부기 발명 이후 장부 기술이 이렇게 흥미로웠던 적은 없었다"며 경탄을 표했다.[22] 이들의 행보는 특정 네트워크에 국한되지 않는다. 이더리움, 폴리곤, 아발란체 등 다양한 블록체인으로 확장하며, 토큰화를 단일 실험이 아닌 다중 인프라 전략으로 끌어올리고 있다. 현재의 모습은 1996년 인터넷 초기와 닮아 있다. 당시 아마존은 연간 1,600만 달러의 매출을 올리는 온라인 서점에 불과했지만, 결국 글로벌 상거래의 운영체제로 자리 잡았다. 토큰화 역시 모든 자산이 디지털 지갑 안으로 수렴되는 시대의 전조일 가능성이 크다.

그리고 이 흐름은 2026년 2월, 전혀 예상치 못한 곳에서 폭발적으로 가속되었다. 일론 머스크의 소셜 미디어 플랫폼 X가 사용자들이 타임라인에서 직접 주식과 암호화폐를 거래할 수 있는 기능을 출시한다고 발표한 것이다. X의 제품 책임자 니키타 비어Nikita Bier는 이 새로운 기능을 스마트 캐시태그smart cashtags라고 명명했다.

작동 방식은 놀라울 만큼 간단하다. 과거에는 누군가 게시물에 $BTC나 $TSLA 같은 티커 심볼을 입력하면, 가격 정보 링크가 생성되는 데 그쳤다. 하지만 새로운 기능이 도입되면, 타임라인을 스크롤하다가 $BTC를 클릭하는 순간 실시간 차트가 화면에 펼쳐지고 앱 안에서 즉시 매수·매도를 실행할 수 있게 된다. 증권사 앱을 따로 열 필요도 없어진다. 정보 소비와 투자 실행 사이의 모든 마찰이 사라지는 것이다.

머스크는 이 기능을 X의 자체 결제 시스템인 X머니X Money와 결합시킬 계획이다. X는 2026년 3월 초 X머니의 제한적 외부 베타를 시작했다. 머스크는 "돈이나 증권이 관련된 것이라면 전부 우리 플랫폼 위에 올라갈 것"이라며, 사용자들이 플랫폼을 떠나지 않고도 일상적인 디지털 활동 대부분을 관리할 수 있게 될 것이라고 말했다. 메시지, 콘텐츠 소비, 송금, 투자까지 하나의 인터페이스 안에서 이루어지는 에브리싱 앱Everything App 구상이 현실화되는 것이다.

다시 라고스의 카페로 돌아가보자. 이번에는 절차가 한 단계 더 줄어 있다. 청년은 토큰화 플랫폼에 접속할 필요조차 없다. 아침에 커피를 마시며 X의 타임라인을 스크롤하는 것 자체가 투자의 시작이다. 누군가 올린 게시물에서 $BUIDL 캐시태그를 발견하고 탭하면, 실시간 차트와 연 수익률이 화면에 펼쳐진다. 가격이 안정적이고, 연 수익률이 4%대다. 화면을 한 번 더 터치하면 10달러어치 매수가 완료된다.

이러한 기능은 사용자에게 블록체인 기술에 대한 이해도를 요구하지 않으면서도, 블록체인 거래의 장점을 제공할 수 있다. 은행 영업시간도, 국경도, 높은 환전 수수료도 더 이상 장벽이 아니다. 그는 방금 미국 국채의 일부를 소유하게 되었다. 나이지리아 라고스에서, 스마트폰 한 대로.

정보와 실행의 경계가 사라진다. 미디어가 곧 시장이 되고, 피드가 곧 거래소가 된다. 상시 유동화는 단지 24시간 열려 있는 시장만을 의미하지 않는다. 자산이 발견되고, 평가되고, 거래되는 모든 과정이 하나의 연속적 흐름으로 통합된 상태를 의미한다. 이제 X가 암호화폐와 주식 거래를 타임라인에 통합하면서, 머스크의 전략은 더욱 명확해진다. 그는 소셜 미디어, 결제 시스템, 자산 거래를 하나의 생태계로 융합시켜 금융 인프라 자체를 재설계하려 한다.

X머니가 본격 출시되고, 스마트 캐시태그가 활성화되면, X는 6억 명 이상의 사용자를 보유한 글로벌 금융 허브로 진화할 것이다. 포스트를 읽다가 국채 토큰을 사고, 밈을 공유하다가 암호화폐를 거래하며, 친구에게 송금하는 모든 행위가 하나의 앱 안에서 이어질 수 있는 것이다.

글로벌 패권 강화를 위한
미국의 전략

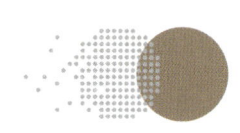

미국은 이 전환을 기술 채택의 차원에서 보지 않는다. 미국에 있어 토큰화는 금융 인프라의 핵심 기둥으로써 글로벌 자본 시장의 패권을 강화하는 수단이다. 미국 자산으로의 글로벌 접근성을 극대화하고, 결제 효율을 높임으로써 세계 자본시장의 유동성을 미국의 기초 담보가 흡수하는 구조가 완성될 수 있다고 보는 것이다. 여기에 블록체인의 기술적 보안과 합의 네트워크를 결합하면 미국 국채는 워싱턴의 정책 수단을 넘어, 전 세계 개인의 스마트폰 속 기본 저축 수단으로 변모한다.

블랙록의 BUIDL 펀드가 이더리움 네트워크 위에서 작동하고, X의 스마트 캐시태그가 타임라인에서 실시간 거래를 가능케 하며, 라고스의 청년이 10달러로 미국 국채를 매수하는 이 모든 흐름은 우연이 아니다. 이것은 금융 접근성의 민주화를 통한 패권 유지라는 역설적 전략이다.

과거의 미국이 군사력과 달러 기축통화 지위로 글로벌 질서를 유지

　　　　　　　　　　　　자산 토큰 없는 미래는 없다

했다면, 이제는 토큰화된 국채와 소셜 플랫폼 통합 거래를 통해 그 질서를 재설계한다. 장벽을 낮춰 더 많은 사람을 끌어들이고, 그들의 저축과 투자를 미국의 금융 시스템 안으로 흡수한다. 나이라가 무너져도, 페소가 흔들려도, 청년들은 스마트폰 속에서 달러 기반 자산을 보유한다. 그들은 미국 정부의 채권자가 되고, 동시에 미국 금융 시스템의 이해관계자가 된다.

자산이 낡은 장부의 감옥을 벗어나 디지털 네트워크를 타고 흐르기 시작하는 순간, 금융은 더 이상 특정 국가의 물리적 인프라에 묶여 있지 않다. 라고스의 청년, 서울의 직장인, 상파울루의 프리랜서가 동일한 네트워크 위에서 동일한 담보에 접근한다.

2026년, X의 타임라인에서 $BUIDL을 클릭하는 순간 미국 국채를 매수하고, $DOGE를 터치해 도지코인을 거래하며, X 머니로 친구에게 송금하는 이 모든 행위는 장소와 시간의 제약에서 해방된 새로운 금융 질서를 보여준다.[23] 그리고 그 운영체제의 중심에는, 여전히 미국의 국채가 놓여 있다. 이제 그것은 워싱턴의 금고에 잠들어 있는 것이 아닌, 전 세계 수억 명의 스마트폰 속에서 살아 숨 쉬게 된다.

글로벌 사우스의 참여

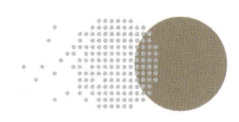

전통적인 금융 환경에서 상업용 부동산, 사모펀드, 인프라 자산과 같은 고가·비유동성 자산은 대규모 자본을 보유한 소수 엘리트만이 점유할 수 있는 폐쇄적 영토였다. 이러한 우량 자산에 접근하기 위해서는 수십만 달러의 최소 투자금뿐만 아니라, 복잡한 규제 준수, 외환 리스크, 현지 브로커리지 계좌 개설이라는 높은 진입 장벽을 넘어야 했다. 특히 글로벌 사우스Global South의 투자자들에게 이 문턱은 비용의 문제를 넘어 구조적 배제였으며, 결과적으로 전 세계 수많은 개인은 자본 증식의 핵심 경로에서 원천적으로 차단되어 왔다. 이처럼 물리적·제도적 장벽에 갇혀 있던 자산들은 이른바 비유동성의 감옥에 수감된 채 자본 시장의 변두리에 머물 수밖에 없었다. 그러나 토큰화라는 도약은 이 고질적인 금융 불균형을 해소하고, 거대한 자본의 흐름을 재편하는 결정적 전환점이 되고 있다.

지난 10년 사이 세계는 모바일 금융 기술의 확산을 통해 금융 포용성 측면에서 가시적인 성과를 거두었다. 세계은행World Bank의 데이터에 따르면, 2011년 25억 명에 달했던 은행 계좌가 없는 인구는 2021년 14억 명으로 급감했다.[24] 전 세계 저소득 및 중간 소득 경제에서 성인 중 디지털 결제를 사용하는 비율은 2014년에서 2024년 사이 27%포인트 증가해 62%에 이르렀다.[25] 특히 사하라 이남 아프리카나 라틴아메리카 등지에서는 스마트폰이 물리적인 은행 지점을 빠르게 대체하며 개인용 금융 단말기로 기능하기 시작했다. 디지털 결제 사용률이 89%에 달하는 케냐와 같은 최전선 경제국들의 사례는[26] 금융 인프라가 미비한 곳일수록 기술적 수용도가 더 높다는 사실을 보여준다. 이제 스마트폰은 소외된 계층을 전 세계 금융망에 직접 접속시키는 강력한 가교가 되어, 미국발(發) 유동성이 흐르는 거대한 모세혈관이 되고 있다.

모바일 금융이 개인에게 계좌를 열어주는 1차적 접근을 제공했다면, 토큰화는 이를 넘어 세계 자본 시장의 구조적 재편을 촉진하는 2차적 혁명이다. 토큰화는 블록체인 프로토콜 위에서 구동되기 때문에 근본적으로 탈중앙적이며 국경이 없다는 속성을 갖는다. 기존 금융 체제에서 국경을 넘는 자산 거래는 각국 중앙은행의 폐쇄적인 망과 중개 기관의 승인을 거쳐야 하는 허가형 구조였으나, 토큰화된 자산은 물리적 영토의 개념이 존재하지 않는 무허가형 인프라 위에서 구동된다. 이는 국가의 통제권이 미치지 않는 영역에서 개인과 자본이 직접 만나는 새로운 경제 생태계의 탄생을 의미한다.

블록체인의 탈중앙성은 시스템을 제공하는 국가의 정책적 변덕으로부터 시장을 보호할 수 있음을 실증했다. 2021년 나이지리아 중앙은행은 자국 통화인 나이라의 가치 하락을 방어하고 통제력을 강화하기 위해 모든 시중은행의 크립토 거래소 연결을 차단하는 초강수 금지령을 내렸다. 정부는 중앙화된 관문인 은행을 막으면 거래가 고사할 것이라 확신했다. 그러나 나이지리아 시민들은 즉각 P2P 시장으로 숨어들었다. 실제로 P2P 플랫폼 팍스풀에서는 나이지리아의 연간 거래량이 57% 증가했다.[27] 정부는 결국 2023년 말 자신들의 금지령이 무력했음을 인정하며 정책을 완전히 선회했다. 이 사례는 국가라는 거대 권력도 개인의 스마트폰 속 지갑과 개인 간 거래 프로토콜까지 완전히 통제하기가 사실상 불가능하다는 사실을 잘 보여준다.

글로벌 사우스의 참여는 토큰화를 새로운 차원으로 끌어올린다. 이는 투자 기회 확대 차원을 넘어, 자산 규모나 지리적 위치와 무관하게, 누구나 동일한 금융 인프라에 접근할 수 있다는 의미에서 보편적 금융 주권에 가깝다. 기존 금융이 지점, 계좌, 규제라는 물리적 인프라에 묶여 소수에게만 열려 있었다면, 토큰화는 개인 단말기 하나로 전 지구적 시장에 연결되는 구조를 만든다.

이 디지털 금융 인프라 위에서 세계는 비유동성의 장벽을 넘어, 상시 유동성의 환경으로 이동하고 있다. 동시에 이는 미국의 기초 담보와 달러 체계가 전 세계 개인의 일상 속으로 더 깊이 스며드는 과정이기도 하다. 토큰화는 21세기 금융 질서를 재편하는 기술일 뿐 아니라, 글로벌 자본의 지형을 다시 그리는 도구가 되고 있다.

자산 토큰 없는 미래는 없다

글로벌 접근성과
자본의 대이동

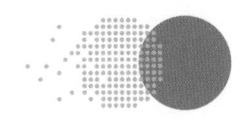

토큰화가 가져올 거대한 지각 변동의 실체는 물리적 국경을 무력화하는 자본의 일방향적 흐름이다. 토큰화 논의가 본격화되기 전부터 미국은 이미 글로벌 자본의 압도적인 중력지점이었다. 2025년 기준 미국의 경제 규모는 전 세계 GDP의 약 25~27%를 차지하지만,[28] 주식시장 시가총액은 글로벌 전체의 약 49%에 달한다.[29] 이러한 거대한 불균형은 전 세계 자본이 수익성과 안정성이라는 두 마리 토끼를 잡기 위해 미국이라는 단일 시장으로 얼마나 쏠려 있는지를 단적으로 보여준다. 2024년 기준 외국인 투자자들이 보유한 미국 주식 규모는 약 18조 달러에 육박하며, 이는 지난 10년 사이 약 15조 달러가 순증한 결과다.[30]

상장 주식뿐만이 아니다. 미국은 사모투자 시장에서도 전 세계 자금 유입의 60% 이상을 독점하고 있다.[31] 전 세계에서 가장 가치 있는 100대 기업 중 63개가 미국에 본사를 두고 있다는 사실은, 글로벌 투자자들에게 미국 시장이 선택이 아닌 필수임을 방증한다.[32] 토큰화는 이러한 구조적 우위에 기술적 가속기를 달아, 21세기형 자본 참여 모델을 완성하는 마지막 퍼즐 조각이다.

2장에서 살펴본 것처럼, 토큰화는 소수점 단위의 분할 소유를 통해 투자 진입 장벽을 혁명적으로 낮춘다. 과거에는 고액 자산가나 기관의 영역이었던 미국 상업용 부동산 프로젝트나 실리콘밸리의 유니콘 기업 지분을 이제 전 세계 누구나 단돈 10달러로 소유할 수 있게 된다. 이는 글로벌 사우스의 수십억 명에 달하는 개인들이 스마트폰 하나로 미국 시장의 주주가 될 수 있음을 의미한다. 또한, 블록체인 기반의 자산은 24시간 365일 실시간 거래가 가능하다. 뉴욕 증권거래소의 종소리와 상관없이 전 세계 투자자가 자신의 시간대에서 즉각적인 유동성을 확보할 수 있다는 사실은, 자산에 붙어있던 유동성 디스카운트를 제거하고 강력한 심리적 안전판을 제공한다.

더욱 파괴적인 변화는 무국경성에 기반한 관료적 장벽의 해체다. 전통적인 금융 시스템에서 해외 투자자가 미국 시장에 진입하려면 증권 계좌 개설, 복잡한 외환 규제 준수, 가혹한 세금 처리 등 보이지 않는 수많은 검문소를 통과해야 했다. 높은 계좌 유지 비용과 행정 절차는 소액 투자자는 물론 중소형 기관들조차 중도 포기하게 만드는 진입 장벽으로 작용했다. 그러나 이제 블록체인 지갑이라는 범용 인터페이스는 이 모든 과정을 코드로 자동화한다. 복잡한 서류 뭉치 대신 암호화된 서명이 신뢰를 보증하는 순간, 미국 금융시장은 특정 국가의 인프라를 넘어 전 지구적 자본 플랫폼으로 격상된다.

결국 토큰화는 미국 금융시장을 향해 흐르는 물길을 고속도로로 바꾸는 작업이다. 금융 인프라가 투명해지고 투자의 문턱이 사라질수록, 전 세계 자본은 자연스럽게 가장 효율적이고 안전한 시장인 미국으로

[그림18] 세계 주식시장 시가총액 비중

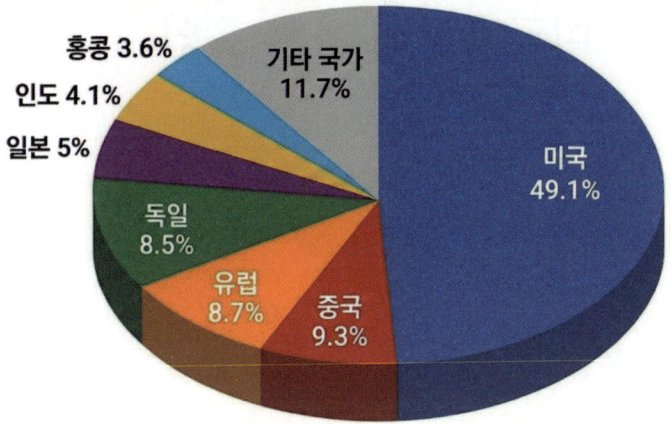

세계 주식시장 시가총액에서 미국은 약 절반의 비중을 차지한다. (출처: 2025-SIFMA-Capital-Markets-Factbook)

수렴할 수밖에 없다. 미래의 금융은 누구나 언제 어디서든 접속할 수 있는 개방형 금융 체제가 될 것이다. 토큰화는 그 변화의 중심에서 미국이 세계 질서의 중심축으로서 전 지구적 유동성을 흡수하고 통제하게 만드는 핵심적인 도구가 될 것이다.

세계 체제의 메커니즘과
미국으로의 자본 유입

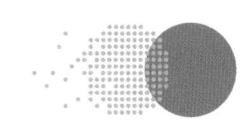

미국이 토큰화 기술을 국가 전략의 최전선에 배치한 배경에는, 전 세계 자본을 끊임없이 흡수해야만 유지되는 구조적 채무국이라는 현실이 있다. 미국은 국내 저축보다 소비와 투자가 비대해진 적자 구조를 외부 자본의 유입으로 메워야 하며, 이를 위해 자국 자산시장을 전 세계에서 가장 강력한 유동성 흡수 장치로 유지해야 하는 필연적 과제를 안고 있다.

이 메커니즘의 이면에는 2차 세계대전 이후 달러 패권을 지탱해 온 트리핀 딜레마Triffin Dilemma라는 구조적 역설이 자리한다. 트리핀 딜레마란, 기축통화국이 세계 경제의 성장을 위해 자국 통화의 유동성을 끊임없이 공급해야 하면서도, 그 공급이 곧 경상수지 적자의 누적과 기축통화 신뢰도 하락으로 이어진다는 구조적 모순이다. 미국은 지금까지 이 딜레마를 경상수지 적자를 자본수지 흑자로 상쇄하는 방식으로 방어해 왔다. 즉, 해외로 흘러나간 달러가 다시 미국 국채나 자산시장으

자산 토큰 없는 미래는 없다

[그림19] 미국의 트리핀 딜레마

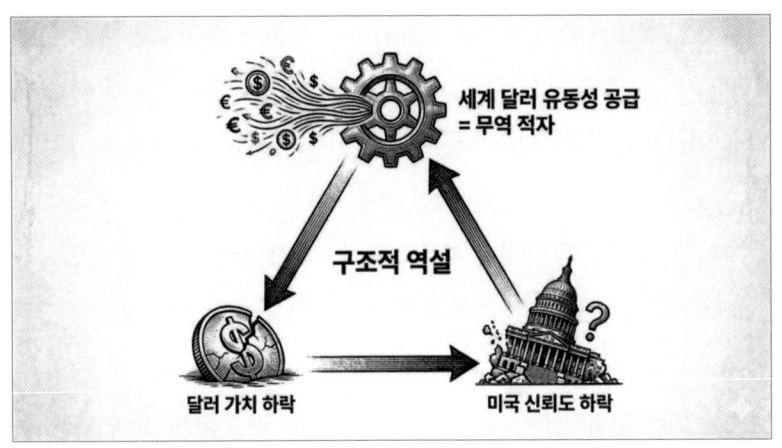

(출처: 나노 바나나 생성 이미지 재가공)

로 환류되는 시스템이 달러 패권의 핵심 엔진이었다.

그러나 이 엔진은 현재 심각한 노후화와 균열에 직면해 있다. 2025년 말 기준 미국의 연방 부채는 이미 38조 달러를 초과하는 초유의 재정 위기 국면에 진입했다.[33] 더 이상 간과할 수 없는 지표는 미국 국채의 해외 보유량 비중이다. 2013년 50%에 육박하던 외국 정부 및 투자자의 국채 보유 비중은 2023년 기준 30% 수준으로 추락했다.[34] 특히 전략적 경쟁자인 중국은 2013년 약 1.3조 달러에 달하던 미 국채 보유액을 2023년 8,000억 달러 수준까지 줄이며 탈달러화를 주도하고 있다.[35] 국가 단위의 대규모 매수 주체들이 장부에서 이탈하기 시작한 것이다.

이 위기는 수치로 증명된다. 2024년 미국은 사상 최초로 정부 부채에 대한 이자 지급 총액(약 8,700억 달러)이 국방 예산(약 8,220억 달러)을 추월하는 기형적 재정 구조에 들어섰다.[36] 이는 미국의 재정 안정성에 대한 불신을 넘어, 세계 금융 시스템 전체의 기초 담보인 미 국채의 신뢰를 갉아먹는 죽음의 소용돌이로 이어질 수 있는 징후다.

미국은 이 딜레마를 정면 돌파하기 위해 토큰화라는 기술적 우회로를 이용한다. 국가 단위 매수자가 줄어든 자리를, 전 세계 수십억 명의 개인과 디파이의 유동성으로 대체하려는 전략이다. 미 국채가 토큰화되어 전 지구적 디지털 지갑과 스마트 컨트랙트의 기초 담보pristine collateral로 안착하는 순간, 미국은 기존 금융 인프라를 경유하는 간접적 경로를 넘어 전 지구적 실시간 금융망이라는 고속도로를 얻게 된다.

결국 미국의 토큰화 포용 정책은 채무 상환 능력을 의심받는 채무국의 약점을 전 세계인이 실시간으로 거래하고 담보로 사용하는 개방형 자산 인프라의 강점으로 전환하려는 시도다. 소액 자본까지 미국의 디지털 자산 시스템에 편입시키는 행위는 트리핀 딜레마로 인한 신뢰 하락을 기술적 유동성 확장을 통한 수요 창출로 상쇄하려는 지정학적 전략이다. 이제 미국은 전 세계인의 자산을 달러 기반의 디지털 혈관에 연결함으로써, 자본의 환류 속도를 높이고 디지털 영토 위에 새로운 제국의 질서를 재구축하고 있다.

자산 토큰 없는 미래는 없다

각성한 미국

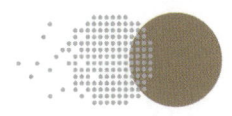

프로젝트 크립토의 나비효과

미국 증권거래위원회Securities and Exchange Commission, SEC는 미국 내 증권 거래와 상장, 그리고 투자자 보호를 책임지는 기관이다. 즉, 금융 상품의 증권 해당 여부를 판단하고, 기업 공시와 시장 거래를 감독하는 강력한 규제 기관이다. 지금까지 디지털 자산 산업의 부상 과정에서 증권거래위원회가 보여준 행보는 혁신의 수용보다는 거부와 억제에 가까웠다. 명확한 입법적 가이드라인을 제시하는 대신 공격적인 소송과 집행에 의존하면서, 산업 전반에 법적 불확실성을 확산시켰다. 바이낸스나 리플과 같은 주요 기업을 상대로 진행된 증권법 위반 소송은 막대한 법적 비용 지출과 사업 위축을 야기했고, 일부 기업과 프로젝트의 해외 이탈을 촉발하며 미국 크립토 산업의 성장을 지연시켰다.[37]

이러한 고압적인 규제 환경은 크립토 산업의 지형도를 미국 밖으로 밀어내는 탈미국화 현상을 가속화했다. 명확한 규제 가이드라인과 친화적 환경을 갈망하던 기업들은 두바이나 싱가포르와 같은 대체 금융 허브로 본사를 이전하거나 핵심 사업부를 해외로 분산시켰다. 특히 두바이는 세계 최초의 크립토 전용 규제 당국을 설립하며 미국의 규제 공백을 기회로 삼아 글로벌 크립토 자본을 빠르게 흡수했다. 미국 기업들조차 본국에서는 방어적 입장을 취하면서도 실제적인 신상품 출시와 기술 실험은 버뮤다나 싱가포르 등 규제 명확성이 확보된 지역에서 우선적으로 진행하는 전략적 우회로를 택했다.[38] 결과적으로 증권거래위원회의 억제 정책은 산업의 안정화가 아닌 기술 자본과 인재의 해외 유출이라는 뼈아픈 결과로 이어졌다.

2025년 7월 31일 미국 금융 정책사는 중요한 전환점을 맞이했다. 증권거래위원회 위원장 폴 앳킨스Paul Atkins는 '프로젝트 크립토'를 공식 발표하며 디지털 자산 규제의 패러다임을 근본적으로 바꾸는 비전을 제시했다. 암호자산에 기존 증권법을 그대로 적용하는 데 따른 한계를 인정하고 규제의 목적과 도구를 분리하는 새로운 접근법을 채택한 것이다. 앳킨스는 당시 다음과 같이 언급하며 정책 변화의 서막을 알렸다.

우리는 과거의 아날로그식 규제에 얽매일 필요가 없습니다. 그것은 새로운 개척자에게 가혹하기만 합니다. 미래는 전속력으로 도래하고 있으며, 세상은 더 이상 기다리지 않습니다. 미국은 단순히 디지털 자산 혁명에 발맞추는 것 이상으로 나아가야 합니다. 우리는 이를 주도해야 합니다.[39]

자산 토큰 없는 미래는 없다

이는 미국이 디지털 자산 혁명을 뒤쫓는 것이 아니라 주도해야 함을 강조한 선언이었다. 또한 수십 년간 유지되어온 아날로그 금융 규제를 디지털 시대에 맞게 재설계할 필요성을 천명한 것이기도 했다. 폴 앳킨스가 추진하는 프로젝트 크립토의 핵심은 명확한 규칙 기반의 혁신 유도다. 디지털 자산의 발행과 보관 그리고 거래에 관한 정밀한 규정을 수립하여 불법 행위는 억제하되 산업의 창의적 성장은 저해하지 않는 균형을 지향한다. 이는 미국 금융시장의 일부 핵심 기능을 온체인 환경으로 이전할 수 있도록 규제 체계를 현대화하려는 전략적 전환의 산물이다.

구체적인 정책 성과는 토큰 분류법Token Taxonomy의 개발과 도입이다. 디지털 자산을 그 기능과 실질에 따라 증권과 상품 혹은 화폐나 유틸리티 등으로 사전에 분류하여 각기 다른 법적 기준을 적용하는 체계를 갖춘 것이다. 이를 통해 시장 참여자는 80년 전의 기준인 하위 테스트에만 의존하던 모호한 법적 위험에서 벗어나 명확한 예측과 관리가 가능해졌다. 또한 일정 조건 하에서 초기 혁신 기업에 규제 유예를 허용하는 세이프 하버Safe Harbor 조항은 기술 실험이 규제의 벽에 가로막혀 사장되지 않도록 법적 안전지대를 제공한다.[40]

증권거래위원회는 이러한 기조 변화를 바탕으로 과거의 소송 중심 행정에서 벗어나 소통과 지침 중심의 전략으로 선회했다. 과거의 집행 조치들이 철회되거나 조정되었으며 산업계와의 긴밀한 협의를 통해 정책적 명확성을 확보하려는 시도가 본격화되었다. 이는 미국이 글로벌 디지털 자산시장에서 잃어버린 경쟁력을 회복하고 지속 가능한 혁신 생태계를 조성하는 핵심적 기반이 된다. 프로젝트 크립토는 디지털 자산 생태계와 규제 당국 사이의 새로운 사회적 계약을 설계하는 과정이다. 기술적 혁신과 제도적 안정성이 공존하는 미래 금융 환경을 구축함으로써 미국은 다시금 글로벌 표준을 정의하는 룰 메이커로서의 지위를 공고히 하고 있다.

금융기관의 대응과 변화의 바람

미국 증권거래위원회의 정책적 선언인 프로젝트 크립토가 규제 철학의 거대한 전환을 의미한다면 연방예금보험공사FDIC와 통화감독청 OCC 그리고 연방준비제도FED의 행보는 그 철학을 실무적 인프라로 구현하는 과정이다. 이들 기관은 전통 금융과 디지털 자산의 경계를 무너뜨림으로써 자국 내 은행 시스템이 디지털 자산의 보관과 정산 그리고 유동성 공급의 핵심 노드로 기능하게 만들고 있다. 이는 크립토를 제도권 밖의 위험 요소로 간주하던 과거의 시각에서 벗어나 연방 금융 체제의 확장된 영역으로 포섭하려는 전략적 시도다.

통화감독청은 미 재무부 산하에서 국법은행National Bank과 연방저축협회를 감독하는 기관으로서, 최근 디지털 자산 수탁 업무에 관한 전향적 유권해석을 내놓았다. 국법은행과 연방저축협회가 비트코인이나 이더리움 등 크립토자산에 대해 고객을 위한 수탁 서비스를 제공할 수 있음을 명확히 한 것이다. 특히 주목할 지점은 스테이블코인 발행사의 준비금을 국법은행과 연방저축협회가 보유할 수 있도록 한 조치다. 이는 스테이블코인의 가치를 뒷받침하는 달러 자산이 연방 정부의 감독 아래 있는 은행권 내부에 머물게 함으로써 디지털 달러의 신뢰성을 국가가 직접 보증하는 효과를 낳는다. 결과적으로 통화감독청의 조치는 크립토 기업들이 제도권 은행의 보호 아래서 사업을 영위할 수 있는 법적 선로를 깔아준 셈이다.

연방예금보험공사 역시 은행권의 크립토 관련 활동에 대한 내부 가이드라인을 전면 수정하며 이러한 흐름에 동참했다. 과거 은행들이 크립토 관련 기업과 거래할 때 겪어야 했던 과도한 보고 의무와 심리적 위축을 해소하기 위해 이들은 안전하고 건전한 운영을 전제로 한 실무 지침을 제시했다. 은행이 고객의 디지털 자산을 안전하게 관리할 수 있는 기술적 요건과 리스크 관리 기준을 구체화함으로써 전통적인 금융 자본이 디지털 자산시장으로 유입될 수 있는 안전벨트를 마련한 것이다. 보수적인 예금자 보호 기관마저 디지털 자산의 혁신성을 흡수하여 스스로 진화하는 과정에 들어섰다.

중앙은행인 연방준비제도의 대응은 인프라의 재설계라는 측면에서 가장 파격적이다. 연준은 중앙은행 디지털 화폐CBDC 연구와 더불어 2026년부터 크립토를 연동한 결제 인프라인 결제 마스터 계정 구축 논의를 본격화했다. 결제 마스터 계정이란 일정한 자격을 갖춘 핀테크 및 크립토 기업이 연준의 결제망에 직접 연결되어 실시간으로 가치를 전송할 수 있는 비이자 지급 계정을 의미한다. 이는 민간의 혁신적인 결제 수단이 연준의 공신력 있는 레일 위에 올라타는 역사적인 결합이다.

이러한 인프라 수용은 미국의 결제 시스템이 지닌 중앙집중적 성격에 탈중앙적 요소를 수용하려는 전략적 선택이다. 연준의 결제 레일에 직접 연결된 크립토 기업들은 중간 매개 단계 없이도 이메일을 보내듯 빠르고 저렴하게 달러 가치를 전송할 수 있게 된다. 이는 전 세계 유동성을 미국 시스템으로 빨아들이는 패권 전략이자 디지털 공간에서 달러 지배력을 공고히 하는 실질적인 수단이다.

명료한 규제책,
클래리티 법안

미국 의회는 개별 기관의 지침을 넘어 디지털 자산시장의 구조 자체를 재정의하는 포괄적 법률인 클래리티 법안CLARITY Act을 추진하고 있다. 이 법안은 디지털 자산과 전통 금융 시스템 간의 법적 경계를 명확히 규정하고 시장 참여자 보호와 금융 안정성을 동시에 달성하려는 목표를 갖는다. 규제기관 간 관할권 정리, 탈중앙화 서비스에 대한 책임 규정, 스테이블코인의 건전성 확보 등을 포괄적인 단일 법안으로 묶어 미국의 디지털 금융 패권을 강화하려는 것이다.

법안의 가장 혁신적인 지점은 중앙화된 서비스와 탈중앙화된 서비스를 법적으로 구분하고 성숙한 블록체인 시스템 개념을 도입하여 규제 범위를 설정한다는 것이다. 토큰 생태계가 특정 주체의 통제를 벗어나 충분히 탈중앙화된 네트워크로 인정받을 경우 해당 디지털 자산은 투자 계약 자산에서 디지털 상품으로 분류가 전환될 수 있는 법적 경로를 명문화했다. 이를 통해 기술적 특성을 존중하면서도 개발자와 시장 참여자의 책임 소재를 명확히 하는 세련된 규제가 가능해진다.

기관 간 관할권 분쟁 역시 이 법안을 통해 마침표를 찍게 된다. 증권거래위원회와 상품선물거래위원회Commodity Futures Trading Commission, CFTC 그리고 연준 등 각 기관의 권한과 책임 범위를 법률로 명확히 구분하여 중복 규제의 비효율을 줄인다. 이는 시장 참여자들에게 일관된 규제 체계를 제공하여 글로벌 투자자들이 미국 시장을 가장 예측 가능한 투자처로 인식하게 만드는 결정적인 요인이 된다. 클래리티 법안이 지향하는 방향은 명확하다. 디지털 자산을 전통 금융의 외연으로 받아들이고 이를 통해 미국의 금융 지배력을 디지털 영토로 확장하는 것이다. 이러한 법적 완성은 미국이 설계한 프로젝트 크립토가 기술 실험을 넘어 금융의 새로운 표준으로 안착하는 최종 단계가 될 것이다.

글로벌 확장과
서비스 사례

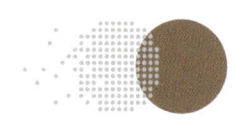

　로빈후드는 2013년 설립 이후 수수료 무료화와 직관적인 인터페이스를 앞세워 미국 주식 거래의 대중화를 이끈 핀테크 기업이다. 그러나 이들의 진정한 전략적 목표는 단순한 브로커리지 서비스의 확장에 있지 않다. 로빈후드는 토큰화 기술을 핵심 엔진으로 삼아 유럽 시장을 기점으로 미국 주식과 실물 자산 서비스를 본격화하고 있다. 이는 궁극적으로 모든 자산을 특정 기업이나 중개인의 허가가 필요 없는 형태로 전환하려는 거대한 기획이다.

　로빈후드의 토큰화 로드맵은 플랫폼 내부의 사용자 경험을 외부 블록체인 생태계로 전이시키기 위해 3단계의 치밀한 공정으로 설계되어 있다. 1단계는 플랫폼 내 토큰화 자산의 제공이다. 로빈후드는 이미 800종 이상의 미국 주식과 상장지수펀드를 유럽 사용자에게 토큰화된 형태로 제공하고 있다.[41] 초기 단계에서는 앱 내부에서 자산을 매수하고 보유하는 수준에 머물지만 이는 전통적인 브로커리지 계좌와 달리

자산을 온체인 환경으로 이동시키기 위한 첫 번째 진입점 역할을 수행한다.

2단계는 24시간 거래 인프라의 확충이다. 로빈후드는 2025년 6월 크립토 거래소인 비트스탬프Bitstamp 인수를 통해 상시 거래가 가능한 기술적 기반을 마련했다.[42] 전통 주식시장이 운영 시간의 제약에 묶여 유동성이 잠기는 것과 달리 토큰화된 주식은 시간대와 상관없이 항상 거래 가능한 구조를 갖춘다. 이를 통해 글로벌 투자자는 시차라는 물리적 장벽을 극복하고 자신의 시간대에서 즉각적으로 미국 자산에 접근할 수 있게 된다.

3단계는 완전한 개방형 자산의 구현이다. 로빈후드 플랫폼 내에서 발행된 토큰이 외부의 개인 지갑으로 이동 가능해지고 이를 탈중앙화 금융 프로토콜에서 담보로 활용하는 생태계를 구축하는 것이 최종 목표다. 예를 들어 로빈후드에서 매수한 애플 주식 토큰을 개인 지갑으로 옮겨 에이브 같은 탈중앙 대출 프로토콜에 담보로 제공하고 스테이블코인을 대출받는 행위가 가능해지는 것이다. 이러한 변화는 자산이 브로커리지 플랫폼이라는 폐쇄적 공간에서 해방되어 소유주가 진정한 권리를 행사할 수 있는 독립적인 금융 객체로 거듭남을 의미한다.

이를 위해 로빈후드는 레이어 2 솔루션인 아비트럼Arbitrum 네트워크 상에서 로빈후드 체인Robinhood Chain이라는 전용 도로를 구축했다. 쉽게 비유하자면 전 세계 자본이 모이는 거대한 메인 도로인 이더리움 위에 로빈후드 고객들만 빠르고 저렴하게 이용할 수 있는 일종의 전용 고속도로를 별도로 만든 셈이다. 이 도로는 전 세계 블록체인 생태계의 공용 운영체제인 이더리움 가상 머신Ethereum Virtual Machine, EVM과 완벽하게 호환된다. 덕분에 로빈후드 체인에서 발행된 주식이나 자산은 별도의 복잡한 절차 없이도 전 세계 어디에서나 즉각적으로 인식되고 거래될 수 있는 디지털 표준 규격을 갖추게 되었다.

더욱 주목할 지점은 기존 금융 시스템의 복잡한 설계도들을 블록체인 환경으로 옮겨오는 방식이다. 우리가 매일 쓰는 뱅킹 앱이나 증권사 전산망은 대개 C++나 러스트Rust 같은 매우 정밀하고 무거운 프로그래밍 언어로 작성되어 있다. 수십 년간 다듬어진 이 정교한 코드들은 금융 사고를 막고 대규모 거래를 처리하는 핵심 두뇌 역할을 한다. 반면 블록체인 세상은 솔리디티Solidity라는 비교적 낯선 언어를 주로 사용한다. 기존 금융사의 유능한 개발자들이 블록체인용 프로그램을 만들려면 완전히 새로운 언어를 처음부터 배워야 하는 장벽이 존재했던 것이다.

로빈후드는 아비트럼Arbitrum의 스타일러스Stylus 기술을 활용해 스마트 컨트랙트 개발의 언어 장벽을 낮췄다. 스타일러스는 일종의 만능 실시간 번역기와 같다. 전통 금융 현장에서 검증된 정교한 금융 로직들을 블록체인이라는 새로운 환경에 맞게 즉시 변환하여 구동할 수 있게 해준다. 이는 전통 금융의 숙련된 기술자들이 자신들에게 익숙한 도구를 그대로 사용하여 블록체인 위에서 안전 장치와 매매 기법을 설계할 수 있음을 의미한다.

결국 로빈후드가 그리는 미래는 자산이 특정 기관의 장부 속에 박제된 숫자가 아니라 개방형 금융 시스템의 능동적인 구성 요소로 기능하는 세상이다. 금융 객체로 진화한 주식과 채권은 24시간 거래 가능성과 소수점 단위 소유 그리고 디파이와의 조합성을 갖추게 된다. 이는 미국이 주도하는 디지털 금융 패권이 개인의 일상적 투자 행위 속으로 어떻게 침투하는지를 보여주는 선명한 사례다.

자산 토큰 없는 미래는 없다

[그림20] 로빈후드 체인의 브릿지 역할 구조도

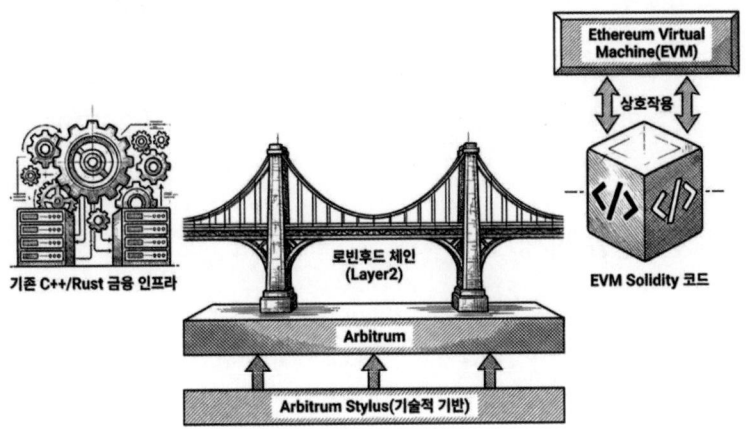

(출처: 나노 바나나 생성 이미지 재가공)

미국은 한동안 규제의 경직성 속에서 외부로 밀려났던 디지털 자산 혁신을 다시 자국의 금융 질서 안으로 흡수하려 하고 있다. 달러 스테이블코인과 토큰화 인프라를 제도권 안에 편입함으로써 디지털 환경에서도 미국 금융시장의 경쟁력을 유지하고, 글로벌 달러 유동성을 자국의 규제와 시장 구조 안으로 끌어들이려는 것이다. 그 중심에는 달러의 가치를 디지털 세계로 확장하는 핵심 매개로써의 스테이블코인이 놓여 있다.

토큰 분류체계 Token Taxonomy

프로젝트 크립토의 핵심적인 성과는 디지털 자산에 대한 토큰 분류체계의 전격적인 도입이다. 토큰 분류체계란 디지털 자산의 기술적 특성과 경제적 실질에 따라 이를 증권, 상품, 유틸리티 등으로 사전에 정의하여 법적 지위를 부여하는 체계를 의미한다. 이는 그간 미국 증권거래위원회가 명확한 기준 없이 개별 사안마다 증권 여부를 판단하며 발생했던 법적 분쟁을 종식시키기 위한 조치다. 폴 앳킨스 위원장은 이를 통해 대중적인 크립토 토큰들이 증권이 아닐 수 있음을 제도적으로 명시하며 시장에 예측 가능성을 선사했다.

기존의 규제 방식이 80년 전의 기준인 하위 테스트 Howey Test에만 의존하여 모호함을 키웠다면, 새로운 체계는 규칙 기반의 명확한 환경을 조성하는 데 목적을 둔다. 하위 테스트란 특정 거래가 투자 계약에 해당하는지를 판단하는 법적 기준으로, 타인의 노력에 의한 수익 기대를 핵심으로 한다.[43] 하지만 디지털 자산의 복잡한 생태계를 이 단일 기준으로만 평가하는 것은 혁신을 가로막는 걸림돌이었다. 새로운 분류법은 고위험 자산과 혁신 기반 자산을 구분하여 차별화된 규제를 적용함으로써 미국 내 블록체인 산업의 안정적 성장을 뒷받침하는 핵심 인프라로 작용한다.

혁신 면제 | Innovation Exemption

이와 함께 주목받는 혁신 면제제도는 블록체인 기업들이 기존 증권법의 경직된 요건을 충족하지 않더라도 일정 조건 하에 상품을 출시할 수 있도록 허용하는 규제 유예 조치다. 이는 기술의 발전 속도가 법 제정 속도보다 빠른 현실을 반영하여, 혁신적인 금융 실험이 규제의 벽에 부딪혀 사장되는 것을 방지하기 위한 제도적 공간이다. 특히 디파이, 자산 토큰화, NFT 등 기존 법 체계로 설명하기 어려운 영역에서 제품 개발과 시장 테스트를 가능케 하는 핵심적인 통로가 된다.

2026년 본격 시행을 앞둔 이 면제 제도는 크립토 기업들이 증권법의 전체 규정을 즉각 적용받지 않고도 혁신적 제품을 시험할 수 있는 법적 안전지대를 제공한다. 이는 기업이 면제 기간 동안 기술적 완성도를 높이고, 당국은 이를 모니터링하며 새로운 시대에 맞는 세부 규정을 정교화하는 상생의 구조를 지향한다.

초기 코인 공개 Initial Coin Offering, ICO나 에어드롭 등 과거 무질서했던 발행 방식에 대해 명확한 공시 기준을 수립하는 것 또한 프로젝트 크립토의 중요한 축이다. 이는 민간 부문의 불투명한 활동으로 인한 투자자 피해를 사전에 억제하여 시장의 신뢰를 회복하려는 의지다. 미국은 규제의 불확실성을 제거하고 기술적 혁신과 제도적 안정성을 확보함으로써, 디지털 자산의 진정한 글로벌 금융 허브로 나아가고자 한다.

규제기관 간 협력과 조화

미국 내 디지털 자산 규제는 증권거래위원회와 상품선물거래위원회라는 두 거대 기관의 협력과 조화를 통해 완성된다. SEC는 1933년 증권법과 1934년 증권거래법을 기반으로, 주로 투자 계약에 해당하는 디지털 자산, 즉 투자자들이 타인의 노력으로 수익을 기대하는 구조를 규제한다. 하위 테스트를 기본적인 틀로 사용하는 것이다. 반면 CFTC는 상품 범주에 속하는 디지털 자산을 대상으로 한다. 대표적으로 비트코인과 이더리움이 있다. 본래 CFTC는 실물 상품을 기반으로 파생된 거래 형식인 파생상품, 선물, 옵션 등에 대한 거래 행위를 규제해 온 기관이다. 두 기관은 각자의 법적 기반 위에서 감독 대상을 명확히 구별하며 시장의 질서를 유지한다.

그간 두 기관은 디지털 자산에 대한 관할권 중첩으로 인해 분쟁이 끊이지 않았으나, 프로젝트 크립토는 이를 해소하기 위한 통합적 규제 체계를 제안한다. SEC는 ICO나 증권형 토큰에 대해 명확한 등록 요건을 부과하고, CFTC는 온체인 파생상품 시장의 성장 가능성을 염두에 두고 거래소 등록과 리스크 관리 기준을 적용하는 식이다.[44] 이러한 협력은 권한을 조정하는 수준에 그치지 않고, 디지털 자산 시대에 걸맞은 새로운 금융 규제 생태계를 공동 설계하는 움직임으로 평가받는다.

특히 CFTC가 예측 시장이나 이벤트 기반 파생상품 프로젝트에 무조치 서한을 발행하며 규제적 실험 공간을 제공하는 점은 시사하는 바가 크다. 무조치 서한이란 특정 행위에 대해 규제기관이 향후 법적 조치를 취하지 않음을 공식적으로 확인하는 문서를 의미한다. 이는 기술의 속도를 법이 따라가지 못할 때 사용하는 한시적 안전벨트와 같다.

자산 토큰 없는 미래는 없다

[그림21] SEC와 CFTC의 비교

구분	Securities and Exchange Commission(SEC)	Commodity Futures Trading Commission(CFTC)
설립 목적	투자자 보호, 공정한 시장 유지, 자본 형성 촉진	시장 무결성 유지, 사기 및 시세 조종 방지, 효율적인 시장 기능 촉진
근거 법령	1933년 증권법, 1934년 증권거래법 등	상품거래법Commodity Exchange Act, CEA
핵심 기능	증권 발행 및 거래 감독, 기업 공시 정보 규제	선물, 옵션, 스와프 등 파생상품 시장 감독 및 규제
기존 규제 대상	주식, 채권, 뮤추얼 펀드 등 '증권 Securities' 전반	곡물, 에너지, 금속 등 '상품 Commodities' 및 관련 파생상품
기존 규제 방식	엄격한 등록 및 공시 의무 부과(투자 판단 정보 제공)	거래소 등록, 청산소 감독, 시장 감시 (시장 건전성 확보)
암호화폐 규제 대상	'증권형' 디지털 자산 • 대부분의 ICO/STO 토큰 • 수익 기대를 전제로 한 투자 계약 성격의 자산 • 스테이킹 서비스 및 증권 기반 스와프	'상품형' 디지털 자산 및 파생상품 • 비트코인, 이더리움 등 탈중앙화된 자산(현물) • 가상자산 기반 선물, 옵션, 무기한 스와프 등(파생상품)
암호화폐 규제 기준	하위 테스트Howey Test • 자금 투자, 공동 기업, 타인의 노력, 이익 기대 충족 시 투자계약(증권)으로 간주	상품의 광범위한 적용 • 비트코인 등을 기초 자산으로 하는 파생상품 거래가 존재하면 상품으로 간주

즉, 기관이 규제를 넘어 혁신을 촉진하려는 태도로 전환했음을 보여주는 실질적인 증거다.

이러한 규제기관 간의 조화는 디지털 자산시장의 예측 가능성을 높여 글로벌 자본이 안심하고 미국 시장으로 유입되게 만든다. 증권형 자산은 SEC의 보호 아래, 상품형 자산은 CFTC의 투명한 거래 질서 아래 놓이게 됨으로써 시장 참여자들은 법적 위험을 선제적으로 관리할 수 있다.

결국 기관 간의 관할권 재편은 디지털 생태계와 규제 당국 간의 새로운 사회적 계약을 체결하는 과정이다. 기술적 혁신이 제도적 안정성이라는 울타리 안에서 작동할 때, 비로소 미래형 금융 환경이 실질적인 모습을 갖추게 된다. 다음 단계는 이러한 규제 가이드라인이 은행권과 중앙은행의 결제 인프라에 어떻게 녹아들어 실제 돈의 흐름을 바꾸는가를 살피는 일이다.

금융 안정과 금융 주도권

미국이 블록체인과 디지털 자산을 바라보는 관점은 금융 인프라의 재설계라는 전략적 차원으로 진화하고 있다. 앞서 살펴본 프로젝트 크립토와 같은 미국의 디지털 자산 정책과 자산 토큰화 전략은 크립토 시장의 규제를 넘어서, 미국 금융 생태계 전반을 블록체인 기반으로 확장하려는 의도로 읽힌다. 이 움직임은 은행권, 결제 인프라, 중앙은행의 대응을 하나의 흐름으로 엮어 디지털 시대에 부합하는 새로운 금융 패권의 운영체제를 구축하려는 시도다.

과거의 규제가 산업의 억제와 감시에 초점이 맞춰져 있었다면, 이제 미국은 블록체인 인프라를 자국 금융 시스템의 확장된 통로로 편입함으로써 글로벌 달러 유동성을 자국의 규제와 시장 구조 안으로 끌어들이려는 방향으로 선회하고 있다. 이는 파편화된 글로벌 금융망을 미국

자산 토큰 없는 미래는 없다

이 주도하는 디지털 금융 질서 속에서 재구성하려는 시도다.

이러한 맥락 속에서 앞서 살펴본 미국의 디지털 자산 전략은 혁신과 안정성, 그리고 금융 패권의 확장이라는 세 가지 축으로 요약할 수 있다. 디지털 자산에 대한 명확한 분류체계를 정립하고 필요한 경우 규제의 일부를 유예하는 조치는 미국 내에서의 혁신을 촉진하겠다는 명확한 의지다. 미국은 자금세탁 방지와 고객 확인 제도 기준을 강화하는 동시에 파생상품이나 예측 시장처럼 위험성이 큰 분야에 대해서는 기존 금융법을 적용해 점진적으로 규제를 확장하고 있다. 이러한 접근은 기술 도입의 속도를 조절하면서도 금융 질서의 안정성을 유지하려는 전략이다. 결국 토큰화된 자산은 국경을 자유로이 넘나들며 글로벌 투자자의 접근성을 향상시킨다. 토큰화된 미국 자산의 투자 매력과 달러의 신뢰성은 서로의 매력을 강화하며, 미국이 글로벌 자본 질서 속에서 중심적 위치를 유지할 수 있는 핵심 기반을 제공한다.

결론적으로 미국의 새로운 정책 방향은 미국 경제 구조의 재설계이자 글로벌 자본 질서 재편의 중심축이다. 향후 수년간 이어질 디지털 전환의 흐름 속에서, 지금 이루어지는 규제적·제도적 결정들은 미래 금융의 형태를 규정하는 역사적 이정표가 된다. 미국은 이 과정에서 혁신의 주도자이자 안정성의 수호자가 되어야 한다. 이를 위해 SEC, CFTC, 연준, 의회 등 다양한 기관이 복합적인 역할을 수행하고 있는 것이다. 미국의 디지털 자산 및 블록체인 정책은 규제와 자유의 충돌로 간단히 해석될 사안이 아니다. 그것은 디지털 기반 금융 패권을 유지하고 확장하기 위한 재편 시도이며, 최전선에서 혁신과 안정성의 균형을 도모하고 전 세계 자본 흐름의 재정렬을 주도하고 있다. 정책의 세부 방향과 규제의 형태는 2026년 이후의 정치 지형과 법제 환경에 따라 달라질 수 있지만, 이 전략의 방향성 자체는 이미 역사적 궤도에 들어섰다.

자산 토큰 없는 미래는 없다

디파이 규제와 법적 책임의 재배치

디파이가 금융의 중심을 기관에서 코드로 옮긴 변화는 규제 체계 전체에 대한 도전이다. 국제결제은행의 분석에 따르면 디파이 생태계는 2019년 이후 폭발적인 성장을 기록하며 2021년 말 예치 자산 규모가 1,500억 달러를 돌파했다.[45] 2025년 기준 디파이 생태계의 예치 자산 TVL은 1,600억~1,780억 달러 수준을 오간다. 이더리움 체인 위에서만 수백억 달러가 움직이고 있다. 2021년의 급등과 급락을 거친 뒤, 디파이는 실험 단계를 지나 보다 안정적인 성장 국면에 들어섰다는 평가도 나온다. 수백만 명이 자산 교환, 대출, 수익 창출을 수행하며 디파이는 전통 금융의 기술적 대안으로 자리 잡기 시작했다.

문제는 여기서 시작된다. 전통 금융에서는 규제 대상이 명확하다. 은행, 증권사, 청산기관처럼 책임을 물을 수 있는 법적 주체가 존재한다. 하지만 디파이에서는 중개자가 사라진다. 거래는 중앙 서버가 아니라 코드에 의해 자동 실행된다. 만약 버그나 해킹으로 자산이 사라지면, 누구에게 책임을 물어야 하는가? 스마트 컨트랙트는 예금자 보호 제도의 대상이 아니고, 개발자는 종종 '우리는 단지 코드를 배포했을 뿐'이라고 주장한다.

이 지점에서 규제는 생경한 질문과 마주한다. 코드는 도구에 불과한가 아니면 누군가의 재산인가 그것도 아니면 그 자체로 처벌받아야 할 대상인가. 이 복잡한 철학적 논쟁을 현실 세계로 끄집어낸 사건이 바로 미국 재무부의 토네이도 캐시Tornado Cash 제재였다. 토네이도 캐시는 이더리움 네트워크 위에서 돌아가는 일종의 암호화폐 믹서기로, 수많은 사용자의 가상자산을 거대한 통에 쓸어 담아 무작위로 마구 뒤섞은 뒤 다시 나누어준다. 이렇게 하면 돈이 처음 어디서 출발해서 최종적으로 누구 지갑으로 들어갔는지 그 연결 고리가 기술적으로 완전히 끊어진다. 원래는 블록체인의 투명성 때문에 노출되는 개인정보를 보호하려는 의도로 만들어졌지만 결과적으로 북한 해커 등을 비롯한 범죄자들이 훔친 돈을 추적할 수 없게 세탁하는 은신처가 되면서 규제 당국의 레이더망에 걸려들었다.

이례적인 부분은 미국 재무부의 대처 방식이었다. 2022년 8월, 재무부는 자금세탁을 의뢰한 범죄자 개인이나 특정 기업이 아니라 토네이도 캐시를 구동하는 스마트 컨트랙트 주소 그 자체를 제재 명단에 올려버렸다. 역사상 처음으로 소프트웨어 코드가 국가의 제재 대상이 된 것이다. 이는 코드를 범죄를 저지르는 법적 주체 혹은 통제 가능한 재산으로 볼 수 있는가라는 거대한 논쟁에 불을 붙였다.

이 전대미문의 조치는 곧바로 거대한 법정 다툼으로 이어졌다. 토네이도 캐시 사용자들은 미국 재무부를 상대로 소송을 제기했다. 국가가 사람이나 단체가 아닌 자율적으로 돌아가는 코드를 제재하는 것은 권한 남용이라는 주장이었다. 1심 법원은 재무부의 손을 들어주었지만 항소심 법원은 불변immutable 스마트 컨트랙트는 특정 개인이나 단체의 재산이 아니라고 판단했다. 코드를 만든 개발자조차 그 프로그램의 작동을 멈추거나 통제할 수 없기 때문에 전통적인 의미의 소유권이나 제재 개념을 자동화된 코드에 적용하는 것은 법리적으로 불가능하다는 논리였다.

자산 토큰 없는 미래는 없다

하지만 도구가 무죄 판결을 받았다고 해서 그 도구를 만든 사람들까지 온전할 수는 없었다. 재무부의 경제 제재를 다투는 행정 및 민사 소송과는 별개로 미국 법무부는 토네이도 캐시의 공동 창업자들을 정조준했다. 법무부는 코드를 세상에 배포하여 대규모 자금 세탁을 방조했다는 혐의로 로만 스톰과 로만 세메노프 등 개발자들을 형사 기소했다. 로만 스톰은 무허가 자금 전송 사업을 운영한 혐의 등으로 2025년 여름 형사 재판을 받아야 했고 재판 과정에서 끊임없이 기술의 중립성을 호소했으나 결국 해당 혐의에 대해 유죄 평결을 받았다.[46] 행적이 묘연한 로만 세메노프 역시 재무부 산하의 규제기관인 해외자산통제국OFAC 제재 목록에 남아 있다.

이 일련의 사건이 남긴 결론은 몹시 역설적이다. 범죄에 쓰인 칼 자체는 소유주가 없는 물건이므로 제재할 수 없지만 그 칼을 너무 예리하게 벼려낸 대장장이는 감옥에 가야 할 수도 있다는 뜻이다. 블록체인 위에서 스스로 굴러가는 코드는 법의 직접적인 제재를 벗어났을지 몰라도 그 코드를 처음 설계하고 배포한 개발자는 무거운 형사 책임을 져야 한다는 이 상황은 기술의 중립성과 개발자의 책임 한계가 어디까지인지 서늘한 경고장을 남겼다.

이 사건 이후 디파이 생태계는 빠르게 변했다. 주요 프로토콜들은 제재 대상 주소를 차단했고, 규제 준수를 설계 단계에서 고려하기 시작했다. 자신의 정보를 노출하지 않으면서도 해당 정보를 알고 있다는 사실을 기술적으로 증명하는 기술인 영지식증명Zero-Knowledge Proof, ZKP, 탈중앙 신원증명Decentralized Identifier, DID 체계 등이 도입되고 있다. 탈중앙화가 규제 회피의 방패가 아니라, 규제와 공존하기 위한 구조로 재정의되고 있는 셈이다.

그러나 이 과정에는 또 다른 문제가 있다. 대형 프로토콜은 법률 자문과 규제 대응 팀을 꾸릴 수 있지만, 소규모 개발자 팀은 막대한 컴플라이언스 비용을 감당할 수 없다. 규제가 강화될수록 생태계는 오히려 소수 대형 플레이어 중심으로 재편될 가능성이 높다. 탈중앙화를 표방했던 시장이 역설적으로 집중화되는 현상이다.

미국 의회도 이 문제에 대응하기 시작했다. 스테이블코인 규제 틀을 마련한 지니어스 법안GENIUS Act, 디지털 자산의 감독 권한을 정리하려는 클래리티 법안은 규제 관할권을 명확히 하려는 시도다. 특히 '프로토콜을 통제하는 자가 누구인가'를 기준으로 등록 의무를 부과하는 접근은 디파이의 핵심을 겨냥한다.

하지만 여기서 다시 질문이 돌아온다. 탈중앙화 프로토콜의 통제 주체는 누구인가? 분산형 자율 조직을 표방한 DAO의 현실을 들여다보면 이상과 실제의 차이가 극명하게 드러난다. 이론적으로는 토큰을 가진 사람 누구나 안건을 올리고 투표권을 행사할 수 있다. 그러나 실제 투표에 참여하는 비율은 20%에도 미치지 못하는 경우가 부지기수다.[47] 결국 막대한 자본으로 토큰을 쓸어 담은 소수의 거액 투자자들이 입맛대로 규칙을 바꾸고 네트워크의 방향을 결정짓는다. 간판만 탈중앙화를 내걸었을 뿐 사실상 거대 주주 몇 명이 이사회를 장악하고 회사를 쥐고 흔드는 주식회사 구조와 다를 바 없는 상황이 벌어지는 것이다.

이러한 현실은 새로운 제도를 설계하려는 규제 당국을 깊은 딜레마에 빠뜨린다. 유럽연합이 도입한 크립토 기본법인 미카MiCA는 완전히 탈중앙화된 네트워크에 대해서는 규제를 면제해 주겠다고 선언했다. 통제하는 주체가 아예 없다면 법적 책임을 물 대상도 없다는 논리다.

그러나 법에 적힌 완전한 탈중앙화라는 조건은 현실에서 신기루에 가깝다. 초기 개발자 몇 명이 핵심 코드의 업데이트 권한을 쥐고 있거나 방금 살펴본 것처럼 거대 자본이 투표권을 독식하는 구조를 과연 주인이 없는 상태라고 부를 수 있을까. 어느 시점부터 완전한 탈중앙화로 인정해 줄 것인지 그 기준을 정하는 일은 매우 까다롭다. 탈중앙화라는 개념 자체가 전원 스위치처럼 켜고 끄는 흑백의 논리가 아니기 때문이다. 그것은 한 명의 독재에서 수백만 명의 완벽한 분산 사이에 존재하는 무수히 많은 회색 지대, 즉 연속적인 스펙트럼이다.

한편, 역설적인 장면도 펼쳐지고 있다. 세계 최대 청산 결제기관과 자산운용사, 중앙은행 관계자들이 블록체인을 제도권 금융 인프라에 통합하려는 움직임을 보이고 있다. 블록체인 기반 토큰화 파일럿이 승인되고, 전통 금융기관이 디지털 자산을 공식적으로 다루기 시작했다. 디파이는 더 이상 변방이 아니라 기존 시스템과 연결되는 새로운 레이어가 되고 있다.

디파이 규제의 핵심은 억압이 아니라 재배치다. 신뢰의 중심을 사람에서 코드로 옮기되, 사고가 발생했을 때의 책임 좌표를 어떻게 설정할 것인가의 문제다. 스마트 컨트랙트는 자동으로 실행되지만, 그 설계와 배포, 운영에는 여전히 인간의 의사결정이 개입한다. 완전한 무책임의 공간은 존재하지 않는다. 법정 판결은 코드 자체를 범죄로 단정할 수 없다고 선을 그었다. 그러나 동시에 개발자 책임이라는 문을 열어 두었다. 클래리티 법안은 탈중앙화의 정도에 따라 규제 강도를 조절하려 한다. 지니어스 법안은 스테이블코인 발행자에게 명확한 의무를 부과했다. 일련의 변화는 하나의 방향을 가리킨다. 규제는 디파이를 금지하는 대신, 그 뒤에 있는 사람의 책임을 따져 묻는다. 디파이는 더 이상 무정부적 실험이 아니다. 그렇다고 완전히 제도권 금융으로 흡수된 것

도 아니다. 지금은 코드와 법, 자동 실행과 인간 책임 사이의 균형점을
찾는 과도기다.

자산 토큰 없는 미래는 없다

예측 시장과 새로운 금융 상품의 규제

예측 시장prediction markets은 전통 금융이 아닌 미래 사건의 결과에 대해 시장 참여자가 베팅하고 그 결과에 따라 보상을 받는 금융 메커니즘으로, 근래 몇 년 사이 급격히 주목받으며 빠른 성장세를 보였다. 예측 시장은 정치적 이벤트, 경제 지표, 자연재해 예측 등 다양한 분야로 확장되어 왔으며, 정보 집약적이고 참여자 간의 집단지성을 활용하는 성격 때문에 사전적 가격 신호를 제공하는 도구로 평가된다. 그러나 전통적인 금융 체계 내에서 상품선물거래위원회는 이를 도박적 성격이나 시장 조작의 위험이 큰 파생상품으로 간주하여 규제의 틀 안으로 수용하는 데 보수적인 태도를 견지해 왔다.

하지만 블록체인 기술의 결합은 예측 시장의 지형을 근본적으로 뒤바꾸었다. 분산 원장 기반의 예측 시장은 국경 없는 접근성과 스마트 컨트랙트를 통한 자동 정산을 앞세워 폭발적으로 성장했다. 폴리마켓Polymarket이나 어거Augur 같은 플랫폼은 중앙화된 거래소의 중개 없이 대규모 자본이 미래 가치에 베팅할 수 있는 환경을 구축했다. 특히 2024년 폴리마켓의 연간 거래액이 90억 달러를 상회한 기록은 예측 시장이 주류 자본 시장의 유력한 파생상품군으로 부상했음을 시사한다.[48]

미국 규제 당국은 최근 급성장한 예측 시장을 제도권 안으로 편입하기 위해 중요한 선택을 했다. 그 핵심 도구가 바로 지정 계약 시장Designated Contract Market, DCM 승인 제도다.[49] DCM은 미국 상품선물거래위원회가 연방 상품거래법에 따라 부여하는 공식 파생상품 거래소 라이선스다. 미국에서 선물이나 옵션 같은 파생상품을 일반 투자자에게 합법적으로 제공하려면 반드시 이 인가를 받아야 한다. 그동안 DCM은 시카고상품거래소CME나 인터콘티넨털익스체인지ICE 같은 전통 대형 거래소의 영역이었다.

이 구조 안으로 예측 시장을 편입시킨 사건이 바로 제미니 타이탄 Gemini Titan Exchange의 DCM 승인이다. 이 승인은 암호화폐 기반 예측 상품이 연방 상품법의 감독과 보호 아래 합법적으로 거래될 수 있는 통로를 공식적으로 열었다는 점에서 상징적 의미를 갖는다. 다시 말해, 미래 사건의 결과에 베팅하는 계약이 더 이상 회색지대 실험이 아니라, 규제된 파생상품으로 인정받았다는 뜻이다.

여기서 중요한 점은 미국 정부가 기술 혁신 자체를 억누르기보다는, 그것을 자신의 감독 체계 안으로 끌어들였다는 것이다. 예측 시장은 집단지성을 통해 미래 사건의 확률을 가격으로 표현한다. 이는 강력한 정보 집약 기능과 막대한 유동성을 동반한다. 미국은 이 흐름을 방치하기보다, 연방 정부의 직접적인 감독 하에 투명성과 안정성 확보라는 전략을 선택했다.

현재 미국의 규제 방향은 완전한 탈중앙화를 허용하기보다는, 규제 프레임워크 안에서 운영되는 중앙화된 형태를 우선 승인하는 데 있다. 제미니 타이탄은 탈중앙화 스마트 컨트랙트만으로 돌아가는 무허가 시장이 아니라, 고객 자산 보호, 거래 감시, 보고 의무, KYC·AML 준수 등 전통 금융과 동일한 규율을 따르는 중앙화 플랫폼이다. 이는 익명성과 책임 회피가 결합된 무허가 시장의 위험을 차단하면서도, 기술적 진보를 제도권과 접목하려는 현실적인 절충안이다.

자산 토큰 없는 미래는 없다

예측 시장 규제는 불확실성 자체를 거래 가능한 자산으로 인정하고, 그 가격 형성 과정을 연방 규제권 안에 두겠다는 선언이다. 전 세계에서 발생하는 선거, 정책 변화, 기업 이벤트, 거시경제 변수에 대한 확률 정보와 그에 따르는 거대한 자금 흐름이 미국의 법적 울타리 안에서 형성된다면, 그 기준 가격은 글로벌 시장의 참조점이 된다.

기술적 탈중앙성과 법적 책임 사이의 접점을 찾는 이 과정은 디지털 자산 시대 금융 인프라의 법적 기초를 다시 설계하는 작업이다. 미국은 DCM이라는 규제 장치를 통해 예측 시장을 베팅 공간이 아니라, 확률을 가격으로 전환하고 정보를 자산화하는 정식 금융 인프라로 재편하고 있다. 예측 시장은 전 지구적 정보를 통합하고 가격을 결정하는 지능형 금융 시장이 되었으며, 미국이 설계한 이 규제 인프라에 안착하고 있다.

4장

스테이블코인

REAL
WORLD
ASSET
TOKENIZATION

인터넷 위의 달러

　2020년대 금융시장의 가장 극적인 변화 중 하나는 스테이블코인의 급성장이다. 한때 크립토 시장의 변방에 머물던 이 디지털 자산은 이제 국경을 넘는 결제와 송금, 유동성의 흐름 속에서 글로벌 금융 시스템의 빈틈을 메우는 실질적 인프라로 부상했다. 성장세는 수치로 확인된다. 2020년 초 약 100억 달러였던 스테이블코인 시가총액은 2025년 말 3,000억 달러를 넘어섰고, 거래량은 33조 달러에 달했다.[50]

　그렇다면 스테이블코인이란 무엇인가. 가장 간결하게 말하면, 전통 금융과 디지털 자산 세계를 잇는 가치의 통로이자 인터넷 위에서 작동하는 디지털 달러다. 비트코인이나 이더리움처럼 가격 변동성이 큰 자산과 달리, 스테이블코인은 달러나 금처럼 가격이 비교적 안정적인 자산에 가치를 1:1로 고정(페깅)하는 구조를 갖는다. 이 안정성 덕분에 스테이블코인은 가치 저장과 교환, 결제 수단으로 기능할 수 있다. 특히 전체 스테이블코인의 대부분이 달러에 연동되어 있어, 현실에서는 사

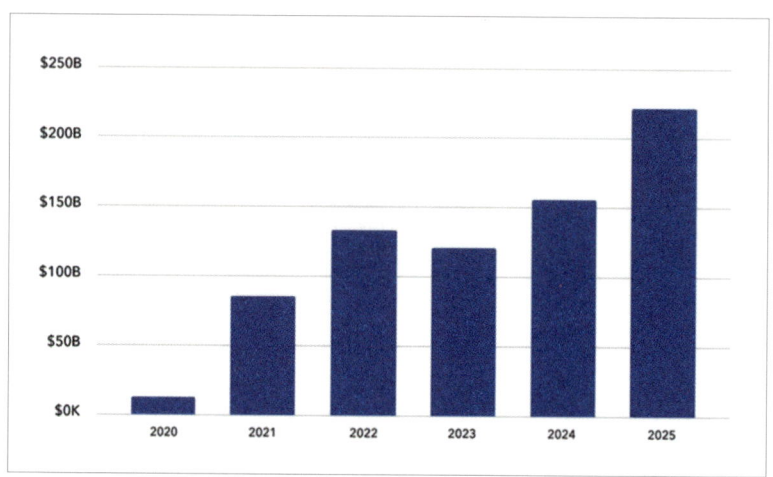

[그림22] 2020~2025년 주요 스테이블코인 시가총액 추이

(출처: TRM Labs, 2025 Crypto Adoption and Stablecoin Usage Report)

실상 달러의 디지털 형태로 유통된다.

　여기서 우리는 하나의 역설을 마주한다. 국가의 법적 보증도, 중앙
은행의 제도적 장치도 없는 디지털 증표가 전 세계 화폐 질서의 균열을
메우며 가장 강력한 결제 수단으로 부상했다는 점이다. 스테이블코인
은 크립토의 주변부에서 탄생했지만, 전통 금융이 제공하지 못한 속도
와 접근성, 그리고 정치적 장벽을 우회하려는 현실적 필요가 결합하면
서 금융의 중심부로 이동했다. 제도적 보증이 불완전한 자산이 어떻게
글로벌 금융의 핵심 기제로 자리 잡았는가? 핵심은 기술적 완성도보다
현실의 필요가 만들어낸 신뢰의 작동 방식이다.

자산 토큰 없는 미래는 없다

크립토 달러의
기원과 확산

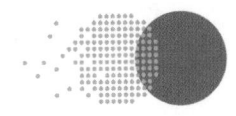

 스테이블코인의 경제적 성격을 들여다보면, 현대 금융사에서 가장 거대한 역외 달러 시장인 유로달러Eurodollar의 계보를 잇는 구조가 드러난다. 유로달러 시장은 1950년대 냉전 시기, 소련이 미국의 자산 동결 위험을 피하기 위해 미국 밖 은행에 달러를 예치하면서 형성되었다. 그 결과 달러는 미국의 통화 주권 아래에 있으면서도, 동시에 미국의 직접 통제권 밖에서 유통되는 독특한 시장을 갖게 되었다. 이는 중앙은행의 대차대조표 바깥에서도 민간이 달러 유동성을 창출하고 순환시킬 수 있음을 보여준 첫 대규모 실험이었다. 스테이블코인은 바로 이 '통제 밖의 달러 공급망'을 블록체인 위로 옮겨오며 온체인 달러 시대를 열었다.

 전통적인 유로달러를 이해하는 것은 이 전환을 이해하는 데 도움이 된다. 유로달러란 미국 외 지역, 특히 런던이나 홍콩 같은 역외 금융 중심지의 은행에 예치된 달러를 의미한다. 이 자금은 미국 은행 시스템

밖에 있지만, 여전히 은행 장부에 기록된 숫자였다. 국제 무역과 글로벌 금융 거래에서 널리 활용되었고, 미국 내 규제보다 상대적으로 느슨한 환경 덕분에 빠르게 성장했다. 그러나 그 기반은 어디까지나 은행이라는 물리적 기관과 특정 도시의 금융 네트워크였다. 다시 말해, 유로달러는 국경을 벗어났지만 여전히 은행 장부라는 구조 안에 머물러 있었다.

스테이블코인은 이 구조를 한 단계 더 확장한다. 달러와 1:1로 연동되도록 설계된 디지털 토큰인 스테이블코인은 특정 도시의 은행 장부가 아니라 블록체인이라는 분산 네트워크 위에서 발행되고 이동한다. 물리적 지점도, 영업시간도 없다. 인터넷에 접속할 수 있는 누구나 디지털 지갑을 통해 스테이블코인을 보유하고 송금할 수 있다. 이 점에서 스테이블코인은 유로달러의 디지털화된 형태라 할 수 있다. 과거에 달러가 미국 밖 은행망을 통해 확산되었다면, 이제는 인터넷 프로토콜을 통해 전 세계로 퍼진다.

이 현상은 그림자 금융의 디지털 전환으로도 볼 수 있다. 그림자 금융은 은행과 유사한 자금 중개 기능을 수행하면서도 예금자 보호나 엄격한 자본 규제를 받지 않는 영역을 가리킨다. 이러한 특성 덕분에 그림자 금융은 유동성을 빠르게 확대하며 금융 시스템의 외연을 팽창시켰다. 스테이블코인 역시 은행 예금은 아니지만 사실상 달러와 동일한 교환 기능을 수행하며, 연방준비제도의 직접적 통제 밖에서 대규모 달러 유동성을 형성한다. 다만 중요한 차이가 있다. 유로달러가 은행 간 네트워크 안에서만 이동하는 장부상의 숫자였다면, 스테이블코인은 스마트 컨트랙트를 통해 자동 실행되고, 다른 디지털 자산과 결합되며, 조건에 따라 프로그래밍될 수 있는 '코드화된 화폐'다.

이 디지털 유로달러 체계는 자본의 이동 시간을 단축한다. 기존 은행 시스템에서는 국제 송금에 며칠이 소요되고, 주말이나 공휴일에는 결제가 지연되기도 한다. 자본은 시간과 제도의 경계에 묶여 있었다. 반면 스테이블코인은 24시간 365일 작동하는 글로벌 결제 레일 위에서 즉시 이전되고 정산된다. 거래와 결제가 동시에 이루어지기 때문에 대기 시간이 거의 없다. 이는 자본의 회전 속도를 높이는 구조적 변화다. 자금이 머무는 시간이 줄어들수록 동일한 자본으로 더 많은 거래를 수행할 수 있다.

또 하나의 포인트는 준비 자산 구조다. 대부분의 달러 스테이블코인은 그 가치를 유지하기 위해 미 국채나 현금성 자산을 담보로 보유한다. 사용자가 스테이블코인을 보유한다는 것은 간접적으로 미 국채 수요를 떠받치는 행위와 연결된다. 그 결과 전 세계에서 스테이블코인 수요가 증가할수록, 그 배후에 있는 미 국채에 대한 수요도 함께 확대된다. 이는 미국의 부채가 디지털 네트워크를 통해 전 지구적으로 분산 보유되는 효과를 낳는다. 전통적인 채권시장을 넘어, 블록체인 기반 유동성 풀을 통해 국채가 흡수되는 구조다.

즉, 스테이블코인은 달러 체계를 인터넷 환경에 맞게 재구성한 인프라이며, 미 국채라는 정적인 안전 자산을 디지털 공간에서 즉시 사용 가능한 동적 유동성으로 전환하는 매개체다. 과거 유로달러가 역외 금융의 확장을 상징했다면, 스테이블코인은 그 구조를 전 세계 개인의 스마트폰으로까지 확장한다.

스테이블코인이 구축한 결제 레일 위에서 자본은 국경의 제약을 점차 벗어난다. 이는 속도, 접근성, 그리고 정치적 위험을 회피하려는 시장의 요구가 만들어낸 결과다. 이 디지털 달러 네트워크는 이제 공급망 금융의 구석구석까지 스며들며, 전 세계 자본 흐름을 미 국채를 기초로 한 구조 속으로 흡수하고 있다. 이러한 기반이 마련되었기에 우리는 비로소 공급망 전체의 자금 흐름을 재설계하고, 정체된 자본을 순환시키는 다음 단계의 혁신을 논할 수 있게 된다.

작동 원리와 본질:
페그의 기술, 온체인 MMF의 구조

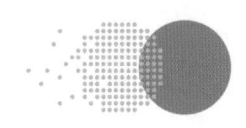

페그는 어떻게 유지되는가:
준비금과 차익거래

스테이블코인의 가격이 1달러로 고정되는 현상은 환불권이라는 강력한 권리가 보장된 결과다. 사용자가 가진 1단위의 토큰은 그 자체로 1달러가 아니라, 언제든 발행사를 통해 실제 달러로 바꿀 수 있다는 약속이다. 이 약속이 깨지지 않도록 지탱하는 것은 발행사의 준비금 정책과 시장 참여자들의 차익거래라는 이중의 방어막이다. 신뢰는 추상적인 믿음에서 나오는 것이 아니라, 오차가 발생했을 때 즉각적으로 작동하는 공학적 구조에서 기인한다.

첫 번째 방어막은 준비금과 상환 절차다. 발행사는 유통 중인 토큰의 양에 상응하는 현금이나 국채를 준비금으로 보유하며, 사용자의 요청이 있을 때 토큰을 소각하고 자산을 지급한다. 이 상환 기능이 정상적으로 작동하는 한, 토큰은 디지털 기호를 넘어 달러에 대한 실질적인 청구권으로 인정받는다. 즉, 페그의 기초는 블록체인 코드에만 있는 것이 아니라, 현실 세계의 회계 시스템과 은행 계정의 연결에 뿌리를 두고 있다.

두 번째 방어막은 시장에서 벌어지는 차익거래arbitrage다.[51] 일반 이용자가 발행사와 직접 소통하는 대신 거래소에서 토큰을 사고팔 때, 가격은 일시적으로 1달러에서 벗어날 수 있다. 이때 수익을 노리는 전문 거래자들이 개입한다. 가격이 1달러보다 높아지면 달러를 예치해 새 토큰을 발행받아 비싸게 팔고, 가격이 낮아지면 시장에서 싼 토큰을 사서 발행사에 상환한다. 이러한 행위는 의무감이 아닌 이기심에서 비롯되지만, 결과적으로 가격을 다시 1달러로 되돌려놓는 강력한 복원력을 제공한다.

이 인센티브 체계는 국가 기관의 규제보다 빠르고, 개별 인간의 선의보다 집요하게 작동한다. 누구도 전체 시스템의 안정을 위해 희생하지 않는다. 다만 더 많은 수익을 올리려는 시도들이 모여 거대한 균형을 이룰 뿐이다. 스테이블코인의 안정은 도덕적인 호소나 법적 강제에만 의존하지 않고, 인간의 본능인 이윤 추구 행위를 시스템의 유지 장치로 끌어들인 지능적인 설계의 결과다.

이러한 공학적 구조는 전 세계에서 가장 빠르고 효율적인 달러 유통망을 구축하는 토대가 되었다. 스테이블코인은 이제 크립토 거래를 위한 보조 수단을 넘어, 기존 금융망이 닿지 못했던 곳까지 달러를 전파하고 있다. 이러한 가치 유지 메커니즘은 5장에서 다룰 공급망 금융의 혁신을 위한 전제 조건이다.

스위프트를 넘어서는
결제 네트워크

국제 송금의 고질적인 문제는 느린 속도에 있다. 그러나 그 느림은 단순한 기술적 지연이 아니라 신뢰가 없는 주체 간에 국경을 넘어 돈을 주고받기 위해 고안된 의도적 설계다. 한 나라에서 다른 나라로 돈이 건너갈 때, 자금은 화면에서 한 번에 이동하지 않는다. 메시지가 먼저 가고, 장부가 뒤따르며, 중개 은행의 체인이 연결되고, 사고에 대비한 사전 예치금이 곳곳에 묶인다. 송금이 며칠씩 걸리는 이유는 인터넷이 느려서가 아니라, 국제 금융이 서로를 연결하기 위해 오랜 시간 지불해 온 비용과 절차가 그 과정에 축적되어 있기 때문이다. 이 느림은 낡은 시스템의 결함처럼 보이지만, 실제로는 사고를 막기 위해 설계된 아날로그적 안전장치가 굳어진 형태다.

이 지점에서 스위프트Society for Worldwide Interbank Financial Telecommunication, SWIFT의 역할이 드러난다. 스위프트는 전 세계 은행들이 안전하게 정보를 주고받기 위해 만든 비영리 협의체이자 그들이 사용하는 전산망의 이름이다. 중요한 점은 스위프트가 직접 돈을 옮기는 결제망이 아니라, '돈을 보내라'고 지시하는 메시지 망이라는 사실이다.[52] 비유하자면, 은행들이 서로 돈을 직접 주고받는 대신 '어느 계좌에서 얼마를 꺼내 누구에게 보내라'는 표준화된 암호 편지를 주고받는 보안 팩스 시스템과 같다. 메시지가 안전하게 전달되는 동안 실제 자금은 각 은행의 장부 위에서 따로따로 정산된다. 결국 국제 송금의 비용은 편지를 보내는 행위 자체가 아니라, 그 편지를 확인하고 실제 장부를 맞추는 중개 은행들의 복잡한 경로에서 발생한다.

전통적인 방식에서 국제 송금의 병목은 국경이라는 물리적 장벽이 아니라, 유동성이 묶이는 방식에 있다. 은행들이 서로를 완전히 믿지 못하기 때문에, 송금 경로에 있는 중개 은행은 미리 거액의 달러를 자신들의 계좌에 쌓아두어야 한다. 이를 노스트로Nostro 계좌라 부르는데, 전 세계 곳곳의 은행에 이처럼 잠겨 있는 돈은 금융 시스템 전체의 효율을 떨어뜨리는 유동성 함정이 된다.

반면 블록체인 위에서 스테이블코인은 그 자체로 돈이다. 정보와 가치가 분리된 기존 방식과 달리, 블록체인에서는 전송이 곧 결제이며 자산의 소유권 이동이다. 중간에 메시지를 확인하고 장부를 대조할 중개 은행이 필요 없기에 전송은 단 몇 분이면 끝나며, 인터넷만 연결되어 있다면 지구 반대편으로도 즉각적인 가치 전달이 가능하다. 수신자는 P2P 시장이나 거래소를 통해 이 디지털 증표를 현지 통화로 빠르게 교환할 수 있다. 며칠이 걸리던 복잡한 공정은 한 시간 이내로 압축되고, 중간 과정에서 발생하는 실패나 반송의 리스크는 획기적으로 줄어든다.

게다가 이 결제망은 특정 국가나 기관이 독점하는 단일 장부에 갇히지 않는다. 이더리움, 솔라나 등 다양한 네트워크가 서로 다른 결제 경로를 제공하며 유동성을 확보하기 위해 경쟁한다. 이는 국가 단위로 폐쇄되어 높은 통행료를 요구하던 기존 결제 시스템과는 완전히 다른 풍경이다. 경로가 경쟁함에 따라 수수료는 압축되고, 자본은 24시간 멈추지 않고 순환한다. 스테이블코인이 구축한 이 고속 결제 레일은 개인의 편의를 넘어, 실물 경제의 움직임을 금융이 실시간으로 따라잡을 수 있게 만드는 인프라의 대전환을 의미한다.

자산 토큰 없는 미래는 없다

스테이블코인은
온체인 머니마켓펀드다

스테이블코인을 빠른 결제 수단으로만 보는 것은 그 구조의 절반을 놓치는 일이다. 나머지 절반에는 전통 금융과 맞물린 거대한 단기 자산 운용 구조가 숨어 있다. 대표적인 달러 스테이블코인 발행사인 테더나 서클은 사실상 세계 최대 규모의 단기 자산운용기구 중 하나가 되었으며 그 본질은 머니마켓펀드MMF와 매우 흡사하다. 머니마켓펀드는 고객의 자금을 단기 국채와 같은 안전 자산에 투자해 이자를 벌면서도, 언제든 현금으로 인출할 수 있게 설계된 금융 상품이다.

핵심은 준비금을 어떻게 운용하느냐에 있다. 서클은 준비금의 대부분을 만기 3개월 이하의 단기 미 국채와 현금성 자산으로 구성하여 운용한다.[53] 테더 역시 1,400억 달러 이상의 미 국채를 보유하며 주요 국가들과 어깨를 나란히 하는 단기 국채 보유자로 등극했다. 금리가 4~5% 수준일 때 1,000억 달러 규모의 준비금은 연간 수십억 달러의 막대한 이자를 낳는다. 이 이자 수익은 고스란히 발행사의 수익으로 연결되며, 테더가 2025년 한 해에만 약 100억 달러(한화 약 15조 원)가 넘는 순이익을 기록한 배경에는 이러한 온체인 머니마켓펀드 구조가 자리 잡고 있다.[54]

여기서 더 주목해야 할 점은 운영의 효율성이다. 전통 금융시장에서 이 정도 규모의 자금을 운용하려면 수천 명의 인력과 다층적인 관리 조직, 정산 시스템이 필요하다. 반면 스테이블코인 발행사는 비교적 적은 인력으로 블록체인이라는 공용 인프라 위에서 초대형 머니마켓펀드를 상시 가동한다. 자산의 유동성이 실시간으로 순환하고, 결제와 정산은 네트워크 프로토콜이 자동으로 처리한다. 이것이 바로 온체인 머니마켓펀드라는 표현이 갖는 진정한 의미다.

다만 스테이블코인은 기존 머니마켓펀드의 복제에 그치지 않는다. 결정적으로 다른 세 가지 성질을 갖는데, 첫째는 24시간 끊임없이 제공되는 유동성이다. 전통적인 상품은 환매 청구 후 실제 자금을 받기까지 1~3일의 영업일이 소요되지만, 스테이블코인은 언제든 전송과 교환이 가능하다. 둘째는 프로그래머빌리티Programmability다. 스마트 컨트랙트와 결합하여 특정 조건이 충족되면 자동으로 자금이 분배되거나 담보 대출이 실행되는 고차원 금융 로직을 구현할 수 있다. 셋째는 접근성의 향상이다. 미 국채 기반의 머니마켓펀드는 외국의 개인 투자자가 접근하기 어려웠지만, 스테이블코인은 스마트폰만 있으면 전 세계 누구나 1달러부터 참여할 수 있다.

결국 이러한 구조는 스테이블코인을 21세기형 글로벌 유동성 장치로 변모시켰다. 자본 통제가 심하거나 인플레이션이 극심한 국가에서 스테이블코인이 생활 통화로 빠르게 확산되는 이유는, 그것이 가장 접근하기 쉽고 항상 열려 있는 현금성 자산이기 때문이다. 스테이블코인은 돈을 옮기는 기술을 넘어, 단기 국채의 안전성과 디지털 네트워크의 속도를 결합하여 전 지구적 자본 흐름의 새로운 문법을 써 내려가고 있다.

국채시장을 떠받치는 새로운 수요층

이러한 온체인 머니마켓펀드 구조는 기업의 수익 모델을 넘어 미국 국채시장의 판도를 바꾸는 새로운 변수로 부상했다. 주요 스테이블코인 발행사들이 보유한 미국 국채 규모는 이미 합산 2,000억 달러에 육박하며, 이는 대한민국이나 독일 같은 주요 경제 강국의 국가 보유량을 웃도는 수준이다. 특히 업계 1위인 테더는 단독으로도 세계 15위권 내외의 대형 국채 보유자 명단에 이름을 올리고 있다.[55] 이는 스테이블코인 발행사가 더 이상 크립토 생태계의 조연이 아니라, 미국 재무부의 자금 조달을 돕는 핵심적인 대형 매수자로 등극했음을 의미한다.

스테이블코인을 통한 국채 매입은 미국 정부 입장에서 매우 전략적인 가치를 지닌다. 과거에는 중국이나 일본 같은 외국 정부가 국채의 주요 매수 주체였으나, 지정학적 갈등이 심화되면서 이들의 매수세는 예전 같지 않다. 이 공백을 테더나 서클 같은 민간 발행사들이 메우고 있는 셈이다. 이들은 정치적 이해관계가 얽힌 외국 정부와 달리, 오직 시스템의 가치 유지와 수익성을 위해 국채를 보유한다. 결과적으로 미국은 국가 채무를 떠받칠, 훨씬 예측 가능하고 관리가 용이한 새로운 우군을 디지털 영토에서 확보하게 되었다.

블록체인 위에서 유통되는 디지털 달러는 미국 국채에 대한 새로운 수요 기반을 전 지구적 단위로 확장한다. 과거에 개인이 미국 국채에 투자하려면 복잡한 금융 절차를 넘어야 했지만, 이제는 스테이블코인을 보유하는 것만으로도 아주 미세하게 쪼개진 국채 유동성에 참여하게 된다. 전 세계 개인들의 지갑에 담긴 스테이블코인이 모여 거대한 자본의 흐름을 만들고, 이 자본이 다시 미국 국채시장으로 환류되는 구조다. 달러 패권은 이제 물리적 영토와 전통적인 은행의 관할권을 넘어, 기술적 인프라와 담보의 결합을 통해 재확장되고 있다.

이 지점에서 스테이블코인은 디지털 달러 패권의 핵심 인프라로써,

단기 국채 수요를 창출하고 24시간 잠들지 않는 달러 공급망을 유지하는 장치로 작동하기 때문이다. 이러한 인프라는 단지 금융공학적 설계에 그치지 않고, 국경을 넘는 무역과 결제의 현장에서 발생하는 절박한 필요에 의해 자생적으로 확산되었다. 기술이 자본의 시간 가치를 극대화하고 신뢰를 구조화할 때 그 파급력은 기존의 법과 제도가 규정한 경계를 가볍게 뛰어넘는다.

결론적으로 스테이블코인은 온체인 환경에서 달러의 지배력을 영속화하는 수단이다. 발행사가 제공하는 환불권, 시장의 차익거래가 만드는 인위적 균형, 그리고 이를 뒷받침하는 미 국채라는 물리적 담보는 디지털 자산이 가져야 할 신뢰의 요건을 모두 충족한다. 이제 이 안정적인 혈류는 실물 경제의 굳어버린 장부를 깨우고 전 세계에 흩어진 파편화된 자산을 연결하는 거대한 신경망으로 거듭나고 있다.

자산 토큰 없는 미래는 없다

생존 기술로서의 디지털 달러:
디지털 달러가 생활 통화가 되는 순간들

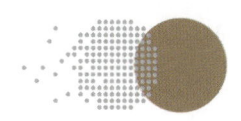

통화 가치가 붕괴하는 국가에서 사람들은 본능적으로 움직인다. 거창한 경제 지표보다 시민들을 먼저 움직이게 만드는 것은 내일이 사라지는 감각이다. 오늘 아침에 받은 월급이 저녁의 장바구니를 보장하지 못하고, 어제의 가격표가 오늘의 현실과 단절되는 순간 돈은 시간을 건너는 능력을 상실한다. 가치 저장이라는 화폐 본연의 기능이 마비되면 사람들의 행동 패턴은 단순해진다. 더 높은 수익을 추구하는 모험 대신, 조금이라도 덜 무너지는 단위를 찾아 헤매는 절박한 탐색이 시작된다.

이러한 선택은 윤리나 이념의 문제가 아니다. 가족의 식탁을 지키고 임대료와 약값을 마련해야 하는 생존의 요구다. 여기서 디지털 달러는 새로운 투자 자산이 아니라 절박한 생존 기술로 기능하기 시작한다. 생존을 위해 선택한 기술은 반복을 통해 습관이 되고, 그 습관이 임계점을 넘는 순간 새로운 결제와 정산의 표준으로 자리 잡는다. 스테이블코인이 전 지구적 유동성의 혈류로 안착한 배경에는 이처럼 각국 장부의 균열을 몸으로 버텨내야 했던 개인들의 절박한 계산이 깔려 있다.

통화 위기가 시작되면 국민들은 미래를 빼앗긴다. 그 미래를 되찾기 위해 안정된 화폐를 찾는 것은 자연스러운 수순이며, 이들이 찾는 화폐는 대개 달러로 수렴한다. 하지만 제도적 장벽으로 인해 달러로 가는 길이 막힐 때 사람들은 기술적 우회로를 찾는다. 그 길이 바로 디지털 달러, 즉 스테이블코인이다. 처음에는 임시방편처럼 보였던 이 우회로들이 어떻게 월급날의 규칙을 바꾸고 생활 환율을 새롭게 정의하며 기존 금융의 자리를 대체하는지, 그 구체적인 장면들을 살펴볼 필요가 있다.

이 장에서 다루는 사례들은 초인플레이션과 통화 붕괴를 경험하고 있는 각국의 현지 상황을 바탕으로, 시민들의 대응 방식을 재구성한 것이다. 화폐의 기능이 정지된 곳에서 기술이 어떻게 관념을 넘어 생존의 도구로 안착하는지를 보여주는 이 서사들은, 개별 국가의 특수한 경제적 환경이 빚어낸 인류학적 보고서이기도 하다.

월급날의 규칙이 바뀌는 순간: 받는 즉시 바꾼다

베네수엘라나 튀르키예처럼 자국 통화가 가치 저장의 기능을 상실한 곳에서 월급날은 축제가 아니라 고도의 긴장감이 감도는 비상 작전의 날이다. 카라카스의 초등학교 교사 마리아의 월급날 풍경은 이를 극명하게 보여준다. 매달 15일 오전 8시, 그녀는 두 대의 휴대폰을 동시에 켠다. 한 대에는 은행 앱을, 다른 한 대에는 바이낸스 같은 거래소 앱을 띄워둔다. 급여 입금이 확인되는 순간 그녀의 손가락은 기계적으로 움직인다. P2P 거래소를 통해 법정화폐인 볼리바르를 내놓고 스테이블코인인 테더를 사들이는 주문을 넣는다. 이 모든 과정이 완료되는 데 걸리는 시간은 채 5분이 되지 않는다. 이 짧은 시간에도 환율이 3% 이상 요동치는 일이 허다하기에, 그녀에게 속도는 곧 생존이다.

이러한 환경에서 사람들은 저축이라는 고전적인 금융 행위를 포기한다. 저축은 화폐 가치의 연속성을 전제로 하지만, 내일의 가격표를 신뢰할 수 없는 사회에서 저축은 곧 손실을 의미하기 때문이다. 대신 그들은 전환을 선택한다. 급여가 통장에 머무는 시간조차 위험 요소로 간주하며, 입금되는 즉시 가장 단단한 단위인 달러 기반의 스테이블코인으로 갈아타야만 비로소 한 달의 생활을 설계할 수 있는 최소한의 심리적 방어선이 구축된다.

공식 환율이 생활을 설명하지 못하는 순간: 생활 환율

아르헨티나처럼 외환 통제가 심한 나라에서는 국가가 정한 환율과 시장이 체감하는 환율이 수 배씩 차이 나는 일이 빈번하다. 부에노스아이레스의 작은 철물점 주인 카를로스는 매일 아침 두 개의 환율을 확인한다. 정부 사이트의 공식 환율 350페소, 그리고 코리도 거리 환전상의 블루 달러(비공식·암시장 환율) 970페소. 수입 자재값은 블루로 계산되고, 세금은 공식 환율로 납부한다. 그의 장부에는 두 개의 열이 있다. 하나는 정부에 보고할 숫자이고, 다른 하나는 실제로 움직이는 숫자다.

과거에는 이러한 환율의 간극이 뒷골목의 암시장이나 환전상을 통해 메워졌으나, 스마트폰이 보급된 이후 그 무대는 P2P 거래소와 디지털 지갑 위로 옮겨왔다. USDT나 USDC 같은 스테이블코인의 실시간 거래가는 그 어떤 정부 발표보다 정직하고 빠르게 경제 상황을 반영한다. 아르헨티나에서는 2025년 인플레이션이 35.9%에 달하는 등 경제 불안이 지속되면서, 인구의 19.8%가 크립토를 보유하게 되었다.[56] 생활 환율은 이제 소수의 정보가 아니라, 누구나 접속 가능한 디지털 데이터로 투명하게 공개되며 대중의 의사결정을 주도한다.

달러가 원하는 만큼이 아니라 허락되는 만큼이 되는 순간

어떤 사회에서는 달러가 '시장에 존재하는 자산'이 아니라 '제도가 배분하는 특권'이 된다. 이스탄불의 프리랜서 개발자 메흐메트가 겪는 일상은 이 장벽의 실체를 보여준다. 유럽 클라이언트에게서 받은 작업비 3,000달러를 은행을 통해 송금받으려 하면, 은행은 각종 외환 규정을 이유로 산더미 같은 증빙 서류를 요구한다. 서류 한 장을 준비하기 위해 공증을 받아야 하고, 그 공증은 다시 몇 주를 기다려야 하는 소모전이 이어진다. 정당한 노동의 대가를 손에 쥐기까지의 시간은 기술적 물리력이 아닌, 제도적 승인을 기다리는 데 낭비된다. 결국 그는 은행 창구를 포기하고 텔레그램을 켜 "작업비를 USDT로 줄 수 있느냐"라고 묻는다.

이 지점에서 스테이블코인의 진정한 가치가 드러난다. 스테이블코인은 없던 달러를 만들어내지 않는다. 다만 달러로 가는 경로를 재편

자산 토큰 없는 미래는 없다

한다. 은행 계좌라는 자격 대신 휴대폰과 네트워크 접속권만을 요구한다. 규제의 언어가 허가라면, 네트워크의 언어는 접속이다. 국가가 허락한 좁은 문을 통과할 수 없는 사람들에게 스테이블코인은 국경 없는 디지털 광장으로 직접 연결되는 우회로를 제공한다. 제도가 달러를 통제하려 할수록, 사람들은 그 통제가 미치지 않는 네트워크의 길을 선택한다.

은행 대신 채팅방이 기능을 맡는 순간: P2P가 생활 은행이 되다

라고스의 그래픽 디자이너 치디는 런던 클라이언트로부터 매주 금요일 작업비를 받는다. 400USDT가 지갑에 들어오면, 그는 왓츠앱 WhatsApp 그룹 Naira-USDT 라고스에 메시지를 올린다. 400USDT를 나이라로 바꿀 지금 거래 가능한 사람이 있는지 묻는 짧은 글이다. 5분 안에 세 명이 응답한다. 그는 거래 횟수가 많은 상대를 선택한다. 평판 127회에 평점 4.9점.[57] 두 시간 뒤, 그의 나이라 계좌에 약속한 금액이 입금된다. 은행은 일주일이 걸리고 수수료가 12%에 달하지만, P2P는 두 시간 만에 2%의 수수료로 해결된다.

나이지리아와 같은 곳에서 스테이블코인의 의미는 대체 통화보다 대체 레일에 가깝다. 해외에서 돈을 받는 프리랜서, 물건을 들여오는 소상공인, 월급을 쪼개 가족에게 보내야 하는 노동자에게 문제는 명확하다. 은행이 너무 느리고 비싸며, 때로는 아예 작동하지 않는다는 사실이다. 그래서 사람들은 아주 현실적인 방식으로 길을 바꾼다. 누군가는 USDT를 받은 뒤 곧바로 텔레그램 방에서 오늘의 환율을 확인한다. 누군가는 USDT를 지역 통화로 바꿔 전기요금을 낸다. 은행이 제공하던 '확정'은 사라지지만, 생활은 그 빈자리를 '반복'으로 메운다. 자주 거래하는 상대가 생기고, 거래가 쌓이면 신용이 생기고, 그 신용이 작은 금융 기능을 대신한다.

이 지점에서 금융 기능은 자연스럽게 쪼개진다. 보관은 지갑이, 환전은 P2P가, 송금은 네트워크가 맡는다. 은행이 한 번에 제공하던 것을 사람들이 여러 조각으로 나누어, 그날그날 가능한 조합으로 붙인다. 임시방편으로 시작된 이 우회로가 반복되고 일상이 되면서, 사람들의 머릿속에서 은행이 사라지고 있다. 중앙 집중화된 기관의 승인을 기다리는 대신, 네트워크 안에서 능동적으로 신용을 증명하고 가치를 교환하는 행위만으로도 충분함을 경험했기 때문이다.

송금이 금융 서비스가 아니라
가계 소득이 되는 순간

필리핀의 가사 노동자 로사는 두바이에서 일하며 매달 고국에 있는 어머니에게 500달러를 보낸다. 예전에는 국제 송금 업체를 이용했다. 수수료만 35달러가 나갔고, 돈이 도착하기까지는 꼬박 3일이 걸렸다. 어머니는 그 돈을 찾기 위해 다시 버스를 타고 1시간을 이동해야 했다. 하지만 지금은 스테이블코인을 이용한다. 수수료는 2달러로 줄었고, 전송은 10분 만에 끝난다. 절약한 33달러는 필리핀 현지에서 한 가족의 한 달 치 쌀값에 해당한다.

멕시코와 중동을 잇는 이주 노동자들의 회랑에서도 비슷한 풍경이 반복된다. 사람들은 더 싸고, 더 빠르고, 덜 막히는 길을 선택할 뿐이다. 송금은 반복될수록 고통이 누적되는 영역이기 때문에 아주 작은 개선도 빠르게 생활의 습관이 된다. 은행이 막히거나 송금이 지연될 때마다 사람들은 더 안정적인 우회로를 학습한다. 그리고 어느 순간 그 우회로는 소수의 실험이 아닌 대중의 표준이 된다.

이 모든 행동이 쌓이면서 만드는 규모가 금융의 구조를 근본적으로 바꾼다. 개인의 생존을 위한 투쟁이 반복되면 통계가 되고, 그 통계가 쌓이면 기존 금융 시스템이 감당하지 못했던 새로운 질서가 탄생한다. 스테이블코인은 이제 오를 자산이 아니라 써야만 하는 돈이며, 전 지구적 유동성을 재편하는 실제적인 힘으로 작용하고 있다.

스테이블코인이 만드는
다섯 가지 변화

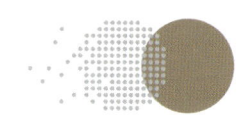

금융 소외 계층을 위한
새로운 문

스테이블코인이 가져온 결정적인 변화 중 하나는 전통 금융 시스템에서 배제되었던 수십억 인구에 글로벌 경제 참여의 문을 열어준다는 점이다. 이는 시혜적으로 가난한 이들을 돕는 복지 차원의 접근이라기보다, 금융의 작동 방식이 계좌 중심에서 프로토콜 중심으로 이동하며 발생하는 거대한 영토 확장이다. 2024년 기준 약 13억 명이 여전히 은행 계좌를 보유하지 못하고 있다. 그러나 이 중 9억 명 이상이 이미 휴대폰을 보유하고 있으며, 그중 상당수는 스마트폰 사용자다.[58] 이는 물리적 지점이나 복잡한 서류 절차를 건너뛸 수 있는 새로운 금융 하부구조가 이미 전 지구적으로 깔려 있음을 의미한다.

스테이블코인은 이 디지털 인프라 위에서 구동되는 범용 금융 애플

리케이션이다. 사용자는 스마트폰에 크립토 지갑 앱을 설치하는 것만으로 복잡한 신원 확인이나 최소 예치금 없이 전 세계 어디서나 통용되는 디지털 달러를 주고받고 보관할 수 있다. 여기서 신뢰의 근거는 은행에서 네트워크의 접속권과 암호학적 증명으로 대체된다. 국가가 발행한 신분증이 없어도 스마트폰과 인터넷만 있다면 글로벌 달러 경제권의 일원이 될 수 있는 시대가 열린 것이다.

이러한 변화는 금융의 접근권을 모두에게 열어젖힌다. 과거의 금융이 허가받은 자들만의 폐쇄적인 리그였다면, 스테이블코인 기반의 금융은 접속하는 누구나 사용 가능한 개방형 프로토콜이다. 이는 개인의 편리함을 넘어, 그동안 자본 흐름에서 소외되었던 거대한 유동성 풀이 제도권 밖에서 자생하고 있음을 보여준다. 금융 소외 계층이 디지털 달러를 통해 자산을 형성하고 거래를 시작하는 순간, 이들은 더 이상 통계 밖의 인구가 아니라 글로벌 시장의 잠재적 참여자로 부상한다.

국제 송금 시장의
근본적 재편

국제 송금 시장의 규모는 그 자체로 하나의 거대한 경제 생태계를 형성하고 있다. 세계은행의 데이터에 따르면 저소득 및 중간 소득 국가로 유입되는 송금액은 2024년 기준 6,850억 달러에 달하며, 이는 해외직접투자나 공적개발원조를 모두 합친 규모를 상회한다. 글로벌 사우스 국가에 있어 송금은 국가 경제를 지탱하는 가장 거대한 외부 자본 공급원이다.

하지만 이 생명선을 유지하기 위해 지불하는 마찰 비용은 지나치게 가혹하다. 2024년 말 기준 국제 송금의 평균 수수료는 약 6.5%에 달하며, 인프라가 낙후된 사하라 이남 아프리카 지역에서는 8%를 넘어서기도 한다.[59] 이는 매년 약 400억 달러 이상의 자본이 실제 수취인의 손에 닿기도 전에 송금 중개업체와 여러 중개 은행의 수수료로 증발하고 있음을 의미한다. 전통적인 시스템이 부과하는 이 세금은 기술적 한계라기보다는 고착화된 중개 구조가 강제하는 비효율의 산물이다.

스테이블코인은 이 낡은 구조를 블록체인이라는 단일 P2P 네트워크로 대체하며 송금 시장의 문법을 바꾼다. 여러 단계의 중개 은행을 거치며 수수료가 중첩되는 기존 방식과 달리, 스테이블코인은 전송자와 수취인을 직접 연결한다. 이 과정에서 발생하는 비용은 통상 0.5%에서 2% 사이로 압축된다. 만약 전 세계의 국제 송금이 스테이블코인으로 완전히 전환된다면, 매년 약 400억 달러의 자본이 금융 시스템 내부가 아닌 실물 경제의 가계 소득으로 직접 환류되는 효과를 거둘 수 있다.

통화 대체의 가속화, 디지털 달러화 현상

개인의 생존 전략이 누적되면서 거시경제적인 구조 변화가 가시화되고 있다. 스테이블코인은 일부 국가에서 자국 통화를 직접 대체하는 디지털 달러화 현상을 가속화한다. 체이널리시스가 분석한 라틴 아메리카의 소매 거래 데이터는 이 변화의 규모를 숫자로 입증한다. 아르헨티나에서는 크립토 소매 거래의 61.8%를 스테이블코인이 차지하고 있으며 브라질 59.8%, 콜롬비아 66%, 베네수엘라 56.4% 역시 비슷한 수준을 기록하고 있다.[60] 이 수치는 교환과 가치 저장 그리고 계산이라는 화폐의 핵심 기능이 자국 통화에서 스테이블코인으로 이동하고 있다는 패턴을 명확히 보여준다.

정부의 통제와 시장의 우회 시도 사이의 긴장은 집행 프리미엄이라는 개념을 통해 명확해진다. 이는 정부가 자본 통제를 강화할수록 스테이블코인을 얻기 위해 지불해야 하는 추가 비용이 높아지는 현상을 뜻한다. 2024년 기준 브라질의 스테이블코인 프리미엄은 0.9%에 불과했으나 나이지리아는 22.1%, 아르헨티나는 30.5%에 달했다.[61] 여기서 두 가지 결론을 도출할 수 있다. 우선 정부의 통제는 시장에 실질적인 마찰 비용을 부과한다. 하지만 프리미엄이 무한정 치솟지 않는다는 점은 VPN이나 P2P 네트워크 같은 디지털 우회로가 존재하여 정부의 완전한 통제를 불가능하게 만든다는 사실을 방증한다.

결국 디지털 시대의 자본 통제는 과거 아날로그 시대처럼 국경을 봉쇄하는 방식으로는 작동하기 어렵다. 기술은 정부의 통제력에 물리적인 한계를 설정하고 있다. 이러한 통화 대체는 개인 차원에서는 합리적인 선택이지만 사회 전체적으로 누적되면 거대한 구조적 전환을 일으킨다. 실질적인 거래가 스테이블코인으로 이동할수록 국가의 통화 질서는 정부의 정책보다 시장의 기술적 반응에 더 민감하게 움직이게 된다.

자본 통제의 우회,
그 양날의 검

앞서 살펴본 스테이블코인의 변화들이 주로 결제의 효율성을 높이고 금융의 접근성을 확장하는 기술적이고 경제적인 혜택에 집중했다면 네 번째 변화는 국가 권력의 가장 민감한 기반을 흔든다. 바로 자본 통제의 우회다. 스테이블코인이 국경을 넘어 자유롭게 이동하는 현상이 왜 그토록 치명적인 안보 위협으로 간주되는지 이해하려면 현대 국제 금융 시스템이 애초에 자본의 이동을 어떻게 억제하도록 설계되었는지 그 기원으로 거슬러 올라가야 한다.

1944년 연합국 대표들이 모여 제2차 세계대전 이후의 국제 통화 질서를 규정한 브레턴우즈 체제는 자본의 자유로운 이동을 엄격하게 통제하는 것을 핵심 원칙으로 삼았다. 당시 미국은 전쟁의 화마를 피한 세계 유일의 경제 거인이었다. 돈의 본능에 맡겨두었다면, 잿더미가 된 유럽과 아시아의 남은 자본은 가장 안전하고 수익률이 높은 미국 시장으로 물밀듯이 밀려들어야 했다. 그러나 미국은 그 거대한 부의 이동을 스스로 막아 세웠다. 자본 통제는 약소국을 쥐어짜는 장치가 아니라, 미국 스스로 더 큰 부를 축적할 기회를 포기하는 결단이었다.

계량 연구는 브레턴우즈 체제가 미국의 단기적 경제적 이익을 일부 희생하는 대신, 전후 동맹국의 자본 축적과 재건을 지원하는 구조였음을 시사한다. 모형 추정에 따르면 미국은 약 3%의 후생 손실을 감수했으며, 아시아·라틴아메리카 등은 약 5.5%의 후생 증가를 누렸다. 반면 유럽의 후생은 오히려 약 1.3% 감소했는데, 이는 자본 통제가 유럽의 재건보다 소련 영향권 밖 지역 전반의 안정화를 겨냥한 지정학적 장치

자산 토큰 없는 미래는 없다

였음을 보여준다.[62]

승전국 미국이 이처럼 뼈아픈 경제적 손실을 자처한 이유는 무엇일까. 이 체제를 설계한 해리 화이트와 존 메이너드 케인스는 1920~1930년대에 걸쳐 투기적 자본의 도피가 대공황과 연쇄적인 금융 붕괴를 일으키는 과정을 두 눈으로 목격한 세대였다. 그들이 파악한 자본은 위기의 냄새를 맡는 순간 가장 먼저 국가를 버리고 도망치는 냉혹한 존재였다. 자본이 한꺼번에 빠져나간 국가는 경제가 회복 불가능한 상태로 무너지고, 끔찍한 빈곤과 혼란은 파시즘이나 공산주의 같은 극단적인 정치 세력이 자라나는 완벽한 배양지가 되었다. 그들에게 자본의 이동은 한 국가의 정치 체제를 붕괴시킬 수 있는 치명적인 위협이었다.

따라서 미국 재무부를 대표했던 화이트의 관점에서 자본 통제는 경제 이론이 아니라 지정학적 생존 전략이었다. 만약 전후 유럽에 남아 있던 자본마저 미국으로 대거 이동하도록 방치한다면 유럽의 경제 재건은 불가능해진다. 이는 곧 유럽 전역이 정치적 불안에 빠지고, 궁극적으로 소련의 공산주의 영향력이 확대된다는 것을 의미했다. 다시 말해 미국이 눈앞의 경제적 이익을 취해 자본을 흡수하는 행위는 곧 동맹국의 경제적 취약성을 키우고 자유주의 진영 전체의 목을 조르는 셈이었다. 브레턴우즈 체제의 자본 통제는 세계 경제의 총생산을 극대화하는 장치가 아니라, 소련의 팽창을 막고 국제 질서의 붕괴를 방어하기 위해 미국이 지불한 지정학적 보험료였다.

이 역사적 맥락은 오늘날 스테이블코인이 불러일으킨 파장을 이해하는 배경이 된다. 스테이블코인은 국경을 무시하는 기술적 속성을 무기로 각국 정부가 수십 년 동안 공들여 쌓아 올린 금융 통제 시스템에 정면으로 도전장을 던지고 있다. 이는 1944년 브레턴우즈 체제 이후 국가가 틀어쥐고 있던 자본 통제 구조는 물론이고 1970년대 이후 달러 결제 인프라를 중심으로 재구성된 현대의 금융 통제망 전체를 흔드는 지각변동이다.

지난 수십 년 동안 미국이 주도해 온 국제 표준은 스위프트망이었다. 전 세계 어디서든 무역 대금을 치르거나 달러를 송금하려면 미국의 관할 아래에 있는 거대한 금융 인프라의 톨게이트를 통과해야만 했다. 미국은 바로 이 길목에 서서 마음에 들지 않는 국가나 테러 조직의 달러 결제를 차단하는 방식으로 피 한 방울 흘리지 않고 강력한 경제 제재를 집행했다. 국가 권력이 휘두르는 제재의 효력은 모든 돈이 지나갈 수밖에 없는 중앙 관문의 존재를 절대적인 전제로 삼는다.

그러나 스테이블코인은 이 촘촘한 감시망이 깔린 중앙 관문을 우회해 버린다. 은행이라는 통제된 톨게이트를 거치지 않고 지구 반대편에 있는 개인의 스마트폰에서 다른 개인의 스마트폰으로 달러의 가치가 직접 꽂힌다. 블록체인이라는 이 새로운 길 위에는 국가가 차단기를 내리고 검문할 수 있는 중앙의 길목 자체가 존재하지 않는다. 돈의 흐름을 쥐고 세계를 통제하던 국가의 가장 날카로운 무기가 허공을 가르기 시작한 것이다.

이는 국가의 통화 주권과 안보 집행 능력에 대한 실존적인 위협으로 작용한다. 국가가 자본의 흐름을 파악하고 통제할 수 있는 능력을 상실할 때 전통적인 의미의 경제 정책과 국제 제재는 그 효력을 잃게 된다. 규제의 그물을 벗어난 유동성은 국가라는 시스템을 우회하는 거대한 지하 혈류가 되어 기존 질서를 위협한다.

가장 치명적인 위협은 국제 사회가 권위주의 정권을 압박하는 핵심 수단인 금융 제재가 무력화된다는 점이다. 애틀랜틱 카운슬의 분석에 따르면 베네수엘라의 마두로 정권은 2024년부터 국영 석유회사의 원유 수출 대금을 테더로 수령하며 미국의 경제 제재를 정면으로 우회하고 있다. [63] 지난 수십 년간 미국 주도의 국제 질서는 스위프트 시스템과 국제 은행망에서 제재 대상 국가를 고립시키는 방식으로 작동해왔다. 하지만 스테이블코인은 이러한 전통적 통제 메커니즘을 우회할 수 있는 대안 경로를 제공함으로써 국가 간 안보 시스템의 근간을 뒤흔든다.

정부의 감시망이 미치지 않는 사각지대는 범죄와 안보 위협의 온상이 된다. 크립토 데이터 분석 및 범죄 대응 기관인 티알엠 랩스TRM Labs는 2025년 보고서에서 전체 스테이블코인 활동의 99%가 합법적이라고 평가했지만, 2025년 1분기 불법 크립토 거래량의 60%를 스테이블코인이 차지했다고 분석했다. [64] 마약 밀매 조직이 자금을 이동시키거나 범죄 조직이 수익을 세탁하는 수단으로 스테이블코인을 선택하는 이유는 명확하다. 국가의 허가 없이도 거액의 자본을 즉각적으로 국경 너머로 보낼 수 있기 때문이다. 이는 국가가 범죄 수익을 동결하고 테러 자금을 차단하는 집행 권력을 기술적으로 무력화시키고 있음을 뜻한다.

스테이블코인을 둘러싼 구조적 갈등은 시민의 자유라는 표면적 명분 이면에, 국가 공권력의 상대적 약화라는 문제를 드러낸다. 정부가 불법 활동을 차단하거나 자본 유출을 통제하기 위해 규제를 강화할수록, 기술은 그 규제를 우회하는 새로운 경로를 만들어낸다. 그 결과 규제는 문제를 근본적으로 해소하기보다 사회적 마찰 비용만 높이는 방향으로 작동하기 쉽다.

더 나아가, 이렇게 높아진 비용은 역설적으로 규제를 돌파하는 기술의 경제적 매력을 키운다. 합법적 경로가 비효율적일수록, 우회 수단은 더 합리적인 선택지로 보이기 때문이다. 그 과정에서 평범한 시민들조차 점차 제도 밖의 경로를 활용하도록 유도된다.

정부 정책이 새로운 혁신 기술에 대해 일방적 규제 기조를 유지할 때, 실제로 거둘 수 있는 효과는 대개 기술의 확산을 일시적으로 지연시키는 수준에 그친다. 애초에 그 기술이 등장하고 수용된 배경에는, 기존 정책이 만들어낸 높은 마찰 비용이 자리하고 있기 때문이다. 탈중앙화된 네트워크 기술이 확산되면서, 중앙집중적 조직인 국가의 통제 역량을 점차 잠식하는 구조적 변화가 진행되고 있다. 이는 제도 간의 갈등이 아니라, 기존 질서가 새로운 기술 질서로 재편되는 과정에서 나타나는 전환이라고 할 수 있다.

역설적인 달러 패권의 강화

탈중앙화와 국경 없는 금융을 표방하며 등장한 스테이블코인이 가져오는 역설적인 결과는 미국 달러의 패권을 과거보다 더욱 공고히 한다는 점이다. 크립토 기술은 본래 중앙은행의 통제를 벗어나기 위해 탄생했으나, 아이러니하게도 그 기술적 인프라는 달러가 전 세계 구석구석으로 침투하는 수단이 되었다. 티알엠 랩스의 2025년 보고서에 따르면 전 세계 스테이블코인 시장의 93% 이상을 USDT와 USDC 등 달러 연동 토큰이 차지하고 있다.[65] 유로나 위안화 연동 스테이블코인의 점유율은 미미한 수준이며, 이는 디지털 영토에서 달러의 지배력이 압도적임을 시사한다.

자산 토큰 없는 미래는 없다

[그림23] 1970~2020년대 외국 중앙은행 준비금 보유 비중 추세

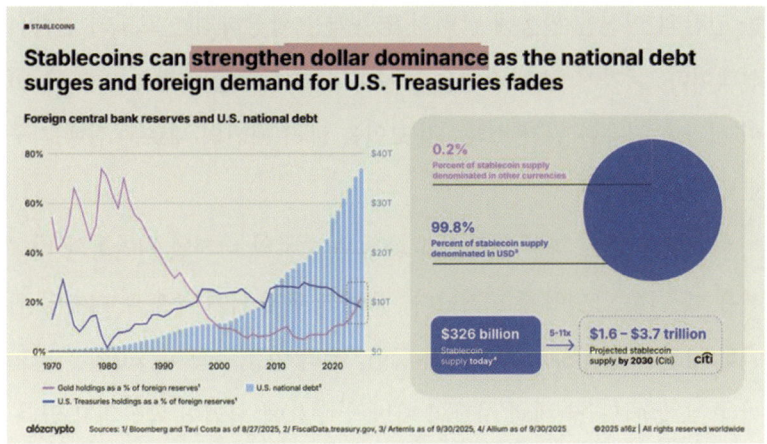

외국 중앙은행의 미국 국채 보유 비중은 감소하는 추세다. 반면 스테이블코인은 99.8%가 달러에 기반함으로써, 달러가 새로운 민간 수요층을 형성하는 기반이 되었다. 이는 달러 패권을 강화하는 기제로 작용하고 있다. (출처: a16z crypto, "State of Crypto 2025: The Year Crypto Went Mainstream")

이 현상의 본질은 시장의 자발적 선택에 있다. 라틴 아메리카나 아프리카의 시민들은 스테이블코인을 사용함으로써 디지털화된 달러 경제권에 편입된다. 그들이 가치 저장과 결제를 위해 달러 연동 토큰을 선택할 때마다 달러의 네트워크 효과는 기하급수적으로 확장된다. 과거의 달러 패권이 군사력과 스위프트라는 폐쇄적인 금융망에 기반했다면, 21세기 달러 패권은 전 세계 인터넷이 연결된 모든 곳에서 24시간 작동하는 블록체인 프로토콜 위에서 재탄생하고 있다.

초기 미국 워싱턴 정계는 스테이블코인을 통제 불가능한 위협으로 간주했으나, 시장이 달러 중심으로 급속히 재편되는 과정을 목격하며 전략을 수정했다. 2025년 7월 제정된 지니어스 법안은 이러한 인식 변화의 정점이다. 미국은 스테이블코인을 억제하는 대신 준비금 요건과 감독 체계를 명확히 규제함으로써 이들을 제도권 안으로 포섭했다. 이는 민간의 혁신을 활용해 달러의 영향력을 확장하려는 고도의 전략적 선택이다. 국가가 직접 거액을 들여 디지털 화폐를 개발하는 대신, 이미 시장을 점유한 민간 스테이블코인을 달러 패권의 새로운 집행 기구로 공인한 셈이다.

이러한 소프트 파워 전략의 효율성은 중국의 디지털 위안화와 비교했을 때 더욱 극명하게 드러난다. 중국 정부가 국가 주도로 디지털 위안화 보급을 강제하며 고전하는 동안, 달러 연동 스테이블코인은 별도의 홍보 없이도 전 세계 시장의 자발적 수요에 힘입어 확산되고 있다. 미국 최대 싱크탱크 중 하나인 헤리티지 재단은 이를 두고 세계에서 가장 수요가 많은 자산인 달러를 전 세계 어디서나 온디맨드로 사용할 수 있게 만든 혁명이라 평가했다.[66] 달러에 대한 접근성이 낮아질수록 전 세계의 금융 생태계는 달러라는 상수 위로 더욱 깊게 종속된다.

자산 토큰 없는 미래는 없다

스테이블코인의
위험과 규제

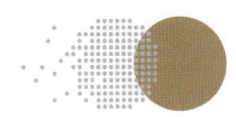

위험:
페깅 붕괴, 디지털 뱅크런, 통화 주권

스테이블코인이 내세우는 언제든 1달러로 바꿀 수 있다는 약속은 중앙은행의 지급보증처럼 법으로 강제되는 권리가 아니다. 스테이블코인은 국가의 최종대부자 기능이나 예금보험, 통화정책의 보호막을 갖지 않은 채 오직 발행사의 준비금 질과 시장의 차익거래 메커니즘에 의존한다. 이는 국가 시스템이 보장하는 공적 신뢰가 아니라 시장 인센티브가 지탱하는 인공적인 균형이다. IMF가 스테이블코인의 확산을 경계하는 이유도 여기에 있다. 이 인공적인 평형 상태가 무너지는 순간 그 충격은 크립토 시장을 넘어 전통적인 금융 시스템 전체로 빠르게 전이될 가능성을 내포하기 때문이다.

페깅 붕괴는 디지털 환경에서 가속화된 뱅크런의 형태로 나타난다.

2023년 3월 실리콘밸리은행 파산 당시 USDC가 일시적으로 0.88달러까지 급락했던 사건은 스테이블코인의 취약성을 적나라하게 드러냈다. 준비금 일부가 파산한 은행에 예치되어 있다는 사실이 공유되는 순간 시장은 즉각적으로 상환 불확실성을 가격에 반영했다. 대규모 상환 요청이 발생하면 발행사는 준비자산인 국채 등을 급히 매도해야 하고, 이 과정에서의 가격 하락은 단기금융시장 전반의 변동성으로 이어진다.[67]

통화 대체의 위협은 국가의 정책 통제력을 침식한다. 달러 기반 스테이블코인이 인플레이션이 높은 국가에서 생활 통화로 자리 잡을수록 해당 국가 중앙은행의 통화정책 전달 경로는 마모된다. 시민들이 자국 통화 대신 스테이블코인을 거래와 저축의 수단으로 선택하면 금리 정책을 통한 경기 조절 효과는 무력화될 수밖에 없다. IMF는 이를 비공식적 디지털 달러화라고 정의하며, 개별적인 선택의 누적이 국가의 거시경제 관리 능력을 약화하고 자본 통제 기능을 우회하는 경로를 만든다고 경고한다. 정책이 경로를 통제하려 할 때 기술은 새로운 경로를 개발한다.

불투명한 자본 흐름은 이러한 위험을 증폭시키는 촉매가 된다. 지갑 간 자본의 직접적인 이동은 기존 금융 시스템의 감시와 보고 체계 바깥에서 일어나기 때문에 자본 유출입 통계에 왜곡을 일으킨다.[68] 위기 상황에서 규제 당국이 자금의 실제 소유주와 이동 경로를 실시간으로 파악하지 못하면 대응은 한 박자 늦어질 수밖에 없다. 디지털 금융 환경에서 정보의 지연은 시장에 더 큰 공포를 불러일으키고, 위험이 사라지기 전에 자금이 먼저 시장을 떠나는 악순환을 만든다. 불투명성은 정보의 부족을 넘어 위기 대응력을 마비시키는 위협이다.

자산 토큰 없는 미래는 없다

스테이블코인의 위험은 더 이상 지엽적인 크립토 거래의 사건이 아니다. 준비자산을 매개로 단기금융시장과 국채시장의 변동성을 증폭시킬 수 있는 구조적 변수다. 디지털의 속도가 금융의 취약성을 확대하고 있다는 IMF의 경고는 편의성 이면에 숨은 거시경제적 대가를 지적한다. 스테이블코인이 이미 실험적인 단계를 넘어 체계적인 관리가 필요한 금융 인프라로 작동하고 있기 때문이다. 그러나 스테이블코인의 현실적인 문제는 국가 차원의 규제가 실효성과 효익을 갖추기 어렵다는 사실에 있다.

규제:
국경을 넘는 인프라, 국경에 묶인 감독

금융의 트릴레마란 환율의 안정, 자유로운 자본 이동, 그리고 독립적인 통화 정책이라는 세 가지 목표를 동시에 달성할 수 없다는 경제학적 원리다. 국가가 자국 통화의 가치를 지키면서 자본의 출입을 자유롭게 열어두려면, 결국 독자적인 금리 결정권이나 정책 통제력을 일정 부분 포기해야 한다. 스테이블코인은 이 딜레마를 디지털 영역에서 극단적으로 증폭시킨다. 인터넷을 타고 흐르는 무국적 유동성이 자본 이동의 속도를 무한대에 가깝게 끌어올릴 때, 국가는 통화 주권이라는 방패를 들고 이 파도를 막아내야 하는 시험대에 오르게 된다.

이러한 흐름은 개발도상국만의 문제가 아니다. 한국을 포함한 선진국들 역시 이 거대한 인프라의 전이에서 자유롭지 못하다. 이미 글로벌 금융망에 깊숙이 편입된 선진 경제권일수록 스테이블코인이 제공하는 결제 효율성과 달리 접근성을 외면하기 어렵다. 통화 주권을 수호한다는 명목으로 규제의 빗장을 걸어 잠그더라도, 글로벌 무역과 자본 시장에서 디지털 달러가 표준으로 안착하면 자국 통화의 영향력은 서서히 잠식될 수밖에 없다. 외환 시장의 경계가 무너지는 상황에서 대내적인 규제는 댐을 쌓는 것이 아니라, 흐르는 물줄기를 관측할 수 있는 창문을 스스로 닫는 행위에 가깝다.

가장 심각한 위험은 규제의 부재가 아니라 규제의 방향성에서 발생한다. 혁신을 수용하기보다 옥죄기에만 집중하는 전략은 결국 국가 경쟁력의 상실로 이어진다. 디지털 뱅크런이나 발행사의 방만한 경영을 막기 위한 규제는 범국가적인 표준이 될 것으로 보인다. 그러나 자본과 인재는 규제가 가장 촘촘한 곳이 아니라, 기술이 실무적 편익으로 전환될 수 있는 가장 유연한 토양을 찾아 떠난다. 미국이나 싱가포르와 같은 금융 강국들이 스테이블코인을 제도권으로 포섭하며 새로운 결제 표준을 선점하는 동안, 방어적 태도로 일관하는 국가는 디지털 금융 영토에서 낙오될 가능성이 크다. 기술적 표준에서 밀려나는 것은 산업 하나를 잃는 것이 아니라, 미래 결제망의 통행료를 영원히 지불해야 하는 금융 식민지로 전락함을 뜻한다.

이미 통화 주권은 선언적인 구호만큼 강력하게 작동하지 않고 있다. 국경을 넘는 자본 흐름을 완벽히 통제할 수 있다는 믿음은 디지털 시대의 착각에 가깝다. 자국 내에서 스테이블코인 이용을 제한한다고 해서 기업들의 글로벌 결제 수요가 사라지지는 않는다. 오히려 제도권 밖의 우회로를 활성화해 금융 시스템의 불투명성만 키울 뿐이다. 억누를수록 더 강한 마찰력을 만들고, 그 마찰은 결국 국가의 금융 인프라를 낡은 구형 시스템으로 고립시킨다.

자산 토큰 없는 미래는 없다

결국 스테이블코인 규제는 기술의 파급력을 인정하고 그 안에서 국익을 극대화할 수 있는 생존 전략으로 재편되어야 한다. 통제할 수 있다는 환상을 버리고, 글로벌 유동성의 흐름에 자국의 금융 시스템을 어떻게 동기화할 것인지 고민하는 것이 더 현실적인 주권 수호의 방식일 것이다.

패권의 기술

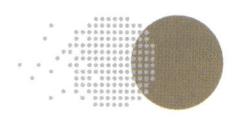

리플의 서사:
속도를 해방시키려 했던 프로젝트

앞서 다루었듯 스위프트망의 병목은 메시지 전송 이후 단계에서 유동성이 잠기는 구조적 문제에 있다. 리플은 이 병목 현상을 풀어 송금의 본질을 재정의하려 했다. 리플이 겨냥한 핵심은 국제 송금 비용을 발생시키는 주범인 사전 예치금의 해체다. 결제의 확실성을 얻기 위해 각국 통화쌍마다 미리 쌓아두어야 했던 천문학적인 유동성을 시장으로 해방시키겠다는 선언이다.

리플의 해법은 중립적 브릿지 통화를 통한 유동성 조달 방식의 전환이다. 각국 은행이 자금을 묶어두는 대신, 엑스알피XRP라는 중간 자산을 매개로 즉시 교환하고 이동하는 체계를 제안했다.[69] 이 모델에서 XRP는 회계상의 유동성을 확보하는 새로운 문법이다. 리플은 이를 통해 특정 국가가 아닌 중립적 네트워크 토큰이 국제 금융의 매개 통화 지위를 대체하는 가치의 인터넷 시대를 꿈꿨다.

하지만 이 지점에서 리플의 서사는 보다 근본적인 질문과 마주한다. 국제 송금의 성패를 좌우하는 요소는 전송 속도가 아니라, 위기 상황에서도 흔들리지 않는 통제 가능한 유동성의 존재이기 때문이다. 리플은 유동성을 시장에 맡기는 방식을 택했지만, 그 결과 결제의 안정성은 특정 기관의 책임이 아니라 시장 참여자들의 호가呼價 깊이에 의존하게 되었다.

국제결제은행BIS의 조사 데이터에서 읽을 수 있듯, 달러가 전 세계 외환 거래의 89%를 차지하는 이유는 달러가 가장 빠른 통화이기 때문이 아니라, 가장 깊고 안정적이며 통제 가능한 유동성을 제공하기 때문이다. 외환 거래Foreign Exchange, FX는 항상 두 통화의 교환 쌍으로 이루어지기 때문에 총합이 100%가 아니라 200%로 집계된다. 그럼에도 달러에 이어 두 번째로 많이 사용되는 유로화의 비중이 28.9%에 그친다는 점을 고려하면, 매개 통화로서 달러의 지위가 얼마나 압도적인지 알 수 있다.[70]

리플의 혁신은 국제 결제의 중심축을 제도적 신뢰에서 시장 유동성으로 옮기려는 시도였다. 그러나 금융 시스템은 애초에 책임의 주체가 불분명한 유동성 위에서 작동하도록 설계되지 않았다. 리플이 제거하려 했던 '마찰'은 기관의 관점에서 보면 신뢰를 유지하기 위해 감수해야하는 비용이었으며, 그 비용은 비효율이 아니라 질서를 지탱하는 장치에 가까웠다.

이를 기술로 소거하려는 시도는 두 겹의 장벽과 마주할 수밖에 없었다. 하나는 각국 통화와 달러가 오랜 시간에 걸쳐 형성해온 깊은 구조적 유대를 뛰어넘어 새로운 시장 질서를 구축해야 한다는 사실상 불가능에 가까운 과제였고, 다른 하나는 달러 체제를 주도하는 미국의 정치적·제도적 권력이었다. 결국 논의의 초점은 더 이상 속도의 해방에 머물지 않는다. 이제 문제는 그 속도를 누가, 어떤 방식으로 관리하고 통제할 것인가라는 주도권의 문제로 옮겨가고 있다.

JP모건의 반격: 유동성의 열쇠를 시장에서 되찾다

리플이 겨냥한 적은 스위프트의 느린 속도였으나, JP모건이 겨냥한 본질은 통제 불가능한 유동성이었다. 국제 금융 현장에서 사전 예치금은 비용인 동시에, 결제가 확정되기 전 누가 무엇을 책임지는지, 제재와 규제의 요구를 어떻게 준수하는지, 그리고 사고 발생 시 어디에서 거래를 멈출 수 있는지를 결정하는 시간적 여유를 제공한다. 즉, 느림은 제거해야 할 마찰이 아니라 금융 시스템이 신뢰를 담보하기 위해 오랫동안 선택해 온 안전 장치다.

JP모건의 대응은 기술의 방향부터 리플과 궤를 달리한다. 리플이 누구나 참여할 수 있는 공용 네트워크에서 중립적 자산을 통해 시장 유동성을 호출하려 했다면, JP모건은 기관 내부의 질서를 디지털화하는 폐쇄형 정원을 구축했다. 이것이 JP모건의 블록체인 플랫폼인 키넥시스 Kinexys다. 여기서 분산 원장 기술의 의미는 탈중앙화가 아니라 자동화에 집중된다. 누가 누구인지 완벽하게 검증된 참여자들 사이에서 결제와 정산이 얼마나 빨라질 수 있는가를 실험하는 것이다. 예금의 디지털 쌍둥이인 토큰화된 예금은 이 장부 위에서 기존 은행 시스템의 법적 안정성을 유지하며 가치를 전송한다.[71]

리플의 세계에서 유동성은 거래소와 호가창에 머문다. 이는 브릿지 통화가 필연적으로 시장 가격을 가져야 하며, 거래 규모가 커질수록 가격 변동성에 따른 슬리피지(Slippage, 가격 미끄러짐) 리스크를 감수해야 함을 뜻한다. 국제 결제의 본질은 거액 거래에서 드러난다. 소액 송금에서는 초 단위 전송이 매력적일지 모르나, 수조 달러가 움직이는 도매 금융시장에서는 가격 변동성을 감수하며 시장 유동성에 의존하는 방식은 치명적인 결함을 갖는다.

JP모건은 유동성을 시장에서 빌려오지 않고 자신의 대차대조표에서 직접 창출한다. 약 4조 달러에 달하는 자산 규모를 바탕으로 기관이 유동성을 직접 보유하고 조직하는 방식을 선택한 것이다. 즉시 결제의 조건을 토큰이 충분히 거래되느냐라는 시장 상황에서 기관이 충분히 책임질 수 있느냐라는 신용의 문제로 치환했다. 여기서의 속도는 시장이 베푸는 은혜가 아니라 내부 통제와 자본력의 산물이다. JP모건의 인프라 위에서 24시간 결제가 가능해지는 것은 기술적 덕목을 넘어 결제 확정의 주체가 누구인지 법적, 회계적으로 명확히 규정했기 때문에 가능한 결과다.

미국의 선택:
CBDC가 아니라, 규제된 달러 스테이블코인

리플은 중립적 브릿지를 꿈꿨고 JP모건은 허가된 장부로 답했다. 이 두 흐름을 하나로 묶으면 국제 송금 혁신의 본질적인 경쟁 축이 드러난다. 문제는 전송 속도가 아니라 유동성을 어떻게 더 빠르게, 그리고 동시에 어떻게 더 통제 가능하게 만들 것인가에 있다. 속도를 포기하면 불편해지는 선에서 그치지만, 통제를 포기하면 팔다리가 묶이는 국제 금융의 생리 때문이다. 여기서 스테이블코인은 이 지점을 매우 영리한 방식으로 해결한다. 스테이블코인은 브릿지 자산처럼 중립을 주장하며 유동성을 새로 확보하려 애쓰지 않고, 애초부터 세계에서 가장 깊은 유동성을 가진 달러의 질서를 그대로 블록체인 위로 옮겨왔기 때문이다.

만약 국제 결제의 미래가 디지털화라면 미국 입장에서 최선의 시나리오는 중앙은행이 직접 디지털 화폐인 CBDC를 발행해 소매 결제까지 장악하는 언덕길이 아니다. 그 길은 정치적으로 민감하고 제도적으로 복잡하며 민간 혁신의 속도를 따라가기 어렵다. 대신 민간이 먼저 달러 스테이블코인을 전 세계에 퍼뜨리게 두고, 국가는 그 통로를 규제로 장악하는 방식을 택했다. 지니어스 법안은 이러한 인식을 법제화한 결과다. 속도는 시장이 만들고 통제는 국가가 갖는, 즉 민간의 혁신을 달러 패권의 하부 구조로 공식 편입시킨 전략이다.

이러한 규제는 스테이블코인을 달러의 분신으로 승격시키는 인프라다. 준비금 보관 방식, 상환 절차, 감사와 공시 기준을 명확히 함으로써 스테이블코인은 크립토 시장의 편의 수단을 넘어 온체인 머니마켓 펀드와 같은 안전 자산으로 변모한다. 특히 스테이블코인 발행사들이 준비금으로 막대한 규모의 미국 단기 국채를 매입하는 구조는 국제 송금 시장에 마르지 않는 유동성을 공급하는 상시적 엔진이 된다. 이는 미국 국채시장의 깊이를 강화하여 전 세계 어디서든 대규모 자금을 가격 변동성 없이 전송할 수 있는 환경을 보장한다.

자산 토큰 없는 미래는 없다

스테이블코인은 미국에 두 가지 지정학적 이점을 동시에 제공한다. 첫째, 은행 계좌가 없거나 자본 통제가 강한 지역에서 달러가 스스로 확산되는 통로가 된다. 둘째, 그 확산이 완전히 검열 불가능한 형태로 굳기 전에 미국은 규제와 집행을 통해 그 통로를 제도권의 언어로 번역한다. 확산은 민간이 주도하고 정렬은 국가가 담당하는 고도의 분업 구조다. 리플의 꿈이 벽에 부딪힌 이유는 국제 송금망이 중립을 허락하지 않기 때문이다. 돈은 곧 네트워크이고 네트워크는 반드시 권력과 만난다. 달러 스테이블코인은 중립을 주장하는 대신 달러의 질서를 기꺼이 입음으로써 미국의 적이 아닌 강력한 도구가 되었다.

결국 국제 송금 혁신의 승부는 속도의 경쟁이 아니라 통제 가능한 유동성의 경쟁이며, 그 승자는 달러 스테이블코인과 기관용 폐쇄망의 결합으로 수렴된다. 리플은 속도를 해방시키려 했고 JP모건은 그 속도를 길들였으며 미국은 그 길들여진 속도를 세계로 수출할 경로를 선택했다. 이 선택이 만드는 새로운 질서에 이름 붙이자면, 크립토 팍스 아메리카나다. 디지털 장부 위에서 재구성되는 달러 패권은 이제 개별 국가의 통화 주권을 제약하지만, 글로벌 금융 시스템의 붕괴를 막는 필수적인 공공재로서의 역할을 수행하게 될 것이다.

한 걸음 더 1

달러의 네 번째 형태:
물질에서 신용으로, 숫자에서 네트워크로

달러는 지난 백 년간 세 번의 거대한 허물을 벗으며 자신의 본질을 재정의해 왔다. 이 과정은 인류가 가치를 저장하고 전송하는 방식에 대한 근본적인 철학의 전환이었다. 이제 우리는 그 네 번째 변곡점의 문턱에 서 있다.

첫 번째 달러는 자연의 제약에 귀속된 물질적 달러였다. 금본위제 시대의 달러는 금고 안에 잠긴 금과 1대 1로 연결된 영수증에 불과했다. 브레턴우즈 체제 아래서 달러는 전 세계 통화의 기준이었으나, 그 이면에는 금 1온스당 35달러라는 물리적 한계가 존재했다. 이때의 달러는 자연이 허락한 만큼만 발행될 수 있었고, 이는 자본의 팽창을 억제하는 강력한 족쇄이자 신뢰의 근거였다. 화폐의 가치는 인간의 약속이 아닌 금속의 희소성에서 나왔다.

두 번째 달러는 1971년 닉슨 쇼크와 함께 등장한 정치적 달러다. 미국이 금 태환 중단을 선언하며 금과의 연결 고리를 끊어버린 순간, 달러는 물질적 제약에서 완전히 해방되었다. 이제 달러 뒤에 남은 것은 금이 아니라 미국이라는 국가의 징세권과 군사력, 즉 정치적 신용이었다. 화폐는 이제 물리적 실체가 아닌 사회적 합의의 영역으로 이동했다. 국가가 필요에 따라 유동성을 조절할 수 있게 되면서 현대 금융 자본주의의 폭발적 성장이 시작되었으나, 동시에 인플레이션이라는 만성적 위험을 안게 된 시대이기도 하다.

자산 토큰 없는 미래는 없다

세 번째 달러는 1990년대 정보통신 혁명이 잉태한 장부상의 달러다. 은행 전산망이 고도화되면서 실물 지폐의 이동은 사라지고 서버 속 숫자의 이동이 그 자리를 대신했다. 달러는 물리적 부피를 상실하고 빛의 속도로 이동하는 데이터가 되었다. 그러나 이 디지털화된 달러는 여전히 각 은행이 소유한 폐쇄적인 중앙 집중식 서버라는 성벽 안에 갇혀 있었다. 효율성은 높아졌으나 금융 시스템의 관료주의와 국가별 규제 장벽은 여전히 높았고, 은행 계좌라는 자격을 갖춘 자들만이 이 시스템에 접속할 수 있었다.

그리고 지금, 네 번째 형태인 네트워크형 달러가 스테이블코인의 모습으로 출현하고 있다. 이 변화의 핵심은 달러가 제도적 자격의 영역에서 기술적 접속의 영역으로 완전히 이동했다는 점이다. 네 번째 달러는 특정 은행의 서버가 아니라 블록체인이라는 투명한 공유 장부 위에서 구동된다. 이는 국가가 직접 발행하지 않음에도 준비금이라는 담보를 통해 법정화폐의 가치를 복제하고, 동시에 블록체인의 전송 효율을 취하는 기묘한 하이브리드 형태다.

이 네 번째 달러가 가지는 강력한 함의는 시공간의 완전한 소멸이다. 은행이 문을 닫는 주말에도, 국경이라는 거대한 제도적 문턱 앞에서도 달러는 멈추지 않는다. 24시간 작동하는 글로벌 결제 프로토콜로서의 달러는 이제 전 세계 어디서든 스마트폰과 네트워크 접속권만 있다면 소유하고 전송할 수 있는 기초 인프라가 되었다. 이는 달러 패권이 국가의 강요가 아니라 기술적 편의를 기반으로 전 지구적 모세혈관에 스며드는 과정을 의미한다. 달러는 이제 백 년 만에 처음으로 국가라는 틀을 넘어 인터넷이 연결된 모든 곳에 존재하는 전 지구적 유동성 그 자체가 되고 있다.

한국의 스테이블코인 딜레마

최근 몇 년간, 한국 금융시장은 거시경제 지표가 어떻게 개별 시민의 실시간 행동 신호로 번역되는지를 빈번히 목격해 왔다. 환율이 임계점에 도달하는 순간, 시장은 과거와는 다른 속도로 반응했다. 이미 2025년 1분기 국내 5대 원화 마켓 거래소의 달러 스테이블코인 거래대금은 약 57조 원을 기록하며 2024년 3분기(17조 원) 대비 3.3배가량 폭증했다.[72] 이는 투기 열기를 넘어선 현상이었다. 2025년 한 해 동안 국내 거래소를 떠나 해외로 유출된 자금 규모가 약 160조 원에 달했다는 추산은, 원화 가치가 흔들리는 즉시 자본이 국경을 넘어 디지털 달러라는 피난처로 탈출하는 '크립토 엑소더스'가 이미 일상적인 방어 기제로 안착했음을 증명한다.[73]

한국에서 나타나는 이 현상은 신흥국의 생존형 달러화나 기축통화국의 제도적 여유만으로는 온전히 설명되지 않는 독특한 지점이 있다. 체이널리시스의 데이터에 따르면 한국의 스테이블코인 구매 규모는 유동성 관리와 환위험 대응이라는 실무적 목적과 밀접하게 맞물려 있다.[74] 한국은 제도권 금융이 매우 발달했음에도 불구하고, 달러 접근의 새로운 층위가 생겨나면서 환율을 더 이상 경제 지표가 아닌 행동을 실행하는 스위치로 인식하게 되었다. 1,480원이라는 숫자는 이제 시장 참여자들에게 디지털 지갑을 열게 만드는 트리거로 작동한다.

정책 당국은 이 지점에서 딜레마에 직면한다. 전통적인 외환 정책은 은행과 기업의 수요가 완만하게 쌓이고 당국이 메시지를 던져 속도를 조절하는 '느린 사회'를 전제로 설계되었다. 그러나 스테이블코인이 보편화될수록 반응 속도는 분초 단위로 내려가며 정책의 시차를 무력화한다. 규제를 강제하면 이용자들은 더욱 제약이 적은 비제도권 경로를 찾아 숨어들고, 규제를 방치하면 외환 수요가 형성되는 경로 자체가 제도권 밖으로 고착된다. 환율을 관리하려는 정부의 의도와 달리, 시장은 환율을 신호로 해석해 더 빨리 국가의 통제권을 벗어나는 구조가 강화되는 것이다.

이 문제는 국내의 거시 정책만으로 닫히지 않고 대외 신뢰와 지정학적 이슈로 연결된다. 미 재무부가 한국을 관찰 대상국에 포함하며 환율 이슈를 모니터링하는 상황에서, 환율은 이제 국내 정책의 결과물이 아니라 대외적으로 끊임없이 설명하고 입증해야 하는 변수가 되었다. 한국은 환율 안정과 시장 신뢰라는 두 마리 토끼를 잡아야 하는데, 달러 스테이블코인의 확산은 그 균형의 저울을 한층 더 민감하게 만든다. 결국 제도적 논의는 이용자 보호를 넘어 상환권의 보장과 준비금의 투명성, 그리고 위기 시 책임 소재라는 근본적인 질서 정비로 수렴할 수밖에 없다.

현실적으로 한국은 두 갈래의 대응 전략을 동시에 추진해야 하는 과제를 안고 있다. 우선 달러 스테이블코인을 억지로 없애려 하기보다, 준비금의 구성과 감사, 상환 절차 등을 명확히 규정하여 관리 가능한 규칙 아래 두는 것이 중요하다. 목표는 수요의 차단이 아니라 위기 시의 충격이 금융 시스템 전반으로 번지는 경로를 좁히는 데 있어야 한다. 이와 동시에 원화 기반 스테이블코인의 역할을 재정의해야 한다. 원화 스테이블코인은 달러의 경쟁자가 아니라, 국내 토큰화 자산시장에서 결제 단위를 원화로 유지하고 정책 가시성을 확보하기 위한 방어적 완충재로서 위치시켜야 한다.

환율이 흔들릴 때마다 디지털 달러 거래가 폭증하는 현상은 일시적인 소동이 아니라 거스를 수 없는 인프라의 진화를 뜻한다. 환율은 숫자에서 신호로 이동했고, 그 신호는 지체 없이 행동으로 번역된다. 이제 정책의 언어는 금지나 통제의 수사학이 아니라 상환, 준비금, 책임, 공시라는 구체적인 규칙의 언어로 전환되어야 한다. 디지털 달러가 유입되는 시대에 원화의 기능과 금융 안정성을 지키는 유일한 방법은 기술적 우회로를 정식 고속도로로 정비하고 그 위에서 작동하는 책임의 문법을 정교하게 설계하는 것뿐이다.

자산 토큰 없는 미래는 없다

5장

글로벌 공급망 금융의 재설계

REAL
WORLD
ASSET
TOKENIZATION

무역 업체가 빠진
흑자 부도의 함정

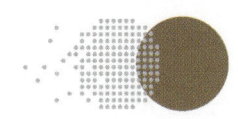

　글로벌 공급망은 초고속으로 움직이지만 자본의 속도는 여전히 그에 미치지 못한다. 컨테이너선은 며칠 만에 태평양을 건너지만, 그 물건에 대한 대금은 수개월을 지나서야 도착한다. 이 치명적인 속도의 간극에서 기업은 장부상 흑자를 기록하고도 당장 직원 월급 줄 현금이 없어 도산하는 흑자 부도의 위기에 처한다. 문제의 본질은 생산 능력이 아니라 신뢰다. 국경을 넘는 거래에서 판매자는 대금 떼일 것을 걱정하고, 구매자는 돈을 보냈는데 벽돌이 배달되는 것은 아닌지 의심한다. 이 상호 불신으로 인한 교착 상태를 해소하기 위해 인류는 수세기에 걸쳐 다양한 무역 금융 장치를 고안해 왔다.

　무역 거래의 불신을 해결하기 위해 19세기부터 군림해 온 제도가 바로 은행 중심의 신용장Letter of Credit, L/C이다. 신용장은 구매자의 거래 은행이 판매자에게 '계약대로 물건을 보내고 선하증권 등 서류를 제출하면 우리가 지급을 보증하겠다'라고 약속하는 문서다. 이는 서로 믿지 못하는 상인들 사이에 은행이라는 신뢰할 수 있는 제삼자를 세운 것이다. 하지만 신용장 방식은 디지털 시대에 너무나 번거로운 아날로그의 족쇄가 되어버렸다. 서류 심사에만 며칠이 걸리고, 글자 하나만 틀려도 지급이 거절되는 경직성, 그리고 은행이 요구하는 수수료는 오늘날의 초고속 공급망을 따라가지 못한다.

이러한 신용장의 번거로움을 피하고 현금 부족 문제를 해결하기 위해 등장한 대안이 팩토링factoring이다. 팩토링은 공급자가 물건을 납품하고 발행한 외상 매출채권, 즉 인보이스invoice를 금융기관에 팔아 즉시 현금화하는 방식이다. '3개월 뒤에 받을 1억 원을 지금 9,500만 원에 판다'는 식이다. 공급자는 당장 현금을 얻고, 금융기관은 기다림의 대가로 수수료를 챙긴다.

그러나 팩토링에는 구조적인 약점이 있다. 금리, 즉 할인율이 돈을 빌리는 공급자의 신용도를 기준으로 매겨진다는 점이다. 대개 자금난에 시달리는 중소 공급자는 신용등급이 낮을 수밖에 없다. 신용이 낮으니 금융기관은 높은 금리를 요구하고, 공급자는 울며 겨자 먹기로 비싼 이자를 내고 현금을 융통해야 한다. 이는 비유하자면 출혈이 심해 쓰러지기 직전인 환자에게 비싼 값을 부르며 지혈제를 파는 것과 같다. 재무 구조가 약한 기업일수록 자금 조달 비용이 상승하며, 이는 결국 기업의 이익을 갉아먹고 재무 상태를 더욱 악화시키는 악순환의 굴레를 씌운다.

자산 토큰 없는 미래는 없다

위험 전가에서
생태계 확장으로

공급망 금융Supply Chain Finance, SCF은 바로 이 지점에서 '왜 항상 힘없는 공급자의 신용만 문제 삼는가?'라는 질문을 던지며 등장했다. 실제로 대금을 지급할 최종 주체는 공급자가 아니라 물건을 구매한 우량한 대기업(바이어)이다. 돈을 갚을 능력은 삼성전자나 월마트 같은 바이어에게 있는데, 왜 가난한 협력 업체의 신용으로 금리를 매겨야 하는가? SCF는 자본의 흐름을 결정하는 기준을 자금을 필요로 하는 공급자에서, 최종 지급책임을 지는 바이어의 신용으로 옮겨버린 사고의 전환이다.

팩토링이 공급자가 자신의 빈약한 신용을 담보로 돈을 구걸하게 만드는 사후적 응급처치라면, 공급망 금융은 바이어가 자신의 강력한 신용 등급을 공급망 전체에 공유하는 선제적 생태계 전략이다. 이 시스템 안에서 공급자는 자신의 신용등급이 아닌, 거래 상대방인 글로벌 대기업의 신용등급(예컨대 AAA)을 적용받아 아주 낮은 금리로 인보이스를 현금화할 수 있다. 대기업 입장에서도 손해 볼 것이 없다. 협력업체

[그림24] 팩토링과 SCF의 자금 흐름 비교

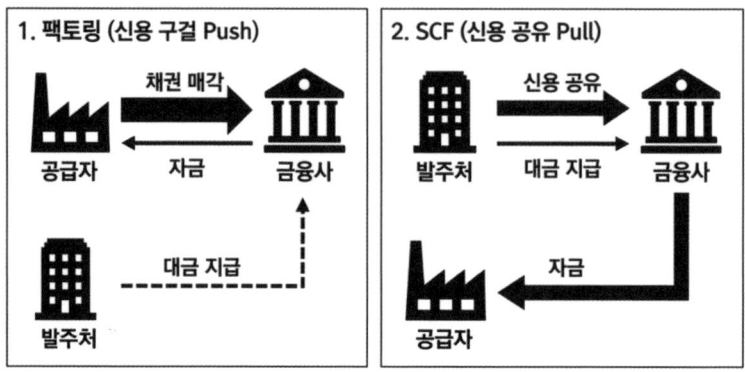

공급자가 신용을 호소하는 팩토링과 발주처가 신용을 공유하는 SCF의 자금 흐름 방향 비교. (출처: 나노 바나나 생성 이미지 재가공)

가 자금난으로 도산하여 부품 공급이 끊기는 리스크를 막을 수 있고, 금융기관으로부터 지급 기일 연장 같은 혜택을 받으며 운전 자본을 효율적으로 굴릴 수 있기 때문이다.

　팩토링은 개별 기업의 생존을 각자도생의 원리로 해결하려 하지만, 공급망 금융은 가장 약한 고리가 끊어지면 사슬 전체가 끊어진다는 상호 의존성을 전제로 한다. 바이어가 주도하여 공급망 전체의 혈류를 관리함으로써 생태계의 회복탄력성을 높이는 것이다. 다시 말해 무역 금융의 진화는 신뢰를 증명하는 주체가 개별 기업의 담보에서 공급망 데이터로 이동하는 과정이다.

　그리고 토큰화는 이 진화의 마지막 퍼즐을 맞춘다. 인보이스가 토큰이 되어 블록체인 위를 흐르면, 위변조가 불가능한 채권 데이터가 된다. 전 세계 투자자들은 지구 반대편의 중소기업을 알지 못해도, 그 토큰에 담긴 바이어의 지급 확약 데이터를 믿고 즉각적으로 유동성을

자산 토큰 없는 미래는 없다

[그림25] 무역 금융 진화의 3단계

구분	신용장	팩토링	공급망 금융
신뢰 주체	은행	공급자 신용	발주처 신용
속도	느림	보통	빠름
비용	높음	보통	낮음

공급할 수 있다. 서류 뭉치와 은행 창구를 거치지 않고 코드가 신용을 나르는 세상, 이것이 바로 자본의 가속이며, 살아있는 금융의 실체다.

죽음의 60일

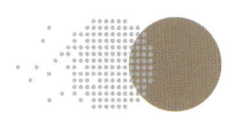

혹자 부도를 막기 위해서는 매출이 발생한 이후부터 실제 현금이 유입되기까지의 기간을 견뎌야 한다. 이 시간차를 수치화한 지표가 바로 매출채권 회수기간Days Sales Outstanding, DSO이다. 공급망에서 하단에 가까운 기업일수록 이 지표는 그저 회계 수치에 불과한 것이 아니라 생존 확률을 가르는 분기점이 된다.

가령 DSO가 60일이라면 기업이 물건을 팔고도 2개월 동안 매출액만큼의 자본이 허공에 묶여 있다는 뜻이다. 특히 수출 의존도가 높고 다단계 하도급 구조가 고착화된 한국의 제조업 생태계에서, 현금 흐름의 경색은 곧장 혹자 부도로 이어진다. 원청 대기업은 글로벌 경쟁력을 갖췄지만, 그들을 받치는 2, 3차 협력사들은 여전히 납품 후 60일 어음이라는 금융 관행 속에서 말라가고 있다.

공급망 금융은 이처럼 정체된 대금 회수 기간을 획기적으로 줄여주는 금융 백신 역할을 수행해왔다. 전통적인 거래 구조에서 공급자는

자산 토큰 없는 미래는 없다

[그림26] 공급망 금융 도입 후 유동성 개선 효과

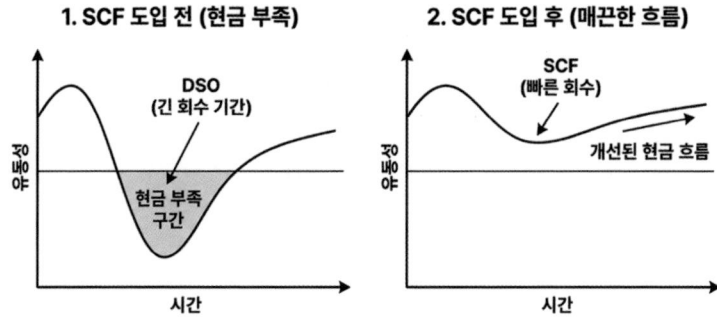

발주처가 설정한 지급 조건을 무작정 기다려야 했으나, SCF 시스템 안에서는 인보이스가 승인되는 즉시 유동성을 확보할 수 있다. 이는 자본의 회전 속도를 비약적으로 높여 기업이 보유한 자산의 효율성을 극대화한다. 60일의 기다림이 단 몇 분의 유동성으로 치환되는 순간, 기업은 비로소 미래를 계획할 수 있는 경영의 자유를 얻는다.

DSO의 단축은 기업의 경쟁력을 근본적으로 강화한다. 확보된 현금은 새로운 기술 개발이나 설비 투자로 즉각 투입될 수 있으며, 이는 시장의 변화에 기민하게 대응할 수 있는 기초 체력이 된다. 또한, 예측 가능한 현금 흐름은 재무팀의 계산 편의를 넘어 거래 상대방과의 신뢰를 강화하고 장기적인 리스크 관리 능력을 높여준다. 결국 DSO를 최소화하려는 노력은 공급망 전체가 살아 움직이는 유기적 경제 시스템으로서의 역동성을 되찾는 과정이다.

캐릴리온 사태

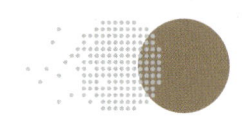

공급망 금융의 진화가 자본의 가속도를 높이는 혁신이라면 영국 2위 건설사였던 캐릴리온Carillion의 몰락은 그 가속도가 통제를 벗어났을 때 발생하는 참혹한 결과를 보여주는 반면교사다. 2018년 1월 캐릴리온은 약 70억 파운드의 막대한 부채를 남긴 채 파산했다. 당시 이들이 운영하던 공급망 금융 시스템은 중소 협력사의 현금 흐름을 돕는다는 명분을 내세웠으나 실상은 거대 기업의 부실을 감추는 거대한 분식회계 장치로 작동했다. 이 사건은 전통적인 장부 시스템이 가진 불투명성이 어떻게 시장 전체를 기만할 수 있는지를 여실히 드러냈다.

캐릴리온 사태의 핵심은 역팩토링reverse factoring이라는 금융 기법의 오용에 있었다. 캐릴리온은 은행과 계약을 맺고, 협력업체에 지급해야 할 대금을 은행이 먼저 지급하도록 하는 구조를 설계했다. 형식상으로는 공급망 금융이었지만, 경제적 실질은 은행 차입과 크게 다르지 않았다.

문제는 회계 처리 방식이었다. 캐릴리온은 은행을 통해 조달한 이

자산 토큰 없는 미래는 없다

자금을 재무제표상 '금융부채(차입금)'로 분류하지 않고 '기타 채권자 other creditors' 항목에 포함시켰다. 투자자와 감사기관이 특히 민감하게 보는 차입금이 아니라, 상대적으로 덜 위험해 보이는 항목으로 처리한 것이다.

그 결과 기업의 순차입금 net debt은 실제보다 낮게 계산되었고, 레버리지 비율 역시 양호한 것처럼 보였다. 부채가 장부에서 사라진 것은 아니었지만, '위험해 보이는 부채' 항목에서는 빠져 있었던 셈이다. 투자자들은 회사의 재무 건전성을 과대평가하게 되었다. 회사의 역팩토링 규모는 2016년 약 4억 9,800만 파운드까지 급증했으나, 시장은 그것이 사실상 은행 대출과 다름없는 성격의 부채라는 점을 제대로 인식하지 못했다.[75]

기존 시스템이 이 사기적인 행태를 막지 못한 근본적인 이유는 장부의 단절과 폐쇄성에 있다. 원청사의 재무 상태와 공급망 금융의 이용 현황은 오직 해당 기업과 계약된 소수 은행만이 알 수 있는 정보였다. 종이 서류와 파편화된 데이터베이스에 의존하는 전통적 환경에서는 기업이 매입채무의 성격을 어떻게 정의하느냐에 따라 부채의 본질이 완전히 뒤바뀔 수 있다. 감사인과 신용평가사는 기업이 제공하는 데이터의 표면만을 볼 수 있을 뿐 공급망을 흐르는 실제 자금의 성격과 위험을 실시간으로 추적할 능력이 없다.

인보이스 토큰화의 장점은 보이지 않던 것을 보이게 만드는 데 있다. 인보이스가 블록체인 네트워크에서 발행되면 발행, 승인, 양도, 할인, 상환 이력이 하나의 데이터 흐름으로 남는다. 그 결과 어떤 채권이 단순한 상거래 채무인지, 사실상 금융조달 수단으로 전환되었는지를 더 쉽게 식별할 수 있다. 캐릴리온처럼 공급망 금융이 차입과 유사한 기능을 하면서도 일반 채무처럼 보이게 처리되는 문제도 그만큼 숨기기 어려워진다.

토큰화된 인보이스는 또한 단일 금융기관에 대한 의존도를 낮추어 시스템의 안정성을 높인다. 캐릴리온은 은행들이 신용한도를 축소하는 순간 유동성이 마비되며 단숨에 붕괴했다. 그러나 인보이스가 토큰화되어 개방된 온체인 시장에서 유통된다면 전 세계의 수많은 투자자가 유동성 공급자로 참여할 수 있다. 특정 은행의 정책 변화나 신용 위기가 공급망 전체의 혈맥을 막는 사태를 방지할 수 있는 것이다. 자산의 진위 여부가 코드로 증명되기에 투자자들은 원청사의 독점적 정보에 의존하지 않고도 자산의 가치를 믿고 투자할 수 있다.

이 사례는 현재 한국 부동산 프로젝트 파이낸싱PF 시장이 마주한 상황과 닮아 있다. 한국의 PF 구조 역시 시행사와 시공사의 신용을 복잡하게 얽어 유동성을 조달하지만 그 세부적인 자금 흐름과 부실 위험은 여전히 불투명한 장부 속에 가려져 있다. 2025년 3월 기준 한국 부동산 PF 대출 잔액은 약 120조 원에 달하며 이와 연결된 수많은 중소 건설사와 하도급 업체들은 원청사의 유동성 경색에 직접적인 영향을 받는다.[76] 만약 캐릴리온처럼 보이지 않는 부채가 임계점을 넘는다면 그 여파는 공급망 하단의 수천 개 업체로 전이되어 산업 전체의 마비로 이어질 수 있다.[77]

캐릴리온의 파산은 불투명한 장부가 자본의 흐름을 왜곡했을 때 발생하는 시스템적 붕괴를 경고한다. 인보이스 토큰화는 이 숨겨진 위험을 수면 위로 끌어올려 시장이 실시간으로 가격을 매길 수 있게 만드는 기술적 해법이다. 장부가 투명해지면 자본은 더 이상 원청사의 평판에만 의존하지 않고 생산 과정 자체에 깃든 가치를 추적하며 흐르기 시작한다. 이러한 변화는 금융의 시야를 완성된 제품에서 생산의 초기 단계로까지 확장한다.

위험에서 해방된 생산자

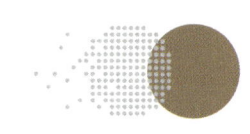

캐릴리온 사태가 보이지 않는 장부가 불러온 파국을 증명했다면, 칠레의 와이너리와 중국의 돼지 농장은 투명한 데이터가 글로벌 공급망에서 토큰이 수행하는 역할을 직관적으로 보여주는 현장이다. 칠레 와이너리에서 병입을 기다리는 포도나 중국 농장에서 사육 중인 새끼 돼지는 본래 생산자가 온전히 짊어져야 할 위험을 안고 있다. 예기치 못한 폭우로 포도의 당도가 떨어지거나 구제역 같은 전염병이 발생해 가축을 살처분하게 되면 그 모든 경제적 손실은 고스란히 생산자의 몫으로 돌아갔다. 생산은 이미 시작되었으나 가치는 아직 실현되지 않은 이 불확실한 기간에 생산자는 금융적으로 고립되어 있었다.

그러나 이 포도나 새끼 돼지가 미래의 와인 혹은 가공식품과 교환될 수 있는 디지털 토큰으로 전환되면 이야기는 달라진다. 포도가 오크통에서 발효되는 동안에도, 혹은 돼지가 성장하는 과정 중에도 해당 토큰은 글로벌 자본 시장에서 실시간으로 거래될 수 있기 때문이다. 마치

자산 토큰 없는 미래는 없다

[그림27] 돼지 농장 실물 자산이 블록체인상 토큰과 데이터로 연결되는 구조

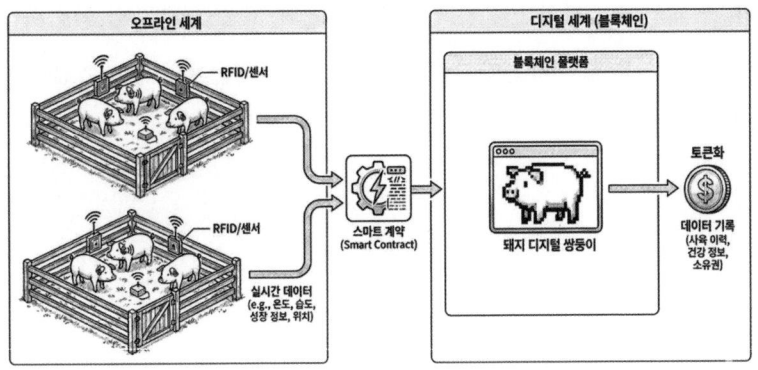

(출처: 나노 바나나 생성 이미지 재가공)

선물 시장처럼 공급망의 초기 단계에서 발생한 위험과 기대가 자산 가격에 즉각 반영되는 구조다. 구제역 발생 소식에 토큰 가격이 하락하고 방역 성공 소식에 다시 상승하는 과정에서 위험은 전 세계 투자자들에게 분산된다.

이러한 구조적 변화는 생산자의 역할을 재정의한다. 이제 와이너리 운영자나 농장주는 고립된 모험 생산자가 아니라, 전 세계 투자자로부터 자산을 위탁받아 관리하는 전문 관리자로 변모한다. 와인이나 돼지는 이미 소유권이 이전된 자산이며 이를 토큰화하여 보유한 투자자들은 국경을 넘어 전 세계에 분포한다. 생산은 일찍이 세계화되었으나 금융은 여전히 국가별 장벽에 갇혀 있었다. 토큰화라는 기술이 비로소 그 단절을 해소하고 있는 셈이다.

이 흐름의 중심에 있는 공급망 금융은 공급망을 따라 흐르는 상품과 자금, 그리고 신용과 위험을 하나의 통합된 시스템으로 관리하는 금융의 신경망이다. 특히 토큰화를 기반으로 한 공급망 금융은 이러한 흐름을 코드화하고 자동화하여 실시간으로 글로벌 자본 시장과 연결한다. 구매자의 우량한 신용을 바탕으로 공급자가 조기에 대금을 회수할 수 있는 이 구조는 기존의 팩토링이나 고금리 대출보다 훨씬 효율적이며 포용적이다.

인보이스 토큰화

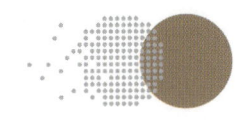

아이돌의 월드 투어 기념 굿즈를 제작하는 작은 의류 기업의 사례를 들어보자. 이 의류 기업은 대형 엔터테인먼트 회사와 계약을 맺고 수만 벌의 의류를 납품했지만, 제작에 투입된 수억 원의 비용은 관행에 따라 두 달 뒤에나 정산(DSO 60일)받을 예정이었다. 당장 다음 시즌 신제품을 기획하고 원단을 확보해야 하는 사장에게 이 두 달은 성장을 가로막는 치명적인 공백이다. 이때 엔터테인먼트가 제안을 건넨다. '원래 두 달 뒤에 줄 돈을 지금 즉시 정산해 줄 테니, 대신 전체 금액의 3%를 할인해 달라.' 공급자인 의류 기업은 현금을 즉시 확보해 사업의 연속성을 지키고, 발주처인 엔터테인먼트는 여유 자금을 활용해 매입 비용을 절감한다. 이것이 바로 유동 할인dynamic discounting의 본질이다.

이러한 유동 할인은 공급망 금융과 결합하여 이른바 유연한 자금flexible funding 모델로 진화한다. 유연한 자금 모델이란 기업의 현금 흐름 상황에 따라 자본의 출처를 자유자재로 선택하는 하이브리드 결제 시스템을 의미한다. 발주처에 여유 자금이 넉넉할 때는 자신의 돈을 직접 꺼내 유동 할인을 제안함으로써 수익을 극대화하고, 반대로 투자 등으로 현금이 부족할 때는 제3의 금융기관을 연결해 공급자에게 대금을 먼저 지급하게 만든다. 상황에 맞춰 내부 자금을 쓸지, 외부 자본을 끌어올지를 결정하며 공급망 전체의 혈류를 조절하는 지능형 장치다.[82]

하지만 지금까지 이러한 효율적 시스템은 거대 플랫폼과 우량 대기업, 그리고 대형 은행들만이 참여할 수 있는 폐쇄적인 리그였다. 아무리 가치 있는 인보이스(청구서)가 존재하더라도, 일반 개인이나 소액 투자자들이 그 거래의 유동성 공급자로 참여해 수익을 나눠 가질 방법은 사실상 전무했다. 자산 토큰화는 바로 이 견고한 장벽을 무너뜨리는 기폭제가 된다. 인보이스 자체를 디지털 토큰으로 분할 발행함으로써, 전 세계 누구나 소액으로도 글로벌 공급망의 유동성 공급자로 참여할 수 있는 길이 열린 것이다.

구체적으로 공급자가 보유한 인보이스가 스마트 컨트랙트 기반으로 토큰화되면, 그것은 일정한 할인율과 명확한 결제 조건을 지닌 디지털 채권처럼 작동한다. 이 토큰은 블록체인 기반 투자 플랫폼에서 아주 작은 단위로 쪼개져 유통될 수 있다. 전 세계의 개인 투자자들은 자신의 포트폴리오 성향에 맞춰 이 토큰을 구매하고, 만기 시에 확정된 수익을 얻는다. 공급자 입장에서는 자금 조달 창구가 소수의 은행에서 전 지구적 개인 자본으로 다양화되면서 조달 비용을 낮출 수 있는 협상력을 갖게 된다.

유동 할인과 토큰화의 결합은 금융의 진입장벽을 허무는 진정한 민주화의 과정이다. 과거에는 기관 투자자들만이 누렸던 우량 기업의 확정 채무라는 저위험 수익 자산이 대중에게 개방되는 것이다. 이는 공급자에게는 자본의 가속도를, 개인에게는 새로운 투자 기회를, 그리고 공급망 전체에는 외부 충격에 견딜 수 있는 튼튼한 자금 기반을 제공한다. 기술이 자본의 독점을 해체하고 상생의 생태계를 구축하는 이 과정이 새로운 금융의 핵심이다.

공급망 붕괴의 대안

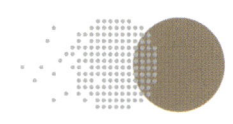

평시의 재무 공학을 넘어 위기 상황에서 발휘되는 인보이스 토큰화의 전략적 의미를 온전히 이해하려면, 먼저 코로나19 팬데믹이 왜 글로벌 공급망을 그토록 쉽게 무너뜨렸는지를 되짚어볼 필요가 있다. 지난 30년 동안 경영의 교과서처럼 받아들여진 철학은 적시 생산Just-In-Time, JIT, 이른바 토요타 방식이었다. 이 모델은 재고를 최소화하고, 필요한 순간에 필요한 만큼만 생산함으로써 효율성을 극대화하는 데 초점을 맞췄다.

그 철학의 전제는 명확했다. 재고는 곧 비용이라는 인식이다. 창고에 쌓여 있는 부품과 완제품은 자산이지만 동시에 묶여 있는 자본이다. 재고가 많을수록 기업이 일상적인 영업 활동을 유지하는 데 필요한 현금 흐름, 즉 운전자본Working Capital 부담은 커지고, 이자 비용과 기회비용이 증가한다. 그래서 기업들은 지난 수십 년간 재고를 줄이고 현금을 최소한으로 묶어 두는 방향으로 공급망을 설계해 왔다. 그 결과 효율성

자산 토큰 없는 미래는 없다

[그림28] 인보이스 토큰화

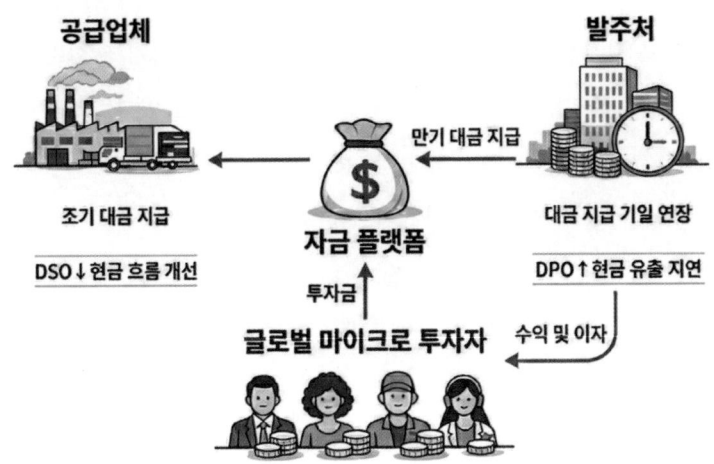

인보이스 토큰화를 통해 글로벌 투자자 자금을 흡수하면 공급망 유동성의 부담이 분산된다. (출처: 나노 바나나 생성 이미지 재가공)

은 극대화되었지만, 충격을 흡수할 완충 장치는 거의 사라졌다.

코로나19는 바로 이 지점을 정면으로 공격했다. 중국 후베이성의 한 공장이 멈추자 현대자동차, GM, 닛산 등 글로벌 완성차 공장들이 연쇄적으로 생산을 중단했다. 재고라는 안전판이 거의 존재하지 않았기 때문에, 단 하나의 반도체 칩 부족이 수백만 대의 차량 생산을 멈춰 세웠다. 2021년 한 해 동안 글로벌 자동차 산업은 약 2,100억 달러의 매출 손실을 기록했다.[78] 공급사슬의 한 고리가 끊어지면 전체 사슬이 붕괴된다는 사실을 전 세계가 뼈저리게 체감한 순간이었다.

맥킨지의 분석에 따르면 기업이 약 3~4년에 한 번 공급망 중단을 경험하며, 장기적으로 10년간 누적 충격은 연간 영업이익의 40%에 해당할 수 있다고 추정한다.[79] 공급망 회복탄력성은 더 이상 선택이 아니라 전략적 필수 요소가 되었다. 그러나 왜 기업들은 충분한 완충 재고를 보유하지 않았을까? 근본 원인은 금융 비용에 있었다. 재고를 늘린다는 것은 자본을 묶어 두는 것이고, 이는 곧 이자 부담과 기회비용 증가를 의미한다. 기업들은 비용 절감을 위해 재고를 줄였고, 그 결과 공급망은 극도로 얇은 구조가 되었다. 효율성은 높아졌지만, 시스템은 작은 충격에도 쉽게 파열되는 상태가 되었다.

기존의 대응 전략인 재고 완충, 다중 공급처 확보, 수요 예측 고도화 등은 다분히 물류와 운영에 초점을 맞춘 반쪽짜리 해법에 불과했다. 거시경제에 충격이 가해지면 글로벌 거대 발주처들은 현금을 틀어쥐고 협력업체에 대한 대금 지급을 최대한 늦춘다. 거인들의 이러한 재무적 방어 태세는 공급망 피라미드 밑바닥을 지탱하는 중소기업에 곧바로 치명적인 유동성 경색을 일으킨다. 위기가 닥쳤을 때 공급망을 무너뜨리는 가장 치명적인 뇌관은 부품 부족이 아니라 유동성 고갈이다.

바로 이 지점에서 인보이스 토큰화의 전략적 의미가 드러난다. 인보이스 토큰화는 공급망 내 유동성 부담을 기업 내부에만 두지 않고, 글로벌 투자자 자본으로 분산시키는 구조다. 공급자의 DSO를 단축해 현금 회수를 앞당기고, 발주처의 DPO(days payable outstanding, 매입채무 회전일수)를 유연하게 조정하며, 필요한 유동성을 외부 자본 시장에서 조달한다. 이는 재고와 운전자본 유지에 따르는 금융 부담을 기업이 단독으로 감당하는 것이 아니라 시장 전체와 공유하는 방식이다.

이 구조는 현금 흐름 개선을 넘어선다. 금융 부담이 외부로 분산되면 기업은 재고를 제로에 가깝게 유지해야 한다는 압박에서 벗어날 수 있다. 전략적 완충 재고를 보유하더라도 그에 따른 자본 비용을 글로벌 투자자들과 분담할 수 있기 때문이다. 다시 말해, JIT가 효율성을 극대화하기 위해 재고를 제거했다면, 인보이스 토큰화는 그 효율성의 대가인 금융 비용을 시장으로 분산함으로써 안정성을 복원한다.

실증 연구는 블록체인 기반 금융기술 전환이 기업의 공급망 교란 위험을 유의하게 낮춘다는 결과를 보고한다.[80] 또한 코로나19 충격을 전후로 한 연구에서는 블록체인 기반 공급망 금융(인보이스 토큰화)을 채택한 기업이 그렇지 않은 기업 대비 시장 가치의 충격과 거래 변동성이 완화되는 양상이 관찰되었다.[81] 인보이스 토큰화는 위기에서 가장 먼저 깨지는 검증·정산·신뢰의 구간을 구조적으로 보강하려는 실험이자, 그 실험이 리스크 완충으로 이어질 가능성을 지지한다.

글로벌 공급망은 재고를 줄여 금융 비용을 최소화하던 시대에서, 이제는 금융 부담을 글로벌 자본과 공유함으로써 전략적 완충력을 확보하는 시대로 이동하고 있다. 공급망의 건강성은 상호 연결된 네트워크 전체의 재무적 적응력, 즉 위험을 얼마나 분산하고 유동성을 얼마나 공유할 수 있는가에 의해 결정된다. 인보이스 토큰화는 그 전환을 가능하게 하는 핵심 인프라다.

나아가 이러한 금융 지원은 숫자 이상의 심리적 자산, 즉 신뢰를 구축하는 계기가 된다. 인보이스 토큰화를 도입한다는 것은 발주처가 공급자를 장기적인 파트너로 대우하겠다는 강력한 신호다. 재정적 어려움을 함께 해결하려는 의지는 공급자의 충성도를 높이고, 이는 자연스럽게 제품 품질의 향상이나 안정적인 장기 계약으로 이어진다.

궁극적으로 인보이스 토큰화는 단절된 개별 기업들의 집합을 살아 움직이는 유기적 경제 시스템으로 진화시킨다. 토큰화된 자산이 공급망의 모세혈관을 타고 흐르며 필요한 곳에 즉각적인 영양분을 공급할 때, 전체 생태계의 회복탄력성은 극대화된다. 이제 공급망은 물류가 오

[그림29] 적시 생산에 내재된 리스크

적시 생산은 공급망 중 하나라도 삐끗하면 위기에 처하는 시스템이다. (출처: 나노 바나나 생성 이미지 재가공)

가는 길목일 뿐만 아니라, 신뢰와 자본이 실시간으로 교차하며 가치를 증폭시키는 거대한 금융 네트워크다.

자산 토큰 없는 미래는 없다

글로벌 금융 거인들의
실험과 성과

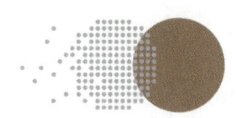

이러한 변화가 순진한 기술 낙관론에 기반한 가설이 아니라는 사실은 이미 글로벌 금융 현장에서 도출된 구체적인 수치들이 증명하고 있다. 씨티Citi는 2023년 씨티 토큰 서비스Citi Token Services, CTS를 공식 출시하며 토큰화된 공급망 금융의 실효성을 입증했다.[83] 이들은 해운 거물 머스크Maersk와 함께 스마트 컨트랙트를 활용해 항만 수수료 정산과 물류 대금 지급을 자동화하는 실험을 수행했다. 결과는 혁신적이었다. 과거 수일이 소요되던 복잡한 무역 정산 프로세스가 단 몇 분 만에 24시간 실시간으로 완료되는 성과를 거둔 것이다.

스탠다드차타드Standard Chartered 역시 혁신 부문인 SC 벤처스를 통해 무역 금융 전문 플랫폼 올레아Olea를 설립하고 가시적인 성과를 내고 있다. 올레아는 매출채권을 토큰화하여 투자자들에게 연결하는 모델을 통해, 아시아와 아프리카 지역의 중소기업들이 겪던 무역 금융의 공백을 메우고 있다.[84] 또한, 블록체인 기반 무역 금융 플랫폼인

'DLTledgers'는 서비스 개시 초기 18개월 만에 33억 달러 이상의 거래를 성공적으로 처리하며 토큰 기반 공급망 금융이 실제 거액의 자금을 감당할 수 있는 견고한 시스템임을 증명했다.[85]

이 과정에서 폴리매쉬Polymesh와 같은 규제 준수 특화형 블록체인은 기관들이 안심하고 진입할 수 있는 인프라를 제공했다. 전통 금융기관들은 익명성이 강한 퍼블릭 블록체인을 꺼려왔으나, 폴리매쉬는 신원이 확인된 노드들만 참여하게 함으로써 법적 테두리 안에서 자산을 토큰화할 수 있는 환경을 구축했다.[86] 이러한 기술적 표준화는 공급망 자산의 리스크 평가를 자동화하고, 금융기관이 더 높은 선지급 비율을 공급자에게 제안할 수 있는 데이터 기반 근거가 되었다.

글로벌 은행들이 이처럼 적극적으로 토큰화 시장에 뛰어드는 이유는 비용 절감 때문만이 아니다. 이는 금융시장의 주도권이 자산 보유에서 자산 흐름의 통제로 이동하고 있음을 직시한 결과다. 자산이 토큰화되어 24시간 잠들지 않는 유동성을 얻게 되면, 이를 중개하는 인프라를 선점하는 주체가 미래 금융의 핵심 플레이어가 된다. 씨티와 머스크의 실험 성공은 전통적인 은행 업무가 소프트웨어 기반의 프로토콜 서비스로 진화하고 있음을 보여주는 상징적 사건이다.

결국 글로벌 금융 거인들의 참여는 토큰화된 공급망 금융에 대중의 신뢰라는 최후의 퍼즐을 맞추는 작업이다. 개인이 공급망 금융에 참여할 수 있는 기술적 통로가 열렸다면, 대형 은행들의 실험은 그 통로가 안전하고 지속 가능하다는 것을 보증한다. 이제 자본은 국경과 계급의 장벽을 넘어 가장 효율적인 곳을 찾아 실시간으로 흐르기 시작했다.

자산 토큰 없는 미래는 없다

토큰이 법률을 바꾼다

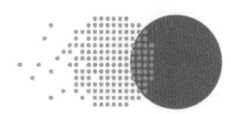

우리는 수세기 동안 종이가 가진 물리적 권위를 믿어왔다. 배에 실린 물건의 주인임을 증명하는 선하증권이나 대금을 청구하는 송장이 누군가의 손에 쥐여 있다는 사실 자체가 곧 법적인 소유와 점유를 의미했다. 하지만 디지털 토큰이 지배하는 새로운 무역 금융 환경에서 이 오래된 상식은 도전에 직면한다. '코드로 짜인 토큰이 어떻게 종이 조각과 동일한 법적 권위를 가질 수 있는가?'라는 질문에 답하기 위해, 지금 전 세계는 법률과 국제 표준의 대대적인 개보수 작업을 진행 중이다.

이 변화의 선두에는 영국의 전자무역문서법Electronic Trade Documents Act, ETDA이 있다. 2023년 9월 발효된 이 법안은 무역사에서 기념비적인 사건으로 평가받는다. 이전까지 영미법 체계에서 점유는 오직 물리적 실체가 있는 물체에만 허용되는 개념이었으나, ETDA는 일정한 보안 요건을 갖춘 디지털 문서 역시 법적으로 점유될 수 있음을 인정했다.[87] 즉, 블록체인상의 토큰을 디지털 지갑에 보유하는 행위가 종이 서류를 금고에 보관하는 것과 동일한 법적 지위를 획득하게 된 것이다.

유럽 연합 역시 분산원장 파일럿 체제DLT Pilot Regime를 통해 블록체인 기반의 금융 인프라를 실험할 수 있는 규제 샌드박스를 제공하고 있다. 싱가포르와 아부다비 등 금융 허브들은 UN 국제무역법위원회의 전자이전가능문서 모델법MLETR을 선제적으로 채택하며, 디지털 문서의 국경 간 통용을 법적으로 뒷받침하고 있다. 이러한 규제의 명확성은 금융기관들에게 강력한 신뢰를 제공하며, 온체인상의 데이터 증거가 법정에서 집행력을 갖게 함으로써 자금 공급의 리스크 프리미엄을 획기적으로 낮추는 결과를 가져온다.

하지만 법적 기반이 마련되었다고 해서 모든 장벽이 사라진 것은 아니다. 현재 가장 큰 과제는 상호운용성interoperability의 확보다. 서로 다른 블록체인 네트워크들이 각기 다른 언어를 사용하다 보니, 한 플랫폼에서 발행된 토큰이 다른 플랫폼에서는 인식되지 않는 단절이 발생한다. 이를 해결하기 위해 국제상업회의소ICC의 디지털 표준 이니셔티브Digital Standards Initiative, DSI와 같은 프로젝트가 전 세계 무역 금융의 공통 데이터 언어를 만드는 데 박차를 가하고 있다.[88] 마치 인터넷이 TCP/IP 프로토콜로 하나가 되었듯, 무역 금융 역시 표준화된 인터페이스를 통해 모든 원장이 유기적으로 연결되는 시대를 준비하고 있다.

법과 표준의 진화는 기술이 가진 휘발성을 제도라는 그릇에 담아내는 과정이다. 법적 명확성이 담보되고 표준화된 통로가 열릴 때, 자본은 비로소 안심하고 공급망의 구석구석을 탐험하기 시작한다. 종이의 시대가 가고 코드의 시대가 오고 있지만, 그 본질은 여전히 약속과 신뢰에 있다. 다만 그 약속을 보증하는 주체가 누군가의 인감도장에서 알고리즘과 글로벌 법률 시스템으로 옮겨가고 있을 뿐이다.

자산 토큰 없는 미래는 없다

표준화 전쟁

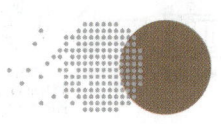

기술이 세상을 바꿀 때 가장 큰 적은 기술 그 자체가 아니라 파편화다. 공급망 금융의 토큰화가 아무리 뛰어난 효율을 자랑하더라도, 특정 기업이나 은행이 구축한 블록체인 안에서만 데이터가 갇혀 있다면 우리는 다시 디지털로 된 고립된 섬Islands of Automation을 마주하게 된다. 예를 들어, A사가 하이퍼레저Hyperledger 기반 플랫폼에서 발행한 인보이스 토큰을 B은행의 이더리움 기반 시스템이 인식하지 못한다면, 자산은 국경을 넘기도 전에 기술의 벽에 가로막힌다.

현재 우리가 겪는 상호운용성의 부재는 마치 19세기 초반 철도 부설 초기에 국가마다 선로의 폭이 달라 국경에서 기차를 갈아타야 했던 혼란과 흡사하다. 서로 다른 분산원장 기술, 합의 알고리즘의 차이, 그리고 무엇보다 자산을 정의하는 데이터 메시지 표준의 부재는 토큰화된 자산의 자유로운 흐름을 방해한다.

이 파편화의 문제를 해결하기 위해 전 세계 11,000개 이상의 금융기

[그림30] 체인링크의 CCIP를 통해 스위프트망과 블록체인이 연결되는 구조도

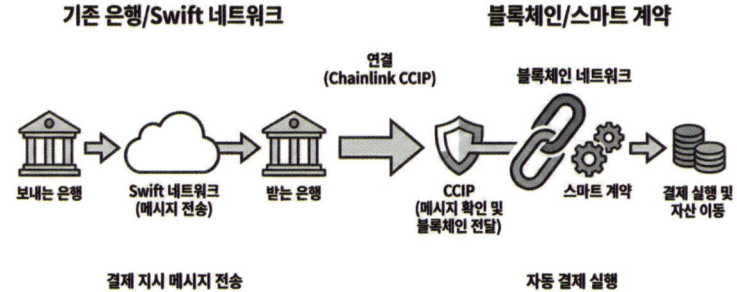

(출처: 나노 바나나 생성 이미지 재가공)

관을 연결하는 스위프트Swift가 중재자로 나섰다. 스위프트는 2023년 씨티Citi, ANZ, BNP 파리바 등 글로벌 대형 은행 및 블록체인 외부 데이터를 스마트 컨트랙트에 연결하는 플랫폼 체인링크Chainlink와 협력하여, 기존의 스위프트 인프라를 통해 서로 다른 블록체인 간의 토큰화된 자산을 전송하는 실험을 성공적으로 마쳤다.[89] 이 실험의 핵심은 금융기관들이 새로운 블록체인 노드를 일일이 구축하지 않고도, 기존의 보안 네트워크를 통해 퍼블릭과 프라이빗 블록체인을 넘나들며 자산을 이동시킬 수 있음을 입증한 데 있다.[90]

스위프트의 행보는 실험에 그치지 않고 2024년 10월, 실제 상용화를 향한 도약으로 이어졌다. 스위프트는 자사 네트워크에 블록체인 기반의 공유 원장을 직접 도입하여, 디지털 자산과 통화 거래를 실시간으로 처리하겠다는 계획을 발표했다.[91] 이는 전 세계 30개 이상의 은행과 협력하여 24시간 잠들지 않는 국경 간 결제 시스템을 구축하겠다는 선언이다. 이제 금융기관들은 복잡한 블록체인 기술 스택을 직접 관리하

자산 토큰 없는 미래는 없다

지 않고도 스위프트라는 신뢰의 게이트웨이를 통해 디지털 자산시장에 즉각 참여할 수 있게 되었다.

이러한 상호운용성의 확보는 공급망 금융의 리스크 평가 방식을 근본적으로 재편한다. 표준화된 프로토콜인 ISO 20022와 블록체인 기술이 결합하면 자산의 이동 경로와 권리 관계를 실시간으로 검증할 수 있어 금융기관은 더 높은 담보 인정 비율과 낮은 금리를 제안할 수 있다. 특히 스위프트의 인프라가 제공하는 실행 보증은 디지털 거래의 타이밍과 결과를 일치시켜 공급망 내에서 발생하는 수많은 인보이스 토큰이 끊김 없이 현금화될 수 있는 강력한 엔진 역할을 수행한다. 국제무역센터의 분석에 따르면 이러한 표준화를 통한 무역 디지털화는 중소기업의 무역 비용을 최대 15%까지 절감할 수 있는 것으로 나타났다.[92]

물론 기술 스택 간의 완전한 통합은 여전히 지난한 과제다. 하지만 과거 인터넷이 TCP/IP라는 표준을 통해 전 세계를 하나로 묶었듯이, 지금 무역 금융은 표준화 경쟁의 한복판에 서 있다. 이 전쟁에서 승리하는 표준이 향후 수십 년간 글로벌 공급망의 혈관을 지배하게 될 것이다. 공급망 금융의 재설계는 바로 이 표준화된 인프라 위에서 비로소 완성되며, 이는 곧 자본이 국경 없는 자유를 얻는 날을 앞당길 것이다.

신용장 사기와 단일 장부의 필연성

2014년 중국 칭다오 항만에서 발생한 금속 담보 대출 사기 사건은 현대 무역 금융이 안고 있는 구조적 취약성을 밑바닥까지 드러냈다. 무역업체인 더청광업Decheng Mining은 창고에 보관된 알루미나와 구리 등의 동일한 실물 재고를 두고 여러 장의 위조 창고 증서를 발행했다. 이들은 이 가짜 서류를 다수 금융기관에 중복 담보로 제출하여 123억 위안 규모의 자금을 조달했다.[93] 보도에 따르면 이 사건에는 최소 18개 중국계 은행·금융기관과 여러 외국계 은행이 관련되어 있었다.[94] 서류상으로는 완벽한 거래였지만 현실에서는 하나의 금속 더미에 수십 개의 소유권이 겹쳐 있는 유령 담보였다. 이 사건 이후 스탠다드차타드는 칭다오 관련 노출에 대해 1억 7,500만 달러의 충당금을 설정했다.[95]

이 거대한 사기극의 본질은 범죄자의 대담함이 아니라 시스템의 정보 단절에 있다. 각 은행은 자신이 확보한 창고 증서와 선적 서류의 진위만 확인할 뿐 그 서류가 가리키는 금속 덩어리가 다른 은행의 담보로도 설정되어 있는지 대조할 방법이 없었다. 신용장은 서류의 형식적 요건을 검증할 뿐 담보의 유일성을 보장하지 않는다. 가상자산 세계에서는 비트코인이 이미 2008년에 극복한 이중 지불의 문제가 수조 달러가 오가는 국제 무역 금융에서는 여전히 치명적인 맹점으로 방치되어 있는 셈이다.

문서에만 의존하는 신뢰 구조의 파탄은 예외적인 사고가 아니다.

2020년 싱가포르의 원자재 거래 기업 힌렁 트레이딩Hin Leong Trading 역시 허위 거래 문서와 조작된 서류를 통해 은행으로부터 자금을 조달했고, 검찰은 HSBC가 1억 1,170만 달러를 지급하도록 기망당했다고 밝혔다.[96] 은행들은 서류에 찍힌 직인을 믿었지만 문서 뒤에 숨겨진 실물 경제는 서로 연결되지 않았다. 국제상업회의소ICC는 전 세계 신용장 거래에서 첫 제시 서류가 불일치로 거절되는 비율이 65~80% 범위에 이른다고 추정한다.[97] 무역 대금을 청구하기 위해 은행에 처음 제출되는 서류의 상당 부분이 오류나 불일치로 거절·지연된다는 뜻이다.

이 압도적인 불일치율은 분절된 정보망 위에 세워진 신뢰 구조에 의문을 제기한다. 신용장은 무역 당사자 간의 불신을 메우기 위해 고안되었지만 그 신뢰가 폐쇄적인 종이와 전자 문서에 갇혀 있는 한 담보의 실재를 완전히 증명할 수 없다. 정보의 단절이 매년 수십억 달러 규모의 금융 사고를 낳고 있다. 위변조가 불가능하고 모든 참여자가 실시간으로 검증할 수 있는 블록체인 기반의 단일 공유 원장으로 무역 금융의 기반을 옮겨가는 것은 피할 수 없는 수순이다.

6장

국채, 주식, 부동산 토큰화

REAL
WORLD
ASSET
TOKENIZATION

미 국채: 글로벌 담보가
움직이는 코드가 될 때

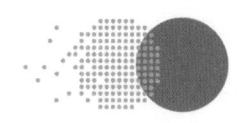

세계 금융의 암반과
그 한계

국채는 현대 금융 시스템의 가장 깊은 바닥을 지탱하는 암반이다. 국채는 본질적으로 국가가 미래에 거둬들일 세금을 현재의 돈으로 바꾼 기록이며, 전 지구적 금융 거래가 서로를 믿고 진행될 수 있게 만드는 최상위 담보 표준이다. 전 세계 금융기관이 미국 국채를 확보하려는 이유는 이자를 받기 위해서가 아니다. 중앙은행이 비상금을 쌓아두는 금고이자, 시중은행이 예상치 못한 돈 가뭄에 대비해 쟁여두는 가장 확실한 안전판이 바로 미 국채이기 때문이다. 이 암반이 흔들린다는 것은 곧 전 세계가 공유하는 신뢰의 기준이 무너짐을 뜻한다.

이 담보가 실제로 힘을 발휘하는 핵심 무대는 환매조건부매매, 즉 레포repurchase agreement, Repo 시장이다. 레포 시장에서 금융기관은 주로 국채를 담보로 짧은 기간 동안 현금을 빌려주고 받는 거래를 반복하는데, 이는 금융의 혈액과 같다. 여기서 국채는 금고에 가만히 갇힌 자산이 아니다. 하루에도 몇 번씩 주인이 바뀌며 시스템 전체에 돈이 돌게 만드는, 순환하는 신뢰다.

레포 거래의 작동 원리는 대출보다 정교하다. 가령 돈이 필요한 은행이 자신이 가진 국채를 다른 은행에 팔면서, 내일 혹은 며칠 뒤에 정해진 가격으로 다시 사겠다는 약속을 한다. 겉으로는 자산을 사고파는 매매 형식이지만, 실질적으로는 국채를 담보로 맡기고 짧게 돈을 빌리는 대출이다. 굳이 복잡하게 사고파는 형식을 취하는 이유는 법적 권리를 확실히 하기 위해서다. 돈을 빌려준 쪽은 담보로 받은 국채의 소유권을 일시적으로 넘겨받기 때문에, 만약 돈을 빌린 쪽이 갚지 못하더라도 즉시 국채를 처분해 손실을 막을 수 있다. 이처럼 담보가 확실하게 보장되기 때문에 레포 시장은 아주 적은 비용으로 거대한 자금을 빠르게 회전시킬 수 있다.

이렇듯 탄탄해 보이는 레포 시장에도 구조적 취약성은 존재한다. 2019년 9월 미국 단기 금리 급등 사태가 이를 잘 보여준다. 당시 레포 금리는 2% 수준에서 10%로 치솟았고, 기준금리 주변에서 움직이던 단기 자금 시장은 순식간에 경색 국면으로 들어갔다. 원인은 국채의 신용이 흔들렸기 때문이 아니었다. 기업들의 법인세 납부와 대규모 국채 결제일이 겹치며 준비금이 빠르게 줄어든 상황에서, 현금과 대차대조표 여력이 예상보다 훨씬 비탄력적이었기 때문이다. 안전자산은 충분했지만, 그 안전 자산을 제때 현금과 연결해 줄 시장의 배관은 생각만큼 유연하지 않았다.

이 사건이 드러낸 것은 미 국채의 거래, 결제, 담보관리, 자금조달,

자산 토큰 없는 미래는 없다

[그림31] 달러 시스템의 유동성 역피라미드 구조

현대 금융 시스템은 미 국채를 기반으로 한 역피라미드 구조로 이뤄져 있다. (출처: Saylor.org)

중앙청산이 하나의 매끄러운 체계로 완전히 결합되어 있지 않다는 점이다. 평상시에는 효율적으로 보이는 이 분절이 스트레스 국면에서는 마찰로 바뀐다. 담보는 존재하지만, 그것이 필요한 순간 필요한 자리로 충분히 빠르게 이동하지 못하면 시장은 자산의 안정성보다 경직성에 의해 먼저 흔들린다. 따라서 핵심 질문은 국채를 어떻게 더 안전하게 만들 것인가가 아니라, 국채가 담보로 작동하는 방식을 어떻게 다시 설계할 것인가에 있다.

국채 토큰화가 가져온 변화

국채의 토큰화는 바로 이 지점에서 의미를 갖는다. 전자화된 국채를 통합적이고 자동화된 방식으로 움직이게 만드는 배관의 재설계인 셈이다.

이 전환은 거래와 결제가 분리되어 있던 기존 구조가 재편되는 지점에서 가장 먼저 드러난다. 기존 금융에서는 매매가 체결된 뒤에도 실제 소유권이 넘어오기까지 하루의 시차가 발생했지만, 토큰화된 환경에서는 자산의 전송과 대금 지불이 한 묶음으로 처리된다. '원자적 결제'라고 불리는 이러한 속성은 거래 실패 가능성을 줄임과 동시에, 결제 지연으로 인한 비효율을 없앤다. 그 결과 5장에서 다룬 서플라이체인 금융의 유동성 확보와 마찬가지로, 국채 역시 결제 지연이라는 마찰이 사라지는 순간 자본의 회전율이 극대화된다.

더 중요한 변화는 담보의 기동성에 있다. 금융 시스템이 흔들릴 때는 자산을 얼마나 빨리 회수하고 다른 담보로 대체할 수 있느냐가 중요해진다. 토큰화된 국채는 이러한 과정을 자동화되고 표준화된 방식으로 처리할 수 있게 함으로써, 레포시장과 파생시장에 필요한 담보를 더 민첩하게 이동시킬 여지를 넓힌다. 나아가 토큰화된 증권과 자금이 같은 인프라 위에서 맞물리기 시작하면, 시장 참가자들 사이의 담보 재배치뿐 아니라 위기 시 공적 유동성 장치의 가동 역시 더 신속하고 정교한 방식으로 이루어질 가능성이 커진다. 이 점에서 국채 토큰화의 전략적 가치는 스트레스 국면에서 담보와 유동성을 더 빠르게 연결하는 배관을 마련하는 데 있다.

이러한 변화가 맞물리며 국채 토큰은 이제 채권이라는 전통적 분류를 넘어 온체인 현금성 자산이라는 새로운 성격을 띠기 시작했다. 스마트 컨트랙트를 통해 국채 토큰을 담보로 맡기고 실시간으로 대출을 받거나, 발생하는 이자를 자동으로 상환에 충당하는 구조가 가능해졌기 때문이다. 이는 자산 하나가 디지털로 바뀐 것을 넘어, 금융 상품의 운용 표준 자체가 실시간 자동화 시스템으로 이동하고 있음을 의미한다. 이제 다음 질문은 기술적 가능성이 아니라, 누가 어떤 규모로 이 경로를 전 지구적 표준으로 굳히고 있는가로 이어진다.

거인들의 참전

2017년 제이미 다이먼 JP모건 회장은 비트코인을 사기라고 단언하며, 이를 거래하는 직원은 즉시 해고하겠다고 공언했다.[98] 이는 당시 월가 전체의 시각을 대변하는 발언이었다. 전통 금융의 눈에 블록체인은 규제를 피하려는 이들의 위험한 놀이터였고, 토큰화는 검증되지 않은 기술적 과장에 불과했다. 그러나 그로부터 채 10년이 지나지 않아, 이 차가운 무시는 가장 뜨거운 참전으로 바뀌었다.

토큰화 국채 시장의 초입에서 글로벌 자산운용사들은 빠르게 움직이기 시작했다. 프랭클린 템플턴Franklin Templeton은 2021년 벤지BENJI를 출시하며, 미국 등록 공모펀드 가운데 처음으로 퍼블릭 블록체인을 이용해 거래 처리와 지분 소유 기록을 온체인에 올렸다. 이어 위즈덤트리WisdomTree는 2023년 토큰화된 국채형 머니마켓펀드 WTGXX와 소비자용 앱 위즈덤트리 프라임을 결합해, 온체인 펀드를 기관 실험실 밖으로 끌어내 일상적인 저축·투자·결제 흐름과 연결하려 했다. 다시 말해 프랭클린 템플턴이 온체인 기록의 가능성을 증명했다면, 위즈덤트리는 그것이 실제 유통과 소비자 접점까지 확장될 수 있음을 보여준 셈이다. 3장에서 살펴본 BUIDL은 이러한 흐름 속에 있다. 그 전까지의 시장이 가능성을 증명하는 구간이었다면, BUIDL의 등장은 그 가능성이 블랙록이라는 이름과 함께 제도권의 대규모 자금 흐름으로 번지기 시작한 사건이었다.

마침내 2025년 말, 한때 이 기술을 부정했던 제이미 다이먼마저 이더리움 기반의 토큰화 펀드인 모니MONY를 출시하며 대열에 합류했다. 전통 금융의 거인들이 앞다투어 블록체인 위로 자본을 옮기는 이유는 명확하다. 토큰화는 새로운 투자 상품을 만드는 것이 아니라, 자본이 이동하고 확정되는 경로인 레일 자체를 다시 까는 작업이기 때문이다. 한 번 표준화된 레일이 깔리면 그 위로 거래와 담보, 결제가 반복해서 흐르며 거대한 유동성의 소용돌이를 만들어낸다.

이러한 변화는 블록체인이 대안의 영역을 벗어나 주류 금융의 운영 체계로 진입했음을 의미한다. 국채 토큰화는 수익률과 담보의 언어이고, 스테이블코인은 결제의 언어다. 두 언어가 하나의 장부 위에서 연결되는 순간, 온체인 금융은 거대한 자본 인프라로 완성된다. 담보가 결제 수단에 직접 붙고, 결제가 즉시 수익률을 품게 되는 이 구조는 자본의 기회비용을 극한으로 낮춘다.

결국 월가가 블록체인을 자기 문법으로 흡수하기 시작한 순간, 토큰화는 더이상 실험실 안의 가설이 아니라 실제 작동하는 경로로 위상이 바뀌었다. 거인들이 이 레일을 선점하려는 진짜 이유는 실시간 자동화 시스템을 통해 대차대조표의 효율성을 극대화할 수 있기 때문이다. 장부와 장부 사이를 건너며 낭비되던 시간과 비용이 사라지면 담보의 회

자산 토큰 없는 미래는 없다

전율은 높아지고 자본은 덜 묶인다. 이제 토큰화는 자산 하나의 변화가 아니라, 금융의 상품 구조와 운용 방식 전체가 디지털 레일 위로 이주하는 불가역적인 과정으로 읽어야 한다.

새로운 레일의 완성

전통적인 금융 구조에서 국채의 경제적 가치는 곧바로 활용될 수 없었다. 투자자가 보유한 국채는 먼저 은행 예금이나 머니마켓펀드라는 중간 매개체를 거쳐야만 했고, 이 과정에서 '현금성 자산'이라는 새로운 형식으로 재포장된 후에야 비로소 투자나 결제 수단으로 전환될 수 있었다. 각 단계마다 별도의 장부 시스템에 기록되고, 수일이 소요되었으며, 담보는 한 곳에 묶여 다른 곳에서 활용될 수 없었다.

반면 블록체인에서는 자산이 금고에 갇히지 않고 레고 블록처럼 끊임없이 결합하며 작동한다. 가령 국채 토큰이 하나의 디지털 객체로서 여러 프로토콜을 동시에 오가며, 담보로 예치된 상태에서도 대출을 실행하고, 그 대출금으로 다시 유동성을 공급하며, 유동성 공급 증표(LP 토큰)를 또 다른 프로토콜에 재예치하는 식의 담보 재활용rehypothecation이 프로그래밍 방식으로 구현되는 식이다.

담보를 재활용한다는 것은 동일한 자본이 더 많은 경제 활동을 동시에 뒷받침할 수 있다는 의미다. 전통 금융에서 100만 달러 국채는 은행 대출 70만 달러를 생성하고 그 시점에서 멈추지만, 온체인에서는 100만 달러 국채 토큰이 '스테이블코인 발행 → 대출 실행 → 유동성 공급 → 수익 재투자'로 이어지는 복합 전략을 24시간 실시간으로 가동할 수 있다. 자본이 한 곳에 묶이는 시간이 줄어들수록, 즉 회전 속도가 빨라질수록 금융 시스템 전체의 자본 효율성은 기하급수적으로 상승한다.

스테이블코인 발행사 에테나 랩스Ethena Labs가 출시한 USDtb는 이 구조적 전환을 상징적으로 보여준다. USDtb는 블랙록의 BUIDL을 담보로 발행되는 스테이블코인이다. 기존의 USDT나 USDC는 테더나 서클이라는 중앙화된 발행 기업이 은행 계좌에 보관한 현금과 국채를 감사법인의 분기별 보고서를 통해서만 확인할 수 있었다. 투자자는 회사가 공개하는 증명서를 믿어야 했고, 실시간 검증은 구조적으로 불가능했다.

반면 USDtb의 담보인 BUIDL은 이미 블록체인에 기록되어 있기 때문에, 누구나 언제든지 온체인 데이터를 조회해 스테이블코인 발행량과 그에 상응하는 자산이 1:1로 정확히 대응하는지 실시간으로 확인할 수 있다. 투명성은 더 이상 분기 보고서가 아니라 블록 단위로 갱신되는 퍼블릭 레저public ledger에 의해 보장된다. 이는 국채가 프로그래밍 가능하고, 조합 가능하며, 24시간 작동하는 실시간 금융 장치로 진화했음을 의미한다. 담보의 본질이 보유에서 행위로 바뀐 것이다.[99]

이러한 경로의 변화는 자본의 지정학적 지도를 새로 그리는 동력이 된다. 미 국채의 수요 기반은 더 이상 국가 단위의 준비자산에만 머물지 않는다. 2025년 말 미국 정부가 겪은 장기 셧다운과 그에 따른 국채 시장의 변동성 증가,[100] 그리고 중국 등 주요국의 국채 보유량 감축은[101] 전통적인 수요처의 공백을 드러냈다. 이 빈자리를 채우는 것은 이제 스테이블코인 발행사와 디지털 지갑을 보유한 개별 경제 주체들이다. 테더와 같은 발행사들이 이미 전 세계 미 국채 보유 순위에서 7위권 국가들과 어깨를 나란히 할 만큼 거대한 매수 주체로 떠오른 현상은 상징적이다. 달러의 영향력이 물리적 영토가 아니라 개별 사용자의 디지털 주소로 확장되고 있는 것이다.

기술적 가능성이 제도권의 공식 인프라와 결합하는 순간, 변화는 선택이 아니라 표준이 된다. 블록체인은 오랫동안 실험과 논쟁의 대상이었지만, 2025년 12월 미국 예탁결제원DTCC이 디지털 자산 플랫폼인 캔톤 네트워크Canton Network와 협력하기로 결정하면서 상황은 전혀 다른 차원으로 이동했다.[102] 이 결정은 파일럿 테스트가 아니라, 글로벌 금융 시스템의 배관을 블록체인 기반 구조로 재설계하겠다는 선언에 가까웠다.

DTCC는 미국 증권 거래의 99% 이상을 처리하는 세계 최대 청산·결제 기관이다. 매일 수조 달러 규모의 증권이 이 기관의 시스템을 통과한다. 그런 DTCC가 증권거래위원회로부터 시범 서비스에 대해 제재하지 않겠다는 노 액션 레터No-Action Letter를 수령하고, 예탁결제원에 보관된 약 30조 달러 규모의 미국 국채 중 일부를 캔톤 네트워크 위에서 토큰 형태로 전환하겠다고 발표한 것은 상징적 사건을 넘어 구조적 전환의 신호였다. 기술적 실험이 제도권의 법적 승인과 만난 순간이었다.

캔톤 네트워크는 디지털 에셋Digital Asset이 개발한 금융기관 전용 허가형 분산원장 플랫폼이다. 비트코인이나 이더리움처럼 누구나 참여할 수 있는 퍼블릭 블록체인이 아니라, 승인된 기관만 접속 가능한 구조로 설계되었다. 규제 준수와 프라이버시를 유지하면서도 블록체인의 핵심 장점인 즉각적 결제, 투명한 기록, 스마트 컨트랙트 기반 자동화를 활용할 수 있도록 만든 금융 인프라다.

2023년 공개 이후 캔톤 네트워크에는 골드만삭스, BNY멜론, 영국 은행, S&P 글로벌 등 40개 이상의 글로벌 금융기관이 참여했다. 이들이 주목한 이유는 단순하다. 기존 금융 시스템에서는 채권을 발행·보관·거래·결제하는 과정이 각기 다른 기관의 분절된 시스템에서 이루어지며, 표준 결제 주기는 T+2였다. 거래 후 이틀 동안 확인, 오류 수정, 계정 대조가 반복된다. 금요일 거래는 사실상 다음 주 화요일에야 완결된다.

캔톤은 이 분절된 장부들을 하나의 동기화된 분산원장으로 연결한다. 거래가 발생하는 즉시 소유권이 이전되고, 담보가 실시간 재평가되며, 결제가 자동으로 완료된다. 쉽게 말해 각 기관이 각자의 엑셀 파일을 들고 전화와 이메일로 맞추던 시대에서, 모두가 동일한 클라우드 기반 장부를 동시에 공유하는 시대로 넘어가는 것이다. DTCC의 결정은 이 기술을 실험실이 아니라 실무 현장에 적용하겠다는 선언이었다. 2026년 상반기까지 통제된 환경에서 실제 거래 가능한 결과물을 완성하고, 하반기부터 본격 가동에 들어간다는 계획은, 미국 국채를 토큰 형태로 발행해 이를 담보 대출, 레포 거래, 즉시 결제 증권으로 활용하겠다는 구체적 로드맵을 포함한다.

이것이 왜 게임 체인저인가. 기존 시스템에서 국채 거래는 주문 전달, 보관 확인, 현금 이전, 계정 대조라는 여러 단계를 거치며 최소 2영업일이 소요된다. 반면 블록체인 기반 구조에서는 스마트 컨트랙트 실행과 동시에 국채 토큰과 디지털 현금이 교환되며, 거래 기록은 즉시 확정된다. 결제 시간은 수 초로 단축된다. 더 중요한 변화는 시간의 해방이다. 전통 시스템에서는 결제가 완료되기 전까지 해당 자산을 담보로 활용할 수 없다. 하지만 토큰화된 국채는 24시간 작동하는 담보가 된다. 주말에도, 시장이 닫힌 시간에도 즉시 이전되고, 담보로 재활용되며, 유동성 창출 수단으로 기능한다.

자산 토큰 없는 미래는 없다

DTCC의 행보는 고립된 사건이 아니다. 유럽중앙은행은 디지털 유로 실험에서 캔톤 네트워크를 테스트 인프라로 활용했고, 홍콩 금융관리국은 디지털 채권 발행 프로젝트를 추진하고 있다. 주요 글로벌 은행들 역시 디지털 채권 발행과 자산 보관 서비스를 블록체인 기반으로 확장하고 있다. 이들의 공통점은 퍼블릭 체인이 아닌, 규제 친화적 허가형 네트워크를 선택했다는 점이다. 그러나 기술의 본질(토큰화, 스마트 컨트랙트, 분산원장)은 동일하다.

이 전환이 의미하는 바는 명확하다. 한번 T+0 즉시 결제와 24시간 담보 활용의 효율성을 경험한 금융기관이 다시 T+2 체계로 돌아갈 가능성은 낮다. 이메일을 쓰던 사람이 팩스로 회귀하지 않는 것처럼, 디지털 국채 토큰을 거래하던 기관이 분절된 장부 체계로 돌아갈 유인은 줄어든다. 결국 기술이 제도권 인프라와 결합하는 순간, 그것은 혁신이 아니라 표준이 된다. 2025년 12월은 훗날 제도권 금융이 블록체인으로 공식 이주를 시작한 시점으로 기록될 가능성이 높다. DTCC와 캔톤 네트워크의 협력은 글로벌 자본 시장 구조가 토큰화 시대를 향해 방향을 틀었다는 신호이기 때문이다.

레포 시장의 변화 역시 대차대조표의 효율성이라는 실무적 유인에 의해 가속화되고 있다. 2021년, 골드만삭스가 오닉스(現 키넥시스) 네트워크를 통해 실행한 토큰화 레포 거래는 단 3시간여 만에 모든 절차를 마무리하며 이자를 분 단위로 계산해 지급하는 정밀함을 보여주었다.[103] 핀테크 기업 브로드리지Broadridge의 분산원장 레포DLR 시스템은 이미 수년 전부터 가동 중인 실시간 운영 플랫폼이다. UBS, HSBC, 소시에테 제네랄과 같은 글로벌 투자은행들이 이미 이 레일 위에서 국채 담보를 주고받으며 2025년 말 월간 약 9조 달러 규모의 자금을 처리했다는 사실은 이미 거대 자본이 이 새로운 레일 위에 안착했음을 입증한다.[104] 담보가 더 자주 확정되고 더 빠르게 회전할수록 시스템은 덜 취약해지며, 자본 효율성은 극대화된다.

국채 토큰화는 담보 사슬을 재배열하는 전 지구적 표준이 될 것이다. 가장 표준화된 담보이자 가장 거대한 유동성의 뿌리인 미 국채에서 시작된 이 문법은 향후 주식과 부동산 등 다른 모든 자산 토큰화의 기준점이 될 수밖에 없다. 국채가 움직이는 코드가 되어 담보의 문법을 다시 쓰는 순간, 금융은 더 짧은 경로를 통해 자본의 가치를 극대화하는 시대로 접어든다. 5장에서 확인했듯이, 잠에서 깨어난 기업 금융의 미시적 유동성이 최종적으로 연결되어 거대한 패권의 흐름을 형성하는 곳, 그곳이 바로 이 국채 담보의 새로운 레일이다.

국채 토큰화는 담보 사슬 재배열의 표준이 된다

국채 토큰화는 담보가 이동하고 확정되는 방식인 담보 사슬 배열의 표준 자체를 다시 쓰는 작업이다. 담보는 본래 제도권 금융의 작동 규칙이었으며 오랫동안 특정한 경로와 시간표 그리고 폐쇄적인 장부의 관행 속에 고착되어 있었다. 토큰화는 이러한 관행을 기술적 규칙으로 치환하여 담보가 시장에서 반복적으로 적용되는 운영 원칙이 되도록 강제한다.

이 시장이 확장되는 힘은 세 가지 구조적 원리로 요약된다. 첫째는 보유 즉시 이자가 붙는 구조다. 고금리 환경에서 미국 국채 수익률

자산 토큰 없는 미래는 없다

은 전 세계 자본을 빨아들이는 강력한 자석이다. 토큰화는 그 수익률에 이르는 절차와 시간을 줄여, 자산을 쥐는 즉시 이자가 붙는 구조를 가능하게 한다. 이는 수익의 확정을 행정의 영역에서 기술의 영역으로 이동시킨다.

둘째는 대차대조표의 가용성 증대다. 기관의 관점에서 토큰화된 자산은 프로그래밍 가능한 담보다. 담보를 더 자주 더 세밀하게 재배치할 수 있게 되면 자본의 정체 현상이 해소된다. 이는 리스크 관리를 촘촘하게 만드는 동시에 금융 시스템 전체의 자본 효율성을 극대화한다.

셋째는 참여 주체의 근본적인 변화다. 미래의 핵심 참여자는 크립토 투자자가 아니라 준비금 관리자, 마켓메이커, 그리고 기업의 재무 전략가들이다. 이들에게 블록체인은 눈에 띄는 신기술이 아니라 유동성의 흐름을 지탱하는 보이지 않는 레일로 작동한다.

결국 국채 토큰화는 새로운 자산시장을 개설하는 행위라기보다 권리의 인프라를 개조하는 작업이다. 가장 표준화된 담보이자 거대한 유동성의 뿌리인 미국 국채가 이 레일 위에 안착하면서 국채는 담보 사슬 재배열의 기준 모델이 된다. 앞으로 다룰 주식 토큰화는 이 레일 위에 권리 묶음을 얹으려 할 것이고 부동산 토큰화는 이 레일을 실물 등기와 연결하려 할 것이다. 토큰화의 세계에서 표준은 가격이 아니라 담보의 문법이며 그 문법을 가장 먼저 다시 쓴 자산이 바로 미 국채다.

주식: 가장 디지털화된 시장의
가장 아날로그한 핵심을 건드리다

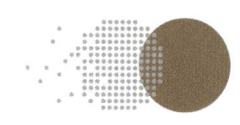

착시 깨기:
화려한 표면, 낡은 뼈대

주식시장은 가장 먼저 디지털화된 자산시장으로 불려 왔다. 1970년 대에 전자 주문 시스템이 도입되었고 오늘날 알고리즘 트레이딩과 고 빈도 거래는 초당 수만 건의 주문을 처리하는 세계를 구축했다. 화면 속 숫자는 쉴 새 없이 바뀌고 호가창은 촘촘하며 그래프는 초단위로 요 동친다. 하지만 이 화려한 표면 아래에는 여전히 낡은 뼈대가 남아 있 다. 주식의 핵심인 소유권과 결제 영역은 여전히 20세기 중반의 틀에 묶여 있다.

주식 토큰화는 기존 구조가 이미 한계에 도달했다는 고백에서 출발 한다. 화면이 빨라졌다고 해서 시장이 진정으로 디지털화된 것은 아 니다. 소유권이 전송되는 경로가 여전히 아날로그 장부의 속도에 갇혀

자산 토큰 없는 미래는 없다

있는 한, 주식시장은 반쪽짜리 디지털에 불과하다. 토큰화가 겨냥하는 지점은 바로 이 깊은 층위의 뼈대를 다시 설계하는 일이다.

먼저, 주식 토큰화는 소수점 단위의 주식에 대한 법적 소유권을 보장한다. 기존 주식 플랫폼에서도 아마존, 엔비디아 등 한 주에 백 달러를 상회하는 주식에 대한 소수점 거래를 제공하지만, 이는 대부분 내부 장부에서 임의로 처리하는 가상의 숫자에 가깝다. 투자자가 실제 주주 명부에 소수점 단위로 등재되어 법적 소유권을 인정받지 못하는 것이다. 토큰화는 주식, 혹은 주식에 준하는 지분을 0.01주 이하 단위로 분할해 법적으로 인정되는 방식으로 유통하기 시작했다.

디지털 자산 증권 발행 플랫폼인 시큐리타이즈Securitize는 이 영역에서 앞서 나가는 기업 중 하나다. 시큐리타이즈는 2020년대 초부터 미국 비상장 기업 지분과 펀드 지분을 토큰화해 실제 투자자에게 유통하는 구조를 만들어 왔다. 2025년 34억 달러(약 5조 1,000억 원) 규모의 토큰화 자산을 관리 중이며,[105] 이 중 상당수가 주식·지분형 자산이다. 프랭클린 템플턴도 2021년부터 블록체인 기반 주식형·채권형 펀드를 운용해 왔고, 2024년에는 일부 펀드 지분을 퍼블릭 블록체인에서 토큰 형태로 발행·이전하는 구조를 확대했다.[106] 비록 개별 상장 주식을 직접 토큰화한 것은 아니지만, 주식에 대한 경제적 권리를 온체인 증권으로 표현하고 실시간 이전한 첫 제도권 사례 중 하나다.

이러한 흐름은 이제 개인 투자자 플랫폼으로 빠르게 확산되고 있다. 그 중심에 있는 기업이 바로 로빈후드다. 로빈후드는 2026년 3월 '로빈후드 벤처스 펀드'를 출시하며, 그동안 기관 투자자나 벤처캐피털만 접근할 수 있었던 비상장 스타트업 투자 시장을 일반 개인에게 개방했다.[107] 유니콘 기업이나 초기 유망 기업의 지분을 토큰화 기술을 통해 작은 단위로 쪼개 유통함으로써, 자본력이 크지 않은 개인 투자자도 초기 성장 기업에 분산 투자할 수 있는 길을 연 것이다.

이는 '개인도 벤처캐피털이 될 수 있다'는 구조적 전환을 구현해 낸 사건이다. 과거에는 최소 수십억 원 이상을 맡길 수 있는 기관만 참여할 수 있었던 시장이, 토큰화와 디지털 증권 기술을 통해 조각 단위로 분해되면서 개인의 포트폴리오 안으로 들어오기 시작했다.

로빈후드가 이런 방향으로 움직이게 된 배경에는 2021년 1월의 게임스톱GameStop 사태가 있다. 사건을 간단히 정리하면 이렇다. 헤지펀드들이 게임스톱이라는 오프라인 게임 소매업체의 주가 하락에 베팅해 대규모 공매도를 하고 있었는데, 온라인 커뮤니티에 모인 개인 투자자들이 집단으로 주식을 매수하면서 주가가 폭등했다. 공매도 포지션을 취했던 기관 투자자들은 막대한 손실을 입었고, 전 세계 언론은 이를 개미들의 반란이라고 불렀다.

하지만 이 사건의 핵심은 가격 폭등이 아니었다. 더 근본적인 문제는 결제 시스템의 시간차였다. 주식 거래는 체결되는 순간과 실제 현금과 증권이 최종적으로 교환되는 순간 사이에 통상 이틀의 간격이 존재한다. 이 기간 동안 거래는 법적으로 완결되지 않은 상태로 남아 있고, 그 사이 가격이 급변하면 청산소는 중개 플랫폼에 막대한 담보금을 요구한다.

게임스톱 사태 당시 주가가 폭등하자 청산소는 리스크를 관리하기 위해 로빈후드에 수십억 달러 규모의 추가 담보를 요구했다. 자본력이 충분하지 않았던 로빈후드는 결국 일부 종목에 대해 매수 버튼을 일시적으로 중단하는 조치를 취했다. 많은 개인 투자자들은 이를 시장 조작으로 받아들였지만, 구조적으로 보면 문제의 뿌리는 가격이 아니라

자산 토큰 없는 미래는 없다

결제 지연이었다. 거래는 실시간으로 체결되지만, 돈은 이틀 뒤에 움직이는 낡은 배관 구조가 폭발한 것이다.

이 경험은 로빈후드에게 분명한 교훈을 남겼다. 표면적으로는 디지털 플랫폼이더라도 뒤에서 돌아가는 청산·결제 인프라가 아날로그적이고 느리다면 위기는 반복될 수 있다는 사실이다. 바로 이 지점에서 주식 토큰화의 의미가 드러난다. 토큰화된 주식은 블록체인 기반 분산원장에서 소유권이 즉시 이전될 수 있다. 스마트 컨트랙트를 통해 거래와 결제가 동시에 이뤄지는 T+0 구조가 가능하다. 결제 지연으로 인한 담보 요구 폭증, 중개 플랫폼의 유동성 위기, 매수 버튼 삭제와 같은 상황을 구조적으로 줄일 수 있다.

이런 맥락에서 보면, 로빈후드는 개인 투자 앱이 아니라 전통적 주식시장에 뚫려 있던 구멍을 메우는 수리공에 가깝다. 비상장 지분을 토큰화해 개인에게 개방하고, 장기적으로는 실시간 결제 기반의 디지털 증권 거래로 나아가려는 전략은, 게임스톱 사태에서 드러난 시스템적 취약성에 대한 기술적 대응이기도 하다.

과거 로빈후드가 수수료 무료 거래로 개인 투자 시대를 열었다면, 지금은 토큰화와 즉시 결제를 통해 자본시장의 접근성과 시간 구조 자체를 바꾸려 하고 있다. 만약 이 실험이 성공한다면, '개미들의 반란'으로 기억되던 2021년은 훗날 개인 투자 인프라가 구조적으로 업그레이드되기 시작한 출발점으로 재해석될지도 모른다.

실시간 결제 실험은 이미 진행 중이다. 스위스는 2021년 분산원장 기술 기반 증권을 법적으로 인정했고, 2023~2024년 스위스 증권거래소의 디지털 플랫폼 SIX 디지털 거래소SIX Digital Exchange에서는 기관 간 주식·채권 토큰의 실시간 결제가 실제로 이루어졌다.[108] 독일에서도 도이체뵈르제Deutsche Börse의 자회사 클리어스트림Clearstream이 운영하는 D7 플랫폼이 2024년 유럽중앙은행 시범사업을 거쳐 2025년 11월 토큰형 증권 발행·결제 서비스D7 DLT를 정식 출시하며, 제도권 내 토큰화 증권 인프라를 구축했다. 그리고 2026년 3월, 미국 뉴욕증권거래소는 시큐리타이즈와 협력해 토큰증권 플랫폼을 개발 중이라고 밝혔다.[109]

결제를 기다리는 시간이 사라지면 그 시간을 버티기 위해 쌓아둬야 했던 막대한 담보금도 필요 없어진다. 청산소가 요구하는 증거금은 거래 상대방이 약속을 이행하지 않을 가능성에 대비한 비용인데, 약속과 이행이 동시에 일어나면 위험 자체가 성립하지 않기 때문이다. 즉 토큰화는 리스크를 관리하는 기술이 아니라 리스크가 발생할 시간적 틈을 제거하는 기술이다.

마지막 변화는 메시지 기반의 금융을 공유 장부 기반으로 전환하는 것이다. 현재 주식시장에서 한국 투자자가 미국 주식을 매수해도 그 이름이 곧바로 미국 예탁결제 시스템의 최상위 장부에 기록되는 것은 아니다. 실제로는 예탁신탁회사DTC와 그 참가기관을 중심으로 한 다층 계좌 구조 안에서 결제와 보관이 이뤄지고, 투자자의 권리는 그 아래 증권사와 수탁기관의 장부에 간접적 소유권 형태로 반영된다. 이 과정에서 환전 비용, 서류, 규제, 시간 차이 같은 장벽이 생기고, 소유권은 형식적으로만 부여되며 실질적 통제권은 제한되는 경우가 많다.

토큰화는 이 섬들 사이에 새로운 다리를 놓는다. 아부다비 국제금융센터ADGM와 싱가포르는 미국 및 유럽의 비상장 기업 지분을 토큰화하여 국경 간 거래를 허용하는 선도적 규제를 만들어냈다. 특히 ADGM은 규제 샌드박스를 통해 토큰 증권 발행을 제도적으로 수용하면서, 사모펀드나 스타트업 지분과 같은 비유동 자산이 온체인 네트워크에서 실

자산 토큰 없는 미래는 없다

제로 유통되는 길을 열었다.[110] 이는 자본이 흐르는 파이프라인을 통일하는 작업이다. 5장에서 공급망 금융이 기업 간 신뢰 비용을 기술로 대체했듯, 국경 간 토큰 유통은 국가 간 장부의 불일치 비용을 제거한다. 결과적으로 자본은 지리적 제약에서 벗어나 가장 효율적인 시장을 찾아 흐르게 된다. 이것이 토큰화가 지향하는 글로벌 유동성의 실체다.

주식은 권리 묶음이다

배당락일Ex-dividend Date(배당 받을 권리가 사라지는 날)에 주식을 매도한 사람은 주식을 가지고 있지 않음에도 배당금을 받는다. 반대로 그날 주식을 매수한 사람은 배당에서 제외된다. 현행 시스템에서 주주가 된다는 것은 기업의 현재 가치를 소유한다는 의미가 아니다. 특정 기준일에 주주명부라는 과거의 장부에 이름이 남아 있느냐를 따지는 행정적 절차에 가깝다.

이러한 불합리는 시스템의 기술적 한계에서 기인한다. 종이 증권 시대의 유산인 주주명부는 실시간으로 갱신하는 데 막대한 비용과 절차가 수반되었고, 그 때문에 사실상 상시 업데이트가 불가능했다. 그래서 기업은 배당일 혹은 연례 주주총회 등 특정한 날짜에만 장부를 열어 권리자를 확정하는 방식을 택했다. 주식은 본래 배당 청구권, 의결권, 잔여재산 분배권 등 다양한 권리의 복합체이지만, 낡은 인프라는 이 권리들을 가격이라는 하나의 숫자로 뭉뚱그려 거래하게 만들었다.

토큰화가 주식시장에 던지는 충격은 거래 속도의 개선이 아니다. 스마트 컨트랙트를 통해 이 권리의 묶음을 해체하고 재조립할 수 있다는 구조적 유연성에 있다. 먼저 배당의 개념이 바뀐다. 토큰화된 지분 구조에서는 배당락일이라는 인위적인 경계가 무의미해진다. 블록체인은 초 단위로 소유권의 변동을 기록하므로, 기업은 주주가 주식을 보유한 정확한 기간에 비례해 배당을 실시간으로 지급할 수 있다. 이는 이익 배분이라는 권리가 행정적 주기가 아니라 실제 소유 기간과 동기화되는, 자본의 흐름이 연속적인 스트리밍 형태로 진화함을 의미한다.

의결권 또한 복원된다. 기존 시스템에서 개인 투자자의 의결권은 수탁 은행과 예탁결제원을 거치는 긴 위임 사슬proxy chain 속에서 종종 누락되거나 왜곡되었다. 내 주식이지만 내 의지대로 투표하기 위해선 복잡한 절차를 거쳐야 했다. 그러나 토큰화된 주식은 의결권을 토큰 소유자의 지갑 주소에 직접 귀속시킨다. 더 나아가 의결권만을 분리하여 별도의 토큰으로 위임하거나, 특정 조건에서만 발동되도록 프로그래밍하는 것도 가능해진다. 이는 주주총회의 거수기 문화를 넘어, 코드로 구현된 정밀한 거버넌스의 시대를 예고한다.

마지막으로 주식의 프로그래밍 가능성이다. 전환우선주나 상환우선주처럼 복잡한 조건이 붙은 주식들도 기존에는 서류상의 계약으로만 존재했다. 조건 충족 여부를 확인하고 실행하는 데는 사람의 개입과 법적 검토가 필요했다. 하지만 토큰화된 환경에서 이러한 조건은 문서가 아닌 코드로 구현된다. 기업 청산 시 잔여재산 분배 우선순위나 특정 성과 달성 시의 주식 전환 조건이 스마트 컨트랙트에 의해 자동으로 실행된다. 결국 토큰화는 주식이라는 자산을 죽어 있는 법적 계약서에서 살아 있는 소프트웨어로 전환하는 기술이다. 주식이 권리의 묶음이라면, 토큰화는 그 묶음을 푼 뒤 우리가 원하는 방식으로 다시, 그리고 더 정교하게 묶어내는 새로운 도구다.

자산 토큰 없는 미래는 없다

주식이 디파이 담보가
되는 세계

지금까지 주식은 계좌 속에 조용히 머물며 가격이 오르기만을 기다리는 비교적 정적인 자산이었다. 이를 담보로 활용하거나 대여하려면 별도의 계약서 작성, 신용 심사, 중개인의 개입 등 여러 단계가 필요했다. 즉, 주식은 가능성이 많은 자산이었지만 그 활용 방식은 제한적이었고, 대부분의 금융 활동은 사람과 기관의 승인 절차에 의존해야 했다.

토큰화는 주식을 프로그래밍 가능한 객체로 전환한다. 이는 주식이 수행하던 역할—투자 대상, 담보 자산, 레버리지 도구, 유동성 공급 수단—이 사람의 판단과 서류 절차에서 벗어나 코드와 자동화된 시스템의 영역으로 이동한다는 뜻이다. 주식은 더 이상 보관되는 것이 아니라, 조건이 충족되면 스스로 작동하는 금융 구성 요소가 된다.

이 변화가 가장 먼저 나타나는 영역은 자산의 조합과 상품 설계다. ETF나 인덱스 펀드는 현대 금융이 만들어낸 가장 효율적인 자본 배분 메커니즘 중 하나다. 예컨대 S&P500 지수에 편입된다는 것은 전 세계에서 흘러 들어오는 막대한 자금이 자동으로 해당 기업에 배분된다는 의미다. 그러나 기존 시스템에서는 이러한 자금 흐름이 사실상 블랙박스 안에서 이루어졌다. 펀드매니저와 내부 알고리즘이 리밸런싱 시점과 비중을 결정했고, 투자자는 그 과정의 상세한 로직이나 비용 구조를 완전히 확인하기 어려웠다. 또한 리밸런싱 과정에서 발생하는 시간 지연과 거래 비용은 보이지 않는 형태로 투자자에게 전가되곤 했다.

온체인 환경에서는 이 구조 자체가 달라진다. 어떤 종목을 어떤 비율로 편입할지, 언제 리밸런싱을 실행할지, 특정 조건에서 어떤 방식으로 자금을 이동시킬지 등이 스마트 컨트랙트 코드에 명시된다. 자산운용사의 서버 안에서만 작동하던 배분 로직이 누구나 검증 가능한 블록체인 위로 올라오는 것이다. 리밸런싱은 관리자의 수동적 판단이 아니라, 미리 정의된 조건이 충족되면 자동으로 실행되는 함수가 된다.

이것이 의미하는 변화는 자동화 이상의 것이다. 금융 상품은 더 이상 특정 자산에 투자하는 상품에 머무르지 않는다. 대신 시장의 자금 흐름 자체를 투명하게 조정하고 실행하는 프로토콜로 진화한다. 투자자는 펀드에 참여하는 것이 아니라, 코드로 정의된 자본 배분 규칙에 참여하게 된다. 결국 토큰화된 주식은 금융의 핵심 기능을 사람 중심의 계약에서 코드 중심의 구조로 이동시키며, 자산이 금융 시스템 안에서 스스로 움직이게 만드는 새로운 패러다임을 열고 있다.

증권 대차securities lending 시장의 풍경도 바뀐다. 주식을 빌리고 빌려주는 이 시장은 공매도와 헤지 거래의 핵심 인프라지만, 그 뒷단은 계약, 담보 관리, 이자 정산 등 수많은 수작업과 중개인으로 얽혀 있다. 누가 무엇을 빌렸고 담보는 충분한가를 확인하는 데 시간이 걸리기 때문에 리스크가 발생한다. 토큰화는 이 복잡한 대차 과정을 표준화된 프로토콜로 압축한다. 대차 기간, 이자율, 담보 비율, 그리고 담보 가치 하락 시의 자동 청산 규칙이 스마트 컨트랙트에 입력된다. 신용도 확인이나 담보물 평가는 실시간으로 이루어지며, 계약 불이행의 위험은 시스템에 의해 사전에 차단된다.

법적 장벽을 허무는 움직임

주식 토큰화가 국채나 회사채 토큰화보다 훨씬 더디고 복잡한 이유는 기술의 한계가 아니라 권리 구조의 본질적 차이에 있다. 채권은 기본적으로 돈을 갚으라는 금전 채무 계약이다. 발행자, 만기, 이자율, 상환 조건만 명확하면 권리 관계는 비교적 단순하다. 채권자가 요구할 수 있는 것은 약속된 금전의 지급이다. 다시 말해, 채권은 계약이다.

반면 주식은 계약을 넘어선다. 주식은 기업이라는 법인격의 일부를 소유하는 지위status다. 여기에는 배당 청구권 같은 금전적 권리뿐 아니라, 의결권, 경영 참여권, 신주 인수권, 그리고 청산 시 잔여재산 분배권까지 복합적인 권리 묶음이 포함된다. 채권이 돈 받을 권리라면, 주식은 기업의 일부가 되는 권리다. 이 차이가 토큰화의 난도를 결정한다.

문제는 이 지위를 블록체인 위에서 어떻게 법적으로 증명할 것인가에 있다. 현행 상법과 증권법 체계에서 주주의 권리는 주주명부나 예탁결제원의 장부에 등재됨으로써 효력을 갖는다. 법은 그 장부를 진실의 원천으로 본다. 그런데 주식 토큰화는 이 진실의 원천을 중앙 장부에서 블록체인으로 옮기려는 시도다.

여기서 근본적인 충돌이 발생한다. 블록체인 기록상 A가 주인이지만, 예탁결제원의 중앙 장부에는 여전히 B가 주인으로 등재되어 있다면 법은 누구를 진정한 주주로 인정할 것인가? 이 질문에 대한 명확한 답이 없는 한, 토큰은 법적 주식이 아니라 기술적 표현물에 머무를 수밖에 없다.

그래서 현재 대부분의 모델은 미러링 구조를 택한다. 실제 주식은 기존 수탁 기관에 보관한 채로 두고, 블록체인 위에서는 그 주식을 청구할 수 있는 디지털 영수증만 유통하는 방식이다. 이는 기술이 법의 속도를 기다리는 과도기적 타협이다. 토큰은 주식의 아바타일 뿐, 법적으로는 주식 그 자체로 인정받지 못한다.

주식 토큰화의 진정한 완성은 이 이중 장부 구조를 제거하는 순간에 이뤄진다. 블록체인 기록 자체가 법적 주주명부로 인정되는 순간, 토큰은 더 이상 '대표 증서'가 아니라 원본 기록이 된다. 그때 비로소 주식은 완전히 온체인 자산이 된다.

여기에 국경 문제가 더해지면 상황은 더욱 복잡해진다. 코드는 국경을 모르지만 법은 철저히 영토에 종속된다. 한국 기업의 주식 토큰이 인터넷을 통해 미국 투자자에게 이전되었을 때, 이 투자자를 보호하는 법은 한국 상법인가, 미국 증권법인가? 토큰은 자유롭게 이동하지만, 그 토큰이 표상하는 법적 권리는 국경선 앞에서 멈춰 선다. 이 괴리를 해결하지 못하면 토큰화된 주식은 법적 보호가 불완전한 데이터 조각으로 전락할 위험이 있다.

흥미로운 점은 이러한 법적 난관이 오히려 국가 간 인프라 경쟁을 촉발하고 있다는 사실이다. 스위스, 싱가포르, 아부다비 같은 금융 허브들은 규정을 일부 수정하는 수준을 넘어, 자국 법체계를 디지털 친화적으로 재설계하고 있다. 블록체인상의 기록에 법적 실체성을 부여하려는 시도는, 기술을 수용하는 것이 아니라 미래 자본이 정박할 법적 항구를 선점하려는 전략이다.

국경은 자본을 통제하려는 속성을 지니지만, 자본은 가장 효율적인 환경을 향해 이동하는 경향이 있다. 이 관계는 일종의 술래잡기다. 규제는 붙잡으려 하고, 자본은 더 유연한 공간을 찾는다. 역사적으로 케이만 제도나 저지섬 같은 역외 금융 허브는 단 한 뼘의 영토로 세계 자

자산 토큰 없는 미래는 없다

본의 거점이 되었다. 추상적인 자본은 물리적 공간이 거의 필요 없다. 법적 안정성과 효율성만 확보된다면 그곳을 기반으로 전 세계 자본을 순환시킬 수 있다.

주식 토큰화도 마찬가지다. 만약 스위스나 아부다비가 블록체인을 공식적인 주주명부로 인정하고, 토큰을 법적 주식으로 승인한다면 어떻게 될까. 글로벌 시장을 상대로 자본을 조달하려는 스타트업들은 뉴욕이나 홍콩 대신 그곳을 상장의 관문으로 선택할 수 있다. 그 플랫폼에서 제2의 테슬라, 제2의 엔비디아와 같은 기업이 탄생한다면, 블록체인 장부는 더 이상 보조 기록이 아니라 새로운 원천 기록이 될 것이다. 진짜 문제는 기술 완성도가 아니라, 법이 무엇을 진실로 인정할 것인가에 달려 있다. 그리고 그 결정은 자본이 어느 항구를 중심으로 흘러갈 것인가를 좌우하는 문명적 선택이 될 수 있다.

변화의 한 가운데에서 제도의 역할은 기술을 가두는 창살이 아니라 기술이 가진 잠재력을 안정성 위에서 이끌어 내는 인프라를 구축하는 데 있다. 주식의 각 권리를 쪼개어 유동화하는 작업은 개별 기업의 효율적 자금 조달을 넘어 국가 경제 전반의 자본 효율을 극대화할 수 있는 기회다. 법체계가 블록체인상의 기록을 공신력 있는 장부로 인정하고 스마트 컨트랙트에 법적 지위를 부여하는 환경을 먼저 조성하는 국가만이 글로벌 금융시장의 재편 과정에서 새로운 표준을 정의할 주도권을 쥘 것이다. 기술과 제도의 충돌을 방치하기보다 이를 활용해 금융의 배관을 현대화하는 것만이 디지털 자본주의 시대의 생존 전략이다.

부동산: 토큰화가 등기와 정면충돌하는 자산

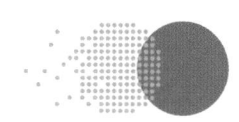

부동산 토큰화의 난제

부동산 시장은 겉으로 보기에 이미 고도의 디지털 전환을 이룬 것처럼 보인다. 스마트폰 화면 위에서 매물은 실시간으로 갱신되고 가격은 지도 위에서 즉시 비교된다. 하지만 이러한 디지털의 매끈한 표면은 소유권을 이전하려는 순간 갑자기 멈춰 선다. 가격과 정보는 24시간 연결되어 흐르지만 정작 소유를 확정하는 과정은 여전히 관청의 업무 시간과 공증 절차 그리고 종이 문서라는 낡은 관행에 묶여 있다. 부동산 거래가 유독 비싸고 느린 이유는 자산 자체가 무거워서라기보다 소유권을 확정하는 행정적 절차 자체가 거대한 마찰을 일으키기 때문이다.

이러한 지연이 발생하는 이유는 부동산이라는 자산이 가진 물리적 고정성과 사회적 성격에 있다. 주식이나 국채는 권리의 기록 자체가 자산의 본질이므로 장부상의 이동만으로 거래가 완성된다. 반면 부동산은 땅과 건물이라는 물리적 실체가 존재하고 그 실체는 옮길 수 없다. 따라서 부동산 거래에서 이동하는 것은 물건이 아니라 그 물건에 대한 권리 주장뿐이다. 이 주장은 개인이 선언한다고 해서 성립하지 않으며 반드시 사회가 인정하고 국가가 최종적으로 판정해 주어야만 효력을 갖는다. 부동산 소유는 처음부터 공권력의 언어로 구성되어 있으며 등기는 그 언어가 기록되는 유일한 원본이다.

블록체인이 기록의 기술이라면 부동산 등기는 권리의 기술이다. 바로 이 지점에서 토큰화와 기존 체계는 정면으로 충돌한다. 블록체인이 아무리 완벽하게 거래 내역을 남겨도 그 기록이 법적 소유로 인정되지 않으면 결국 사본에 머물 뿐이다. 국가가 관리하는 등기부가 법적 원본으로 남아 있는 한 온체인상의 거래는 등기부의 물리적 시간표에 종속될 수밖에 없다. 기술은 앞으로 달려가려 하지만 권리의 원본은 여전히 뒤에서 걸어오는 구조다. 부동산 토큰화가 다른 자산에 비해 더딘 이유는 기술의 부족이 아니라 국가가 원본 기록을 독점하고 있는 주권의 문제이기 때문이다.

이 원본 시스템은 네 가지 차원의 구조적 병목을 안고 있다. 첫째는 중앙집권화된 장부의 독점이다. 국가가 단일 원본을 관리하기에 부패나 행정 마비 그리고 시스템 장애가 발생할 때 시장은 대체할 장부를 찾을 수 없다. 둘째는 오프라인 절차의 비효율성이다. 서류 제출, 공증, 세금 신고 같은 절차에 소요되는 시간은 결국 자본을 묶어두는 비용으로 누적된다. 셋째는 국경의 장벽이다. 부동산은 영토 주권의 일부이기에 국가마다 법체계와 언어가 다르며 이는 외국 자본의 진입 비용을 높인다. 마지막은 분할 소유의 거버넌스 문제다. 조각 소유가 가능해지더라도 관리비 집행이나 임대차 계약 같은 의사결정 과정에서 발생하는 갈등은 관리 비용을 급증시킨다.

부동산 토큰화는 누가 원본 기록을 쓰는가에 대한 주권의 재설계 시도다. 토큰이 단지 투자 상품의 포장에 머문다면 등기는 그대로 남아도 무방하다. 하지만 토큰이 소유권의 실질적인 조각이 되려면 토큰의 이전이 법적 소유권의 이전과 동등한 효력을 가져야 한다. 부동산 토큰화의 미래는 기술적 속도가 아니라 국가가 등기 독점권이라는 원본의 권위를 어디까지 기술적 규칙에 양보할 것인가라는 제도적 결단에 달려 있다.

조각 소유: 소유의 우회로와 정공법, 그리고 유동성의 탄생

부동산 토큰화의 가장 직관적인 매력은 거대한 덩어리를 잘게 쪼개는 분할에 있다. 수십억 원이 있어야만 접근할 수 있었던 시장이 커피 한 잔 값으로도 참여 가능한 시장으로 변모하는 순간 부동산은 자산의 성격을 달리하게 된다. 하지만 이 조각 소유라는 현상을 자세히 들여다보면 겉모습은 비슷해 보이지만 그 속내는 전혀 다른 두 가지 경로가 존재함을 알게 된다. 한쪽은 건물을 포장한 껍질을 나누는 방식이고 다른 한쪽은 건물이라는 실체를 법적으로 쪼개는 방식이다. 이 두 경로의 차이는 토큰화가 기존 등기 시스템을 우회하는지 아니면 정면으로 돌파하는지를 결정하는 핵심 분기점이 된다.

현재 시장에서 널리 쓰이는 방식은 간접 소유, 즉 특수목적법인SPV

자산 토큰 없는 미래는 없다

을 활용한 우회로다. 이 구조에서 투자자가 구매하는 토큰은 부동산 그 자체가 아니다. 부동산은 특수목적법인이라는 회사가 소유하고 등기부에도 그 회사의 이름이 올라간다. 투자자는 단지 그 회사의 지분이나 그 회사가 발행한 수익증권을 토큰 형태로 보유할 뿐이다. 엄밀히 말해 투자자는 건물주가 아니라 건물을 가진 회사의 주주가 되는 셈이다.

이 모델이 주류가 된 이유는 명확하다. 법이 이미 알고 있는 길이기 때문이다. 법인은 부동산을 소유할 수 있고 지분은 증권의 형태로 거래될 수 있다는 기존의 규칙을 그대로 따르면서 그릇만 디지털로 바꾼 것이다. 한국 금융당국이 제시한 토큰 증권 가이드라인 역시 부동산 신탁 수익증권이라는 기존의 틀을 활용해 이 우회로를 제도권 안으로 포섭하려는 시도다.[111] 등기 시스템이라는 거대한 암반을 건드리지 않고도 관리와 수탁 그리고 투자자 보호라는 기존 금융의 안전장치를 그대로 쓸 수 있다는 점에서 이는 현실적이고 빠른 타협안이다.

하지만 이 방식은 한계 또한 뚜렷하다. 토큰이 가리키는 원본이 부동산 실체가 아닌 금융 상품이기에 소유의 감각은 희석된다. 투자자는 내 건물의 지분을 가진 것이 아니라 펀드 상품의 수익권을 가진 것에 불과하다. 결국 이 경로에서 부동산 토큰화는 부동산을 소유한 회사 주식의 토큰화로서 기본적으로 주식 토큰화의 길을 따라간다.

반대편에는 직접 소유라는 훨씬 더 험난하지만 정석에 가까운 길이 있다. 이는 토큰 자체가 부동산의 소유권이 되고 토큰을 전송하는 행위가 곧 법적인 소유권 이전이 되는 구조다. 중간에 법인이나 신탁이라는 매개체를 두지 않고 토큰이 곧바로 등기부상의 권리와 연결되는 것이다. 이것이 실현되면 토큰화는 더 이상 금융 상품의 포장지가 아

[그림32] 부동산 토큰화의 두 가지 방식 간접 소유 vs. 직접 소유

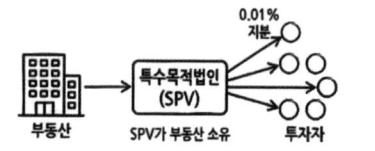

간접 소유 (SPV 모델)

SPV가 부동산 소유,
투자자는 토큰으로 SPV 지분 보유

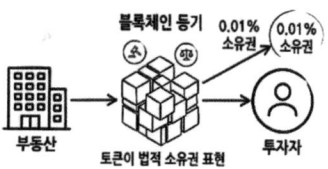

직접 소유 (블록체인 등기소)

토큰이 부동산 직접 소유권 표현,
온체인 법적 효력

(출처: 나노 바나나 생성 이미지 재가공)

니라 등기 시스템 그 자체가 된다.

　그러나 이 길을 열기 위해서는 기술적 혁신을 넘어선 법적 결단이 필요하다. 국가가 관리하는 등기부가 블록체인상의 기록 변화를 실시간으로 인정하거나 아예 블록체인 기록을 법적 원본으로 받아들여야 하기 때문이다. 이는 앞서 언급한 대로 국가가 독점해 온 권리 확정의 권한을 분산된 네트워크와 나누는 일이다. 기술적으로는 충분히 가능한 미래지만 정치적으로는 가장 풀기 어려운 난제다. 그래서 대부분의 프로젝트는 우회로를 택하지만 진정한 의미의 소유권 혁신은 이 정공법이 통과되는 순간에야 비로소 완성될 것이다.

　어떤 경로를 택하든 조각 소유가 만들어내는 극적인 변화는 유동성의 탄생이다. 부동산은 본래 가장 비유동적인 자산이다. 거래는 드물게 일어나고 가격은 몇 달 전의 실거래나 호가에 의존해 짐작할 뿐이다. 주식이 초 단위로 가격을 갱신할 때 부동산은 짙은 안개 속에 머물러 있다. 그런데 조각이 생기면 이 안개가 걷히기 시작한다.

거대한 자산을 0.01% 단위로 쪼개면 진입 장벽이 낮아지고 참여자가 늘어나며 거래 빈도는 폭발적으로 증가한다. 일 년에 한 번 거래되던 아파트 한 채가 매일 수백, 수천 번씩 거래되는 지분 조각들의 연속적인 흐름으로 바뀌는 것이다. 거래가 빈번해질수록 가격 발견 기능은 정교해진다. 이웃집이 언제 팔렸는지 더듬어 추정하던 가격은 이제 스마트폰 화면 위에서 실시간으로 갱신되는 시장 가격으로 대체된다. 시장이 불연속적인 점의 집합에서 연속적인 선의 흐름으로 바뀌는 순간 부동산은 비로소 금융 자산과 같은 속도를 얻게 된다.

다만 이 유동성의 질감은 앞서 선택한 경로에 따라 달라진다. 간접 소유 모델에서 발생하는 유동성은 부동산을 기초 자산으로 하는 금융 상품의 유동성이다. 반면 직접 소유 모델이 실현된다면 그것은 등기 권리 그 자체의 유동성이 된다. 전자가 부동산 금융시장을 효율화하는 것이라면 후자는 부동산 소유의 패러다임을 근본적으로 바꾸는 것이다. 조각 소유는 부동산을 작게 나누는 기술적 분할을 넘어 자산이 흐르는 속도와 방식을 재설계하는 과정이다. 그리고 그 끝에는 움직이지 않던 땅과 건물이 전 세계 자본 시장 위를 흐르는 액체와 같은 상태로 변화하는 미래가 기다리고 있다.

국경의 해체:
지역 자산의 글로벌화

외국인이 타국의 부동산에 투자한다는 것은 그 나라의 제도적 장벽을 넘는 비용을 감당한다는 뜻이다. 현지 계좌를 개설하고 법인을 설립하며 공증과 세무 절차를 밟아야 한다. 국가마다 상이한 취득 제한과 자금 출처 소명 그리고 외환 송금 규제는 외국 자본의 진입을 막는 거대한 마찰력으로 작용한다. 결국 외국인 투자자에게 제일 큰 부담은 부동산 가격 자체가 아니라 그 나라의 제도 안으로 진입하기 위해 치러야 하는 행정적 비용이다.

이 장벽이 높고 견고한 이유는 단순하다. 부동산은 곧 영토 주권의 물리적 실체이기 때문이다. 국가는 부동산을 세금의 원천이자 인구와 산업이 배치되는 공간이며 안보와 규제가 작동하는 영토로 본다. 따라서 국경은 부동산 시장에서 권리가 통과할 때마다 작동하는 주권의 관문이다.

토큰화는 이 주권의 관문을 폭파하는 기술이 아니다. 토큰으로 거래한다고 해서 외국인 취득 제한이 사라지거나 세금이 코드로 면제되는 일은 일어나지 않는다. 자금세탁 방지 규정 또한 블록체인 위에서 여전히 유효하다. 토큰화가 장벽 자체를 제거하지 못한다는 사실은 분명하다. 그러나 이것이 변화가 없다는 뜻은 아니다. 혁신은 허가의 영역이 아니라 과정의 재설계에서 일어난다.

토큰화는 기존 외국인 투자가 반드시 거쳐야 했던 복잡한 행정의 연쇄 과정을 해체하고 재조립한다. 해외에서 부동산을 매입하려면 통상 현지 계좌 개설, 법률 검토, 세무 구조 설계, 소유권 등기 이전 등 여러 단계를 통과해야 한다. 시간과 비용이 많이 들 뿐 아니라, 현지 법률 대리인과 관리 체계에 의존해야 한다. 국경을 넘는다는 것은 행정적·법적 진입을 의미했다.

토큰화는 이 과정을 권리 단위로 분해한다. 특히 간접 소유 구조에

자산 토큰 없는 미래는 없다

서는 부동산의 실체적 소유권을 물리적으로 국경 너머로 이전하지 않는다. 대신 해당 자산을 보유한 법인의 지분이나 수익 청구권을 토큰으로 쪼개 유통한다. 투자자는 현지에 정착할 필요도, 복잡한 법률 팀을 고용할 필요도 없이, 거래 가능한 권리의 조각을 매수함으로써 해당 자산의 가치 변동과 수익에 노출될 수 있다. 부동산 투자는 더 이상 현지 진출이 아니라 포트폴리오 편입의 문제가 된다.

여기서 일어나는 변화의 본질은 접근성의 확대이자 스케일의 확장이다. 과거에는 막대한 자본과 전문 인력을 갖춘 소수 기관만이 국경을 넘어 빌딩을 매입할 수 있었다. 그러나 토큰화가 조각 소유와 결합하면 최소 투자 단위가 획기적으로 낮아진다. 수십만 원 수준의 자본으로도 서울의 오피스 빌딩, 도쿄의 임대주택, 뉴욕의 상가에 동시에 투자할 수 있다. 물리적 자산은 여전히 특정 지역 경제에 속해 있지만, 그 권리의 유동성은 글로벌 자본 시장의 문법을 따르게 된다.

이 변화는 부동산의 이중적 진화를 의미한다. 집과 토지는 물리적으로는 여전히 그 자리에 남아 있지만, 그 가치를 대표하는 권리의 조각들은 블록체인 위에서 국경을 넘어 이동한다. 자산은 영토에 묶여 있지만, 자본은 탈영토화된다. 이는 지역 자산이 진정한 의미에서 글로벌 자산으로 전환되는 출발점이다.

디지털 등기부 모델 세 가지: 기록을 어디까지 인정할 것인가

부동산 토큰화의 쟁점은 결국 원본의 문제로 수렴한다. 거래 속도가

[그림33] 디지털 등기부의 3가지 모델

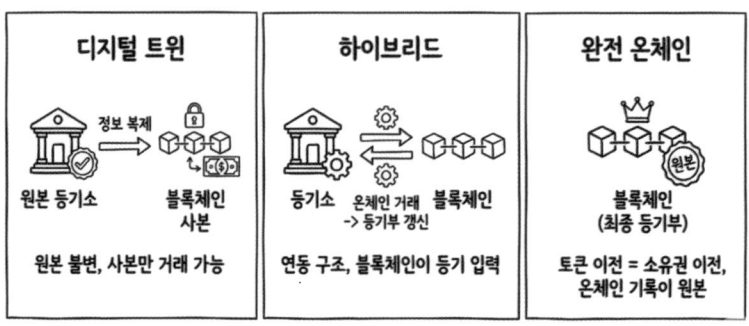

(출처: 나노 바나나 생성 이미지 재가공)

빨라지고 조각 소유가 가능해지며 국경을 넘어 유통된다 하더라도, 여전히 질문은 남는다. '그 거래가 소유권을 바꿨다는 사실을, 누가 어떤 기록으로 확정하는가?' 디지털 등기부는 기술적 가능성과 국가 주권이 첨예하게 교차하는 지점이다. 블록체인이 새로운 기록의 방식을 제시할 때, 국가는 자신이 독점해 온 원본을 인정하는 방식을 다시 설계해야 하는 기로에 선다.

디지털 트윈: 블록체인은 거래 가능한 사본이다

가장 현실적이고 보수적인 출발점은 기존 등기부를 그대로 둔 채, 그 내용을 블록체인 위에 복제하는 방식이다. 온체인 상에서 토큰 거래는 자유롭게 일어나지만, 법적 효력을 갖는 최종 원본은 여전히 국가의 등기부에 남는다. 엄밀히 말해 블록체인은 원본이 아니라 거래 가능한 사본의 시장을 만드는 셈이다.

이 방식은 도입 장벽이 낮다. 국가는 기존 시스템을 흔들지 않은 채 혁신을 실험할 수 있고, 민간은 결제·유통·조각화 같은 기술적 편의를

　　　　　　　　　　　자산 토큰 없는 미래는 없다

빠르게 얹을 수 있다. 하지만 핵심 약점은 명확하다. 등기부와 온체인 기록이 어긋나는 순간, '무엇이 진짜인가'라는 치명적인 분쟁이 발생한다. 토큰은 A에게 넘어갔는데 등기부는 여전히 B의 소유로 남아있다면, 법원은 등기부를 손들어줄 수밖에 없다. 결국 충돌의 판정권은 끝까지 국가 쪽에 남으며, 시장의 속도는 빨라져도 소유권 확정은 여전히 등기의 행정 시간에 묶이게 된다. 이는 기술을 도입했으되 제도를 넘어서지 못한 과도기적 모델이다.

하이브리드: 온체인 거래가 등기부를 갱신한다

두 번째는 단순 복제가 아니라 연동이다. 온체인에서 거래가 발생하면 스마트 컨트랙트나 중개 시스템을 통해 그 결과가 등기부 갱신으로 이어지도록 연결하는 방식이다. 여기서 블록체인은 더 이상 수동적인 사본에 머물지 않고, 국가 등기 시스템을 움직이는 능동적인 입력 장치가 된다.

하지만 연동은 곧 운영의 문제로 직결된다. 온체인 거래는 즉시 끝났는데 등기 반영이 시스템 오류나 행정 절차로 지연되면 그 사이 법적 공백이 생긴다. 또한, 시스템을 연결하는 순간 보안, 감사, 운영 비용이 늘어나며, 무엇보다 '누가 이 연동의 무결성을 보증하는가'라는 책임 문제가 새롭게 등장한다. 공공기관이 직접 할 것인가, 민간 플랫폼이 대행할 것인가, 아니면 공인된 제3의 중계자가 생길 것인가. 이 단계의 핵심은 기술적 구현이 아니라 운영과 책임의 설계다. 블록체인이 원본이 되는 것이 아니라, 원본이 블록체인의 데이터를 신뢰하고 받아들이기 시작하는 과정이기 때문이다.

완전한 온체인: 블록체인이 최종 등기가 되는 순간

세 번째 모델은 가장 급진적인 완전 온체인 방식이다. 이때부터 블록체인은 더 이상 보조 장부가 아니라 유일한 법적 원본의 지위를 획득한다. 토큰의 이전이 곧 소유권의 이전과 동등한 효력을 갖는다는 선언이다. 이 구조에서 기존의 등기부는 원본의 지위를 잃고 조회 창구로 물러나게 된다.

이 변화는 기술적 도입의 문제가 아니라 국가 권력의 재정의 문제다. 국가는 지금까지 장부를 직접 기록하고 관리하는 주체였으나, 이 모델에서는 기록의 규칙을 정하고 그 무결성을 검증하는 심판자로 역할이 이동해야 한다. 권리 인프라의 설계 철학 자체가 바뀌는 것이다. 따라서 법은 필연적으로 묻게 된다. 온체인 기록의 효력은 어디까지인가. 해킹이나 개인 키 분실 같은 사고가 발생했을 때 법원은 무엇을 근거로 권리를 복구할 것인가. 완전 온체인은 속도의 약속이 아니라 원본의 약속이며, 원본을 바꾸는 순간 분쟁을 해결하고 권리를 보호하는 사법적 절차까지 송두리째 재설계되어야 한다.

이러한 급진적 모델을 제도적으로 탐색하는 대표적 사례가 리히텐슈타인의 토큰 및 신뢰 기술 서비스 제공자 법, 일명 블록체인 법이다.[112] 2020년 발효된 이 법은 토큰을 권리의 전자적 표현으로 명시적으로 인정하며 온체인 기록이 법적 효력을 가질 수 있는 기반을 마련했다. 이 법은 토큰을 특정 기술에 묶지 않고 증권과 재산권 등 모든 종류의 권리를 담을 수 있는 그릇으로 정의함으로써 완전 온체인 모델의 법적 가능성을 열었다.[113]

이러한 실험은 언뜻 보기에 금융 인프라가 고도로 발달한 선진국의 전유물처럼 보인다. 등기 시스템이 완벽하게 작동하는 곳에서나 가능

자산 토큰 없는 미래는 없다

한 사치스러운 기술 도입으로 비치기 쉽다. 그러나 시선을 조금만 돌려 보면 이 기술이 절실하게 요구되는 곳은 오히려 정반대의 환경임을 알게 된다. 국가의 등기 시스템이 신뢰를 잃었거나 행정력이 미치지 못해 소유권 자체가 증발해버린 곳에서 블록체인은 효율성의 도구가 아니라 생존의 기반이 된다. 화려한 금융 허브가 아닌 제도의 사각지대에서 기술은 전혀 다른 차원의 질문을 던진다. 국가가 기록하지 못하는 자산은 자본이 될 수 없는가. 이 물음은 페루의 경제학자 에르난도 데 소토 Hernando de Soto가 지적한 죽은 자본의 현장으로 우리를 이끈다.

죽은 자본의 부활: 에르난도 데 소토의 통찰

리마 외곽의 판자촌에 사는 마리아는 30년간 그 땅에서 살았다. 직접 벽돌을 쌓아 올린 집이고 이웃들도 그녀가 주인임을 안다. 하지만 은행은 대출을 거절한다. 등기부에 그녀의 이름이 없기 때문이다. 등기소는 존재한다. 문제는 그곳에 가도 소용없다는 사실이다. 서류는 분실되거나 중복 기록되어 있고 담당 공무원은 뒷돈을 요구한다. 마리아의 집은 물리적으로 분명히 존재하지만 법적으로는 투명 인간과 같다. 그래서 담보도 안 되고 팔 수도 없으며 상속마저 불명확하다.

이것은 마리아 한 사람만의 이야기가 아니다. 에르난도 데 소토는 《자본의 미스터리The Mystery of Capital》에서 개발도상국과 신흥국 다수에서 부동산과 토지가 자본으로 기능하지 못하는 근본 원인을 불완전하거나 신뢰할 수 없는 등기 제도에서 찾았다. 아프리카와 라틴아메리카의 많은 국가에서는 토지와 주택이 사실상 점유되고 사용되고 있음에도 명확한 법적 소유권이 등기되지 않거나 등기소가 부패와 분쟁으로 제 기능을 하지 못한다. 그 결과 수억 명이 집과 땅을 소유하고도 이를

[그림34] 에르난도 데 소토

(출처: Wikimedia Commons, I4LD 1 and Flavia Gandolfi, CC-BY-SA 3.0)

활용하지 못해 자산은 죽은 자본으로 남는다. 집은 있는데 자본이 아닌 것이다.

바로 이 지점에서 블록체인은 보조 수단이 아니라 출발점이 된다. 신뢰할 수 없는 중앙 등기소를 우회해 위조와 변조가 어렵고 누구나 검증할 수 있는 단일 장부 위에 소유권을 기록함으로써 최소한 누가 무엇을 소유하는가에 대한 합의를 기술적으로 강제할 수 있기 때문이다. 행정 역량이 부족하거나 시스템이 부패한 국가일수록 블록체인 기반의 투명한 기록은 기존 제도보다 오히려 더 강력한 법적 안정성의 토대가 될 수 있다.

토큰의 이전이 곧 소유권 이전으로 작동한다면 담보 설정과 상속 그리고 매각 같은 금융 행위 역시 코드로 자동화될 수 있고 국경 밖 자본과도 직접 연결된다. 부동산이 자산이라는 이름을 가졌으나 자본으로

자산 토큰 없는 미래는 없다

작동하지 못했던 지역에서 완전 온체인 모델은 부동산 금융화의 사실상 유일한 대안이 될 수 있다. 데 소토가 제기했던 질문인 어떻게 죽은 자본을 살아 있는 자본으로 바꿀 것인가에 대한 하나의 현실적 답변이 여기에 있다.

이 오래된 문제는 오늘날 아프리카에서 극단적인 형태로 되살아난다. 2050년이면 전 세계 노동 인구의 4분의 1을 차지할 것으로 예상될 만큼 아프리카의 인구 구조는 폭발적으로 성장하고 있다. 특히 급격한 도시화로 인해 2050년까지 아프리카 도시에는 9억 5000만 명의 인구가 추가로 유입될 전망이다.[114] 그러나 이들을 수용할 인프라는 턱없이 부족하다. 국제금융공사와 범아프리카 주택개발 금융기관인 셸터 아프리크의 분석에 따르면 현재 아프리카 대륙은 최소 5000만 호 이상의 주택 부족 사태를 겪고 있으며 이를 해결하기 위한 자금 조달 격차는 무려 1조 4000억 달러에 달한다.[115] 수요는 폭발하는데 공급을 떠받칠 금융이 전혀 따라오지 못하는 것이다.

수요가 넘치고 부동산 수익률이 선진국 대비 2배에서 3배 이상 높은데도 글로벌 자본이 아프리카로 흘러가지 않는 이유는 단순하다. 신뢰할 수 있는 인프라가 없기 때문이다. 이 막대한 글로벌 자본은 늘 수익률을 찾아 이동하지만 정작 런던의 연기금 매니저가 나이로비의 상업용 건물에 투자하고 싶어도 그 건물이 법적으로 온전히 존재하는지 완공 후 소유권이 확실히 보장되는지 확신할 수 없다. 자본이 가장 두려워하는 것은 자산 가격의 하락이 아니라 제도의 불확실성이다. 등기부가 흔들리면 투자 자체가 성립하지 않는다.

이러한 불확실성은 현지의 거래 과정에서 적나라하게 드러난다. 세계은행 기업환경평가 통계에 따르면 사하라 이남 아프리카 국가들의 평균 부동산 매매 소요 시간은 51일이 넘고 나이지리아의 경우 90일 가까이 걸린다.[116] 단순히 행정 처리가 늦기 때문만이 아니다. 소유권 증명서, 토지 측량 보고서, 세금 납부 증명서, 지역 정부 승인서, 건축 허가서 등 요구되는 서류가 끝이 없고 각 단계마다 수수료라는 명목의 마찰 비용과 부패가 끼어든다. 중앙화된 등기 시스템이 신뢰를 잃은 환경에서는 서류가 많아질수록 권리가 보호받는 것이 아니라 조작과 분쟁의 여지만 늘어날 뿐이다.

현지인들의 진입 장벽 역시 극단적으로 높다. 나이로비나 라고스의 제대로 된 상업용 건물이나 아파트 단지를 개발하는 데는 수백만에서 수천만 달러가 필요하다. 결과적으로 부동산 개발과 투자는 소수의 현지 엘리트와 제한된 외국 자본의 전유물이 된다. 5000만 명의 인구를 가진 케냐 전체에서 현재 유지되고 있는 정상적인 주택 담보 대출 건수는 3만 건도 채 되지 않는다.[117] 자산은 도시 곳곳에 존재하지만 대다수 시민은 그 자산에 접근할 통로가 막혀 있는 전형적인 죽은 자본의 상태다.

아프리카가 토큰화 전환의 최전선이 될 수 있는 이유는 역설적으로 기존 시스템에서 잃을 것이 없기 때문이다. 선진국은 이미 굳건하게 자리 잡은 법률과 행정 인프라 때문에 새로운 기술을 도입하는 데 막대한 매몰 비용과 사회적 합의가 필요하다. 반면 등기와 신뢰 제도가 무너져 있는 아프리카는 낡은 배관을 고쳐 쓰는 대신 처음부터 블록체인이라는 새로운 배관을 깔아버릴 수 있는 여백이 존재한다.

부패한 행정 관청의 서류 다발 대신 위변조가 불가능한 블록체인 장부 위에 부동산의 권리를 기록하고 이를 조각내어 전 세계의 자본과 직접 연결하는 것. 이것이 아프리카의 멈춰버린 부동산 시장에 유동성을

자산 토큰 없는 미래는 없다

공급하는 가장 현실적인 대안이다. 신뢰가 부재해 돈이 흐르지 않던 대륙에 코드로 짜인 규칙을 이식하여 자본이 흐를 길을 내는 작업이 이미 시작되고 있다.

부동산 금융의 재편

등기 제도의 완전한 전환은 국가의 시간이 필요한 일이다. 그러나 시장의 시간은 제도의 완성을 기다려주지 않는다. 현장에서는 이미 기존 등기 제도의 한계 위에서도 부동산 금융의 문법을 다시 쓰는 작업이 시작되었다. 오랫동안 비유동적이고 느리며 관리 비용이 높은 덩어리로 여겨졌던 부동산이 토큰화와 결합하여 즉시 접근 가능하고 스스로 집행되는 금융 자산으로 변모하고 있다. 이는 수익 분배, 담보 대출, 개발 금융 등 부동산을 둘러싼 자금의 흐름이 사람의 관리 영역에서 코드의 집행 영역으로 이동하고 있음을 의미한다.

즉각적인 변화는 현금 흐름의 해상도가 높아진다는 점이다. 기존 부동산 투자에서 임대 수익은 관리자와 은행, 중개 기관을 거치며 분기나 반기 단위로 뭉뚱그려져 입금되었다. 그 과정에서 발생하는 행정 비용은 소액 투자자의 진입을 막는 장벽이었다. 그러나 토큰화된 구조에서 수익 배분은 스마트 컨트랙트가 수행한다. 예컨대 스페인의 부동산 투자 플랫폼 리엔탈Reental 사례처럼 투자 지분에 비례해 월별 임대 수익이 자동으로 지갑에 꽂힌다.[118] 지급은 행정이 아니라 코드가 되고 회계와 정산은 실시간으로 동기화된다. 관리 수수료와 송금 비용이 획기적으로 낮아지면서 부동산의 현금 흐름은 더 자주, 더 작게, 더 투명하게 투자자에게 전달된다.

대출의 영역에서는 담보의 성격이 바뀐다. 전통적 모기지는 차입자의 소득 증빙과 신용 등급을 심사하는 은행원의 판단에 의존해 왔다. 반면 온체인 모기지에서는 담보 가치가 핵심이다. 가령 메이커다오MakerDAO와 센트리퓨즈Centrifuge를 연결한 DeFi 구조에서는 토큰화된 주택 담보를 기반으로, 담보비율LTV에 따라 상당 규모의 스테이블코인 DAI을 자동 대출해주는 모델이 실제 운영되고 있다. 담보 가치가 하락하면 자동으로 청산이 실행되고 상환 내역은 실시간으로 원장에 기록된다.[119] 심사의 권한이 사람에게서 알고리즘 조건문으로 이동한 것이다. 이는 신용 기록이 부족하거나 은행 문턱이 높은 계층에게 자산 가치만으로 평가받을 수 있는 새로운 유동성 경로를 열어준다.

가장 파괴적인 혁신은 PF에서 발생한다. 건설과 개발의 영역은 전통적으로 거대 금융기관과 시행사 간의 폐쇄적인 계약으로 이루어졌으며 자금 집행의 불투명성과 도덕적 해이는 고질적인 리스크였다. 토큰화는 이 밀실을 개방한다. 인도네시아의 대규모 개발 프로젝트 사례는 자금 조달을 넘어 자금 통제의 혁신을 보여준다. 조달된 280억 달러 규모의 자금은 곧바로 개발사의 통장으로 들어가는 것이 아니라 스마트 컨트랙트 에스크로에 잠긴다. 공사가 특정 단계에 도달했음이 온체인 오라클을 통해 검증될 때만 자동으로 지정된 계좌에 입금된다.[120] 투자자는 소액으로 대형 프로젝트에 참여하고, 시행사는 자금 유용의 유혹을 구조적으로 차단당한다. 이것은 조달의 민주화를 넘어 집행의 투명화를 강제하는 기술적 통제 장치다.

이 모든 변화는 하나의 방향성을 가리킨다. 부동산은 더 이상 비유동·저속·고비용 자산으로만 남지 않는다. 실시간 수익이 자동 분배되

자산 토큰 없는 미래는 없다

고, 담보로 활용되며, 글로벌 자본시장에서 거래되고, 유연한 금융 상품으로 재조합되는 프로그래머블 자산으로 바뀌고 있다. 부동산 금융의 재편은 더 이상 미래가 아니라, 이미 시작된 현재다. 그런데 이것이 전부는 아니다. 수익 분배가 자동화되고 대출이 코드로 실행되더라도, 그 바탕에는 여전히 풀리지 않은 질문들이 남아 있다. 소유란 무엇인가. 기록은 어디에 있어야 하는가. 주권은 어디까지 양보할 것인가. 부동산 토큰화가 금융 혁신을 넘어 진정한 소유 체계의 전환으로 이어지려면, 결국 이 질문들과 정면으로 마주해야 한다.

소유의 재정의: 기술, 법, 주권의 교차점에서

부동산 토큰화는 소유라는 개념 자체를 재정의하는 과정이다. 이 여정에서 우리는 수십 년간 쌓아온 법제와 등기 그리고 세제 시스템이 자산의 디지털화와 충돌하며 만들어내는 세 가지 근본적인 설계 과제와 마주한다. 이 과제들은 토큰화가 기술적 실험을 넘어 실질적인 제도적 전환으로 나아가기 위해 반드시 넘어야 할 문턱이다.

첫째, 소유란 무엇인가라는 질문이다. 흔히 부동산 소유권을 땅의 주인이라는 평면적인 개념으로 생각하기 쉽지만 실제로는 점유권과 담보권 그리고 저당권 등 성질이 다른 여러 권리가 층층이 쌓인 권리의 다발에 가깝다. 같은 공간 위에 서로 다른 이해관계가 중첩되어 작동하는 것이 부동산의 본질이다. 게다가 토지를 소유한다고 해서 그 땅의 지하와 상공까지 전적으로 지배할 수 있는 것도 아니다. 한국을 포함한 많은 국가에서 지하의 문화재나 광물 자원은 공공의 자산으로 간주되어 소유자의 권리가 엄격히 제한된다. 문화재가 발견되는 순간 공사는 중단되고 모든 관리 비용은 소유자가 떠안으면서도 매각조차 할 수 없는 상황이 벌어진다. 이처럼 부동산은 이미 국가에 의해 설계된 높은 복잡성과 제한된 권리 구조를 가지고 있다.

이런 복잡성 때문에 토큰 하나로 모든 법적 이해관계를 단순화하는 것은 어렵다. 더욱이 많은 토큰화 구조는 부동산 자체가 아니라 이를 보유한 특수목적법인의 지분을 나누는 방식을 취한다. 이 경우 투자자는 실물 부동산이 아니라 간접적인 수익 청구권을 보유하게 된다. 토큰이 진정한 소유권인지 아니면 상품 지분인지에 따라 투자자 보호와 세제 적용의 범위가 달라지기에 기술은 이 법적 제약까지 고스란히 디지털 공간으로 이식해야 하는 숙제를 안고 있다.

둘째, 기록은 어디에 있어야 하는가라는 문제다. 대부분의 국가에서 부동산 소유권의 최종적인 효력은 등기부에 있다. 하지만 블록체인에서 일어나는 토큰 거래는 현재 대부분의 국가 등기부에 자동으로 반영되지 않는다. 기록이 서로 어긋날 때 무엇을 법적 원본으로 볼 것인지에 대한 사회적 합의가 없다면 위기 상황에서 토큰은 한없이 취약해진다. 만약 개인 키를 잃어버리거나 해킹이 발생했을 때 이를 소유권의 상실로 볼 것인지 아니면 법적인 절차를 통해 되돌릴 수 있는 기록의 오류로 볼 것인지에 대한 기준도 여전히 모호하다. 코드의 불변성과 법의 회복력 사이에서 부동산은 특히 국가의 최종적인 판정을 강력하게 요구하는 자산이다. 결국 기록의 장소가 어디인가라는 질문은 누가 최종적인 권위를 가졌는가라는 질문으로 수렴한다.

셋째, 주권은 어디까지 양보할 것인가라는 지정학적 층위의 질문이

[그림35] 땅의 실소유자는 누구인가

기초 공사 중 문화재가 나오면, 모든 공사가 중단된다. 그때부터 땅의 실제 소유자가 국가라는 사실을 뼈저리게 인식하게 된다. 그런데 이 주인은 공사비도 부담해야 한다. 부동산 소유자는 놀고 있는 장비와 인력의 비용을 모두 지불한다. (출처: 나노 바나나 생성 이미지 재가공)

다. 부동산은 국가 세금 징수의 핵심 기반이자 영토 주권의 상징이다. 양도세와 재산세는 보유와 이전에 촘촘하게 얽혀 있으며 외국인의 취득을 제한하는 것은 국가의 통제권을 유지하는 수단이다. 미국과 싱가포르 등 주요 국가들이 외국인 부동산 취득에 대해 엄격한 세금과 제한을 두는 이유는 부동산을 국가의 통치 영역으로 보기 때문이다. 블록체인이 등기 시스템을 대체한다는 것은 이 통제권의 일부를 분산된 네트워크에 내어준다는 의미를 내포한다. 때문에 국가가 이 흐름을 받아들이는 속도는 블록체인의 성능이 아니라 주권의 범위를 어디까지 열어줄 것인가라는 정치적 결단에 의해 결정된다.

이 세 가지 질문은 부동산 토큰화가 국채의 담보 효율화나 주식의 결제 혁신보다 훨씬 더 두꺼운 제도적 장벽에 도전하고 있음을 보여준다. 토큰은 이제 자산의 그림자를 넘어 소유를 구성하는 새로운 언어이자 등기 제도의 진화형으로 거듭나고 있다. 부동산 토큰화의 미래는 기술적 처리 속도에 달린 것이 아니라 법과 주권이라는 아날로그 뼈대가 얼마나 유연하게 진화할 수 있는가에 달려 있다. 그리고 그 진화의 과정은 결국 우리가 소유라는 오래된 개념을 디지털 시대에 맞춰 어떻게 다시 쓸 것인가라는 거대한 담론으로 귀결된다.

자산 토큰 없는 미래는 없다

7장

강남 아파트 토큰화의
가능성과 현실

REAL
WORLD
ASSET
TOKENIZATION

욕망의 성채, 강남 아파트

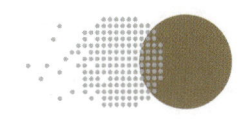

  서울의 아파트 단지는 한국 사회의 자본이 어디로 흐르고 어디에 고이는지를 보여주는 지표다. 그중에서도 강남 아파트라는 견고한 성채는 물리적인 행정 구역을 넘어 신분 상승의 사다리이자 욕망이 응집된 결정체로 존재해왔지만, 대다수의 국민에게 이 성채는 바라볼 수는 있어도 진입할 수는 없는 좌절의 공간이기도 하다.

  통계는 이 단절을 명확하게 보여준다. 연 소득 2억 원을 버는 가구는 대한민국 상위 1%에 속한다.[121] 그러나 이들이 세금을 제외한 소득을 한 푼도 쓰지 않고 30년을 모아도 강남의 신축 아파트를 구매하기엔 역부족이다. 노동 소득의 최상위 계층조차 접근할 수 없다는 이 역설은 강남 아파트가 이미 주거라는 사용 가치를 넘어 금융 자산으로서의 교환 가치로 설명되는 영역에 진입했음을 시사한다. 문제는 이 자산이 갈수록 폐쇄적인 그들만의 리그로 변질되고 있다는 점이다.

  과거에는 대출이라는 금융 레버리지를 활용해 이 성벽을 넘으려는 시도가 가능했다. 하지만 투기 억제를 목적으로 시행된 강력한 대출 규제는 역설적으로 자산의 진입 장벽을 더욱 높이는 결과를 낳았다. 50억 원짜리 아파트를 구매하기 위해 과거에는 20~30억 원의 자본으로도 도전할 수 있었으나 이제는 최소 40억 원 이상의 현금을 직접 보유해야만 문턱을 넘을 수 있다. 레버리지가 거세된 시장은 현금 동원력을 갖춘 극소수의 자산가만이 참여할 수 있는 배타적인 시장이 되었고 이는 강남 아파트를 난공불락의 요새로 만들었다.

토큰화는 이처럼 폐쇄적으로 굳어버린 자산 구조에 균열을 내는 기술적 해법이다. 토큰화의 분할성은 수십억 원이라는 거대한 진입 장벽을 10만 원 단위의 작은 블록으로 해체하여 자산가 한 명의 전유물이었던 공간을 수만 명의 투자자가 공유하는 개방형 자산으로 바꾼다. 이는 소액 투자를 가능하게 하는 것을 넘어 자산의 소유 구조를 이분법적인 소유냐 아니냐에서 연속적인 지분 보유의 형태로 전환하는 혁명이다.

이러한 변화가 도입되면 강남 아파트에 투영된 대중의 욕망은 보편적인 투자 기회로 확장될 수 있다. 소수의 자산가가 가치를 독점한다는 인식 대신 시장 참여자들이 자산 가치 상승의 과실을 지분에 비례해 공유하는 구조가 만들어지기 때문이다. 단돈 10만 원으로 압구정 현대 아파트의 지분을 소유하고 그 가치 상승분에 노출될 수 있다면 강남 부동산은 더 이상 상대적 박탈감의 대상이 아니라 누구나 접근 가능한 포트폴리오의 일부가 된다. 이는 자산 불평등으로 인한 사회적 긴장을 완화하고 음성화된 욕망을 투명한 금융 시스템 안으로 포섭하는 계기가 될 수 있다.

물론 접근성이 높아짐에 따라 가격이 더욱 자극받을 것이라는 우려

자산 토큰 없는 미래는 없다

역시 따라올 것이다. 수요의 저변이 넓어지면 자산 가치는 상승 압력을 받기 때문이다. 그러나 부의 편중을 해소하고 부동산 시장을 소수만 접근 가능한 폐쇄적 시장에서 전 국민이 참여하는 개방적 자본 시장으로 재편하는 것이 오히려 사회적 긴장을 완화하고 경제적 효율성을 높일 수 있다. 기술은 준비되었다. 그렇다면 이제 토큰화가 기존의 리츠나 펀드 같은 간접 투자 방식과는 구조적으로 무엇이 다른지, 그리고 그것이 한국 시장에 어떤 의미를 갖는지 명확히 이해할 차례다.

부동산 STO와 리츠의
비교 분석

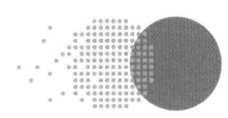

　기존 부동산 간접투자 시장의 맹주인 리츠REITs와 토큰화 모델의 대결은 투자 철학의 충돌이다. 리츠는 다수의 투자자로부터 자금을 모아 대규모 포트폴리오를 구성하고 그 수익을 나누는 방식이다.[122] 여러 빌딩을 하나의 바구니에 담아 위험을 분산하는 것이 리츠의 본질이다. 투자자는 리츠라는 집합체 뒤에 숨어 안정적인 배당을 기대할 수 있으나 자신의 자본이 어느 자산에 기여하는지 구체적으로 알기 어렵다. 반면 토큰화는 투자 대상을 개별 자산 단위로 쪼개는 핀셋 투자의 문을 연다.

　토큰화의 차별점은 압구정 현대아파트 특정 동호수와 같은 단일 자산을 정밀하게 선택할 수 있다는 점이다. 이는 투자자에게 자산에 대한 강력한 실체감을 부여하며 선호하는 입지나 자산에 집중 투자할 수 있는 환경을 제공한다.[123] 리츠가 거대한 항공모함을 타고 안정적으로 항해하는 방식이라면 토큰화는 개인이 각자의 보트를 몰고 원하는 지

[그림36] 리츠와 토큰화의 비교

리츠: 블라인드 펀드

토큰화: 핀셋 투자

(출처: 나노 바나나 생성 이미지 재가공)

점을 선점하는 방식이다. 하지만 이 개별성은 양날의 검이다. 리츠가 가진 분산 투자 효과를 포기하고 단일 자산의 변동성에 노출되는 집중 위험을 투자자가 온전히 짊어져야 하기 때문이다.

토큰화는 기존 시스템의 수수료를 제거한다는 점에서도 리츠와 구별된다. 리츠는 자산운용사와 수탁사 그리고 각종 관리 기구에 높은 고정비용을 지불해야 한다. 이 비용 구조에서 아파트 한 채와 같은 소규모 자산은 이익을 충분히 내기 어렵다. 반면 토큰화는 스마트 컨트랙트를 통해 수익 배분과 관리 과정을 자동화한다. 중개인에게 지불하던 비용을 코드가 대체함으로써 소액 투자자도 참여할 수 있는 경제적 타당성을 확보하게 된다.

그러나 토큰화가 리츠를 완전히 대체할 것이라는 기대는 성급하다. 현재의 리츠는 상장 시장을 통해 검증된 유동성을 제공하지만 토큰 증권 시장은 아직 초기 단계에 머물러 있다. 기술적으로 비용을 낮출 수 있다는 사실과 시장에서 제값에 팔 수 있다는 사실은 별개의 문제다. 토큰화가 리츠의 대항마로 서기 위해서는 거래소 인프라와 결제 시스템이 6장에서 다룬 국채시장 수준으로 고도화되어야 한다. 결국 부동산 STO는 리츠가 담아내지 못했던 미시적 욕구를 흡수하는 보완적 도구로 출발하여 제도적 안착을 거친 뒤에야 비로소 자산운용의 표준으로 자리 잡을 것이다.

자산 토큰 없는 미래는 없다

규격화된 욕망

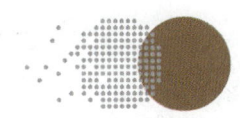

강남 아파트가 토큰화의 최전선에 서게 된 이유는 이 자산이 가진 지독할 정도의 규격화Standardization 수준이 금융 상품으로서의 가치를 완성하기 때문이다. 서울 강남의 전용면적 84제곱미터 아파트는 한국인에게 보편적인 단위로 작동한다. 건설사 브랜드와 연식 그리고 단지 규모에 따라 가격이 세밀하게 층을 이루고 있으며 이는 KB 시세라는 공인 지표를 통해 실시간으로 중계된다. 미국이나 유럽의 부동산이 집집마다 다른 설계와 상태 때문에 가치 평가에 막대한 마찰 비용을 발생시키는 것과 달리 강남 아파트는 이미 데이터로 치환된 상태다. 정보의 투명성은 곧 신뢰로 이어지며 이는 블록체인 위에서 거래되는 자산이 갖춰야 할 첫 번째 덕목이다.

둘째는 상시 현금화가 가능한 높은 유동성이다. 자산 토큰화의 핵심은 언제든 제값에 팔고 나갈 수 있다는 확신에 있다. 지방의 소규모 상가나 오피스텔은 매수자를 찾는 데 수개월이 걸리기도 하지만 강남 아

[그림37] 표준화되고 대체가능한 형태의 아파트

강남의 대단위 아파트들은 레고블록과 같이 표준화되어 있고 대체가능한 형태로 발전했다. (출처: 나노 바나나 생성 이미지 재가공)

자산 토큰 없는 미래는 없다

파트는 위기 상황에서도 매수 대기층이 가장 두텁게 형성되는 곳이다. 이러한 자산적 성격은 국채와 매우 유사하다. 자산을 조각내어 유통했을 때 시장에서 활발히 거래될 수 있는 바탕이 이미 마련되어 있다는 뜻이다. 풍부한 수요가 뒷받침되지 않는 자산을 토큰화하는 것은 거래되지 않는 휴지 조각을 양산하는 일에 불과하다. 하지만 강남 아파트는 전 국민이 그 가치를 알고 있으며 언제든 소유권을 획득하고 싶어 하는 열망이 응집된 곳이기에 토큰화의 엔진을 돌리기에 최적화된 연료와 같다.

여기에 더해 아파트 시장이 본래 수많은 개인 간의 거래를 통해 가격을 형성해왔다는 점은 토큰화 도입을 부드럽게 만드는 요인이다. 비록 공인중개사라는 중개인과 국가의 복잡한 규제망이 존재하지만 가격 결정의 주도권은 기본적으로 개인의 수요와 공급에 있다. 대형 빌딩처럼 소수 기관이 폐쇄적으로 거래하는 시장과 달리 아파트는 태생적으로 분산된 참여자들의 시장이다.

강남 아파트를 토큰화한다는 것은 이미 금융화된 한국형 안전 자산을 디지털 레일 위에 얹는 작업이다. 우리가 매일 뉴스를 통해 접하는 시세의 이면에는 이미 디지털 코드로 변환될 준비를 마친 데이터들이 숨 쉬고 있다. 이 거대한 자본의 흐름이 토큰이라는 그릇을 만났을 때 부동산은 비로소 물리적 제약에서 해방되어 빛의 속도로 움직이는 유동성으로 진화한다. 이는 한국 경제가 오랫동안 해결하지 못한 자본의 정체 현상을 해소하는 강력한 수단이 될 것이다.

케이스 시나리오 및
규제·세무 통합 분석

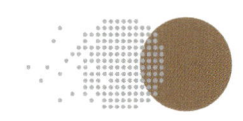

주거-금융 결합 모델:
아파트 지분 금융화 시나리오

강남 아파트 토큰화의 첫 번째 시나리오는 거주권은 유지하면서 자산의 일부만 현금화하는 주거 금융 결합형 모델이다. 예를 들어, 강남에 100억 원 상당의 아파트를 소유한 은퇴자 A씨가 실거주 중이지만 현금이 부족한 하우스 푸어 상태라고 가정하자. 자산 가치는 높지만 가처분 소득이 부족해 생활에 어려움을 겪는 A씨에게 토큰화는 실질적인 해법이 된다. A씨는 아파트 소유권은 유지하되 지분의 30%를 토큰화하여 시장에 매각함으로써 거주 공간을 지키는 동시에 필요한 자금을 즉시 확보할 수 있다.

하지만 소유와 거주 그리고 투자 지분이 분리될 때 발생하는 의사 결정의 불일치는 반드시 해결해야 할 과제다. 아파트 가격이 상승했

자산 토큰 없는 미래는 없다

[그림38] 주거-금융 결합형 토큰화 모델

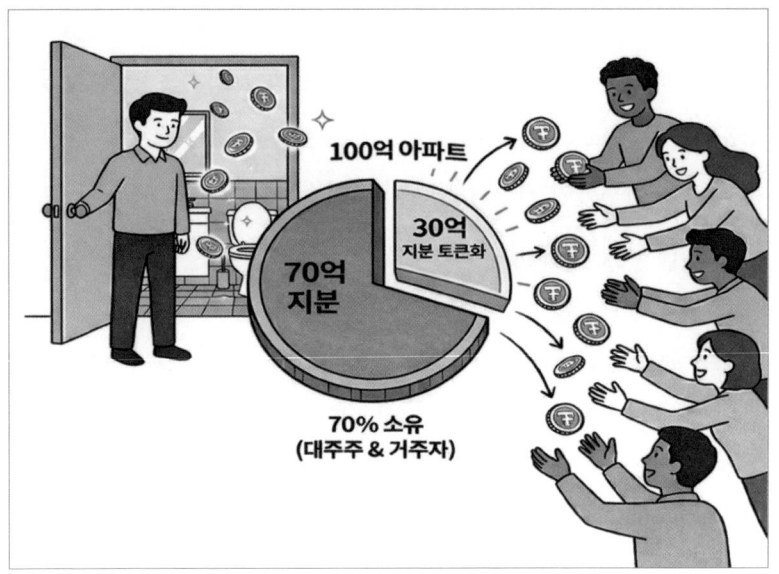

(출처: 나노 바나나 생성 이미지 재가공)

을 때 수익 실현을 원하는 토큰 보유자와 계속 거주하기를 원하는 소유주 사이의 갈등이 발생할 수 있기 때문이다. 100억 원에서 시작한 아파트가 200억 원이 되었을 때 투자자들은 매각을 통해 차익을 얻고 싶어 하지만 소유주는 매도 시기를 늦추려 할 수 있다. 이를 방지하기 위해 2차 시장 활용이 필수적이다. 이미 발행된 토큰이 투자자들 사이에서 자유롭게 재거래되는 거래소가 구축되면 투자자는 아파트 매각 없이도 자신의 지분을 팔아 수익을 실현할 수 있다. 소유주에게 아파트를 팔라고 강요하는 대신 다른 투자자에게 자신의 토큰을 파는 방식이다.

반대로 소유주가 해당 아파트를 매도하고 싶을 때 토큰 보유자들이 반대하는 경우도 생길 수 있다. 이는 기술적 해법을 통해 계약의 강제성을 부여하는 동반 매도권의 내장으로 해결 가능하다. 대주주가 팔기로 결정하면 소수 주주들도 같은 조건으로 함께 팔아야 한다는 규칙을 스마트 컨트랙트에 삽입하여 거래의 확실성을 보장하는 것이다. 훗날 소유주가 아파트 전체를 매각하기로 결정했을 때 소수 지분을 가진 이들이 이를 거부하여 거래가 무산되는 리스크를 방지할 수 있다. 이는 복잡한 법적 다툼 없이도 다수의 이해관계를 하나로 묶어주는 강력한 거버넌스 장치가 된다.

토큰 보유자들이 거주자에게만 유리한 구조라고 느낄 수 있는 형평성 문제는 임대료 상당액의 분배 설계를 통해 해결한다. 소유주는 사실상 타인의 지분 30% 위에 거주하고 있는 셈이므로 그에 상응하는 기회비용을 토큰 보유자들에게 지급하는 것이 논리적으로 타당하다. 이를 귀속 임대료 개념으로 접근하여 매달 현금으로 지급하거나 추후 아파트 최종 매각 시 시세 차익에서 우선 배분하는 방식을 설계한다면 소유주의 현금 부담을 낮추면서도 토큰을 안정적인 금융 상품으로 안착시킬 수 있다.

이 모델은 고가 자산을 거주 공간에서 능동적 금융 상품으로 전환하는 혁신적인 기제다. 특히 정부의 강력한 대출 규제 하에서도 소유주는 지분 매각을 통해 부채를 늘리지 않고 자본을 재배분하는 효과를 누릴 수 있다. 은행에서 돈을 빌려 이자를 내는 대신 동업자를 얻어 리스크를 분산하는 것이다. 가계 부채의 건전성을 해치지 않으면서도 자산의 유동성을 확보한다는 점에서 이는 개인과 국가 경제 모두에 긍정적인 신호가 된다.

자산 토큰 없는 미래는 없다

신탁 기반의 세무 설계와
법적 안정성

강남 아파트 토큰화가 실무적으로 성공하기 위해서는 개인 간의 단순 계약이 아닌 신탁 기반의 토큰 증권 구조를 취해야 한다. 개인이 임의로 토큰을 발행하고 투자자로부터 자금을 조달한다면 이는 자본시장법상 허가받지 않은 증권 발행에 해당하여 법적 처벌을 피하기 어렵다.[124] 더 큰 문제는 세금이다. 제도적 뒷받침 없이 투자자가 얻는 수익은 비영업대금의 이익으로 간주되어 27.5%라는 높은 세율이 적용될 위험이 크다.[125] 이는 상품의 경제적 매력을 떨어뜨려 시장의 형성을 원천적으로 차단한다.

따라서 자산의 안전성과 세제 혜택을 동시에 확보할 수 있는 제도적 틀이 반드시 전제되어야 한다. 가장 효율적인 경로는 소유주가 자산을 신탁사에 위탁하고 신탁사가 이를 바탕으로 수익증권을 발행하는 방식이다(금융혁신지원 특별법 제4조). 소유주가 아파트를 신탁사에 맡기면 신탁사는 그 아파트를 담보로 수익증권을 발행하고, 투자자들은 신탁사가 발행한 정식 증권을 구매한다. 토큰 증권은 블록체인 기술을 활용해 증권의 가치를 디지털화한 형태로 기존 법 체계 내에서 투자자 보호를 받으며 유통될 수 있는 핵심 수단이다.[126] 명목상 소유권은 신탁사에 있으나 실질 과세 원칙에 따라 재산세와 종합부동산세는 원 소유주가 부담하게 된다.[127] 이러한 구조는 기존 부동산 세제의 근간을 흔들지 않으면서도 새로운 투자 기회를 창출하는 합리적인 대안이다.

세무적 측면에서 토큰 보유자가 얻는 수익은 수익증권의 배당소득으로 분류되어 15.4%의 세율이 적용될 가능성이 높다.[128] 이는 개인 간 거래 시 발생하는 높은 세율보다 투자자에게 훨씬 유리한 조건이며 부동산 시장에 소액 자본이 유입될 수 있는 강력한 유인이 된다. 다만 현재의 과세 논의가 토큰 증권 영역까지 모호하게 번질 경우 시장의 혼란이 우려된다. 정부가 이를 가상자산이 아닌 기존 금융 투자 상품으로 명확히 규정하여 손실 이월공제 등을 인정하는 제도적 보완이 시급하다.

이러한 법적·세무적 정교화는 금융적 포용성을 실현하는 토대가 된다. 우량 자산의 가격 상승 혜택이 특정 계층에만 독점되는 것을 막는 사회적 순기능을 수행하기 때문이다. 자본주의 시스템에서 소외되었던 이들에게 자산 형성의 사다리를 다시 제공한다는 점에서 토큰화는 기술을 통한 부의 재분배라는 목표에 다가서게 한다.

[그림39] 토큰 증권화 시 세제 적용과 특징

구분	적용 세제 및 법리	효용 및 특징
투자자 **(토큰 보유자)**	배당소득세(15.4%)	부동산 실물 취득이 아니므로 취득세(최대 12%)가 면제된다. 또한 양도소득세 대신 금융상품에 대한 과세 체계를 따르므로 세 부담이 획기적으로 낮다.
투자자 **(자산 보유)**	종합부동산세 제외	토큰은 부동산 원부상의 소유권이 아니므로, 투자자의 주택 수에 포함되지 않으며 종부세 합산 대상에서도 제외된다.
소유자 A **(위탁자)**	보유세 재원 확보	명목상 소유권은 신탁사에 있으나 실질과세 원칙에 따라 재산세와 종부세는 여전히 A씨가 부담한다. 하지만 지분 매각으로 얻은 30억 원을 통해 고액의 보유세를 납부할 유동성을 확보한다.
소유자 B **(양도세)**	양도소득세 이월/분담	최종 매각 시 A씨는 자신의 지분(70%)에 대해서만 양도세를 부담한다. 나머지 30%에 대한 차익은 신탁 수익 구조 내에서 정산되므로 전체적인 세금 설계가 정교해진다.

동업자 모델:
갭투자의 진화

강남 아파트 토큰화의 두 번째 모델은 부족한 매수 자금을 부채가 아닌 지분 투자로 해결하는 갭투자 방식의 진화 모델이다. 이번에는 집을 사려는 구매자의 입장에서 접근해보자. 예를 들어 100억 원 상당의 아파트를 사고자 하는 B씨가 자신의 가용 자금과 대출을 모두 포함해 70억 원의 현금을 보유한 경우 나머지 30억 원을 조달하기란 현실적으로 불가능에 가깝다. 이때 B씨는 부족한 자금을 은행에서 빌리는 대신 아파트 지분 30%를 토큰으로 발행하여 내 집 마련의 꿈을 실현할 수 있다. 구매하고자 하는 아파트의 선 계약을 치른 후 잔금을 치르기 전까지의 기간 동안 해당 매물의 토큰 투자자들을 모집하는 방식이다.

이 방식은 자금 조달의 성격을 부채에서 동업으로 재정의한다는 점에서 파격적인 혁신이다. 기존 대출은 매달 고정적인 이자 부담을 수반하며 원금을 상환하지 못할 경우 자산이 경매에 넘어가는 리스크가 있지만 토큰화는 투자자와 수익을 공유하는 지분 투자 구조를 취한다. 투자자들은 B씨의 채권자가 아니라 아파트 가치 상승을 함께 기대하는 동업자가 되어 추후 매각 시 시세 차익의 30%를 배분받을 권리를 갖는다. 이는 차입자에게는 원리금 상환 압박을 없애주고 투자자에게는 우량 자산에 대한 투자 기회를 제공하는 상생의 구조다.

투자자들의 안전을 보장하기 위해 도입되는 핵심 기술은 도산절연 bankruptcy remoteness이다. 이는 자산 보유자의 개인적 파산 리스크가 해당 자산에 영향을 미치지 않도록 법적 물리적으로 분리하는 조치를 의미한다. B씨가 다른 사업을 하다가 개인 파산을 하더라도 이 아파트는 신

[그림40] 동업자 방식의 토큰화 모델

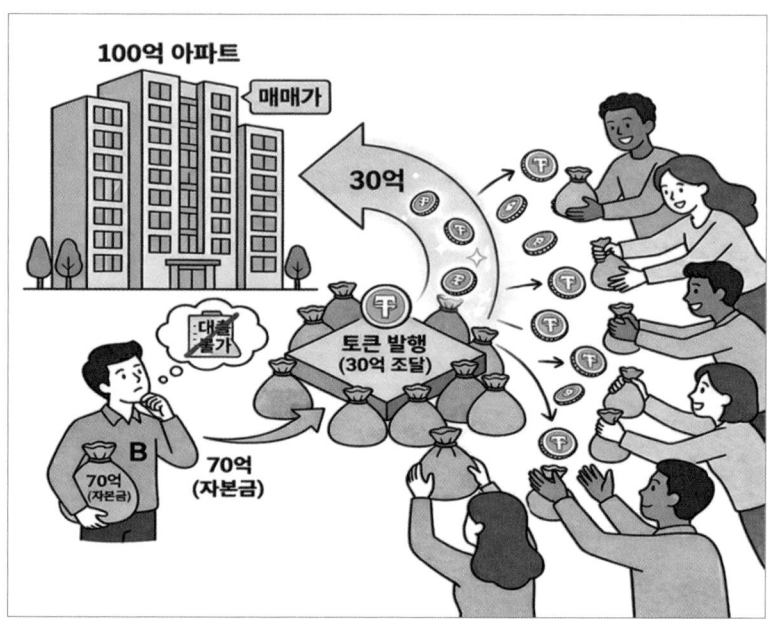

(출처: 나노 바나나 생성 이미지 재가공)

탁사나 투자자들에게 우선적으로 묶여 있어 다른 채권자들이 손댈 수 없게 만드는 것이다. 또한 소유주의 도덕적 해이를 방지하기 위해 스마트 컨트랙트를 활용한다. 아파트가 매도되어 매각 대금이 입금되는 즉시 투자자들에게 30%가 자동으로 배분되도록 설계하여 소유주가 대금을 임의로 가로채거나 배분을 미룰 수 없도록 시스템이 강제한다. 이는 인간의 양심이 아닌 코드의 무결성에 기반하여 신뢰 비용을 획기적으로 낮추는 과정이다.

투자자 입장에서 가장 민감한 부분은 시세 차익에 대한 세금이다. 아파트 실물을 직접 샀다면 매각 시 시세 차익에 대해 최대 45%의 양도소득세를 내야 한다. 다주택자가 100억 원짜리 아파트를 150억 원에

자산 토큰 없는 미래는 없다

매도할 경우 중과세율 적용 시 차익 50억 원에 대한 세부담은 20억 원을 훌쩍 넘길 수 있다. 하지만 토큰 투자자는 부동산이 아닌 신탁사가 발행한 수익증권이라는 금융 상품을 소유한 것이다. 따라서 투자자가 얻는 수익을 양도소득세가 아닌 배당소득세로 과세하는 법적 정당성이 확립된다. 직접 부동산을 사고파는 행위가 아니라 수익권을 거래한 것이기에 시세 차익에 대해 15.4%의 세율을 적용하는 것이 타당하다는 논리다. 다만 금융 당국은 이를 대출 규제를 피하기 위한 우회로로 의심할 수 있으므로 해당 토큰이 확정 금리를 보장하지 않고 원금 손실 가능성이 있는 실적 배당형 투자 상품임을 명확히 규정해야 한다.

결국 이 모델은 무리한 레버리지 대신 건전한 자본 투자를 유도함으로써 가계 부채 리스크를 줄이는 사회적 순기능을 수행한다. 실수요자는 이자 부담 없이 주거 안정을 찾고 일반 대중은 소액으로도 우량 자산의 가치 상승에 참여하는 부동산 투자의 민주화가 실현되는 셈이다. 이러한 구조가 시장에 안착하기 위해서는 투자자가 얻는 수익에 대한 과세 원칙이 기존 부동산 세제와 어떻게 차별화되는지 정책적으로 명확히 정립되어야 한다.

공동 투자 모델과 세제의 벽

세 번째 모델은 다수의 투자자가 특수목적법인이나 신탁을 통해 아파트를 공동 매입하고 운영하는 집단 소유 방식이다. 이번에는 아예 여러 사람이 돈을 모아 함께 아파트를 구매하는 경우를 상상할 수 있다. 열 명의 투자자가 각각 10억 원씩 모아 100억 원의 아파트를 법인

명의로 취득한 뒤 월세 수익을 배당받고 추후 매각 차익을 공유하는 구조다. 이 모델의 목표는 부동산 소유권을 법인 형태로 나누어 가짐으로써 개인이 복잡한 관리 절차를 부담하지 않는 것이다.

하지만 현재 대한민국의 법규상 법인의 주택 취득은 징벌적 세제라는 거대한 장벽에 가로막혀 실현 가능성이 매우 낮다. 지방세법상 법인이 주택을 취득할 경우 12%에 달하는 고율의 취득세가 부과되며[129] 종합부동산세 역시 기본공제 없이 최고세율이 적용[130]되는 등 수익성을 기대하기 힘든 구조이기 때문이다. 개인이 100억 원짜리 아파트를 사면 취득세로 약 3억 원을 내면 되지만 법인 명의로 사면 12억 원을 내야 한다는 뜻이다. 기술적으로는 스마트 컨트랙트를 통해 임차인 선정과 매각 시점을 참여자 합의를 통해 결정할 수 있는 인프라가 준비되어 있음에도 불구하고 세제가 혁신의 발목을 잡고 있는 셈이다.

이러한 한계를 극복하기 위해서는 향후 토큰화 시장의 성숙도에 발맞추어 이를 디지털 마이크로 리츠라는 새로운 투자 방식으로 인정하는 제도적 결단이 필요하다. 2026년 1월 전자증권법과 자본시장법 개정안이 국회를 통과하면서 토큰 증권은 자본시장법 체계 내의 정식 증권 발행 및 유통 방식으로 편입되었다.[131] 이제 토큰은 실험 단계를 지나, 법적 틀 안에서 설계 가능한 제도권 자산이 되었다. 그렇다면 세제 역시 기존의 일괄적 규제가 아니라 구조에 따라 차등 적용하는 방식으로 진화할 수 있다.

예를 들어, 부동산을 토큰화하되 그 수익의 90% 이상이 투자자에게 배당되고, 그 투자자가 1인당 연간 수령액 3,000만 원 미만의 개인으로 분산된다면 상황은 달라진다. 이 구조에서는 소수의 거액 보유자가 시세 차익을 독점하는 투기와 달리, 다수의 소액 개인이 배당 수익을 공

[그림41] 공동 투자 방식의 토큰화 모델

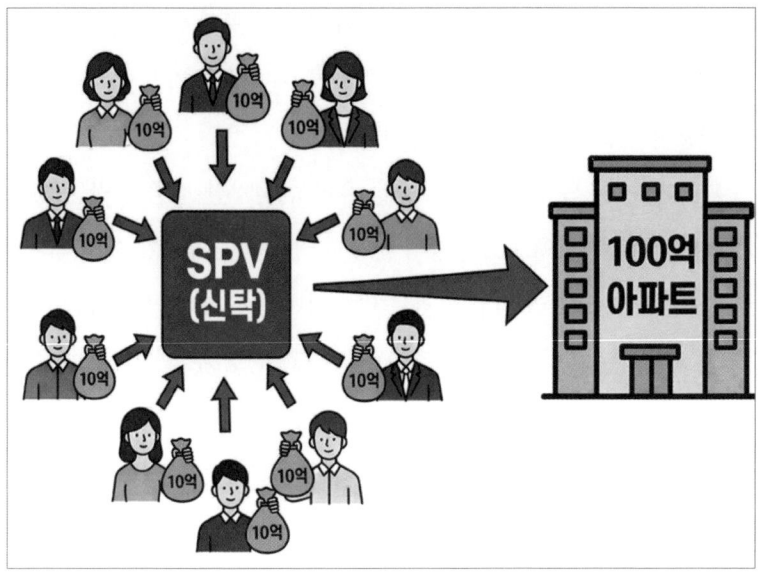

(출처: 나노 바나나 생성 이미지 재가공)

유하는 집합 투자 구조가 된다. 양도차익이 존재하더라도 그 이익이 광범위하게 분산되고, 배당 중심의 현금흐름 구조를 갖는다면 이는 가격 급등을 노린 단기 투기와는 성격이 다르다.

현재 부동산 세제의 핵심 목적은 투기 억제다. 소수의 자본이 레버리지를 동원해 가격을 끌어올리고 차익을 실현하는 구조를 차단하기 위해 취득세 중과, 양도세 중과 같은 강한 장치가 도입되었다. 그러나 수익의 90% 이상이 소액 개인에게 분산되고, 1인당 수익이 일정 한도(예로 3,000만 원) 이하로 제한되는 구조라면, 이는 가격 조작이나 자산 집중을 유발하는 투기라기보다 배당형 투자 상품에 가깝다.

이 경우 세제의 논리는 이렇게 바뀔 수 있다. 투기를 억제하는 세금은 유지하되 배당 중심, 분산 소유, 소액 투자 구조에는 조건부 인센티브를 부여한다. 즉, 일정 조건(배당 90% 이상, 개인별 보유 한도 설정, 단기 전매 제한 등)을 충족하는 토큰화 부동산에 한해 취득세 중과 배제나 일부 세제 특례를 적용할 수 있다. 이는 특혜가 아니라 투기적 구조와 투자적 구조를 구분하는 정밀 과세에 가깝다.

과세 당국의 목표는 가격 급등을 유발하는 자산 집중을 막는 것이지, 다수 국민이 소액으로 안정적 배당 수익을 얻는 구조까지 억제하는 데 있지 않다. 오히려 강남 아파트처럼 이미 금융화된 안전 자산을 소수의 거액 자본이 독점하는 구조를 완화하고, 분산 투자 형태로 재편한다면 접근성은 개선되고 자산 집중은 완화될 수 있다.

핵심은 이것이다. 소수의 시세차익 독점 구조는 사회적 부담인 반면 다수에게 분산된 배당 구조는 건전한 투자다. 만약 토큰화가 후자의 구조를 제도적으로 보장한다면, 세제 역시 이를 반영해 조정하는 것이 정책 목적과 모순되지 않는다. 이는 규제를 푸는 것이 아니라, 기술을 활용해 자본의 흐름을 더 정밀하게 설계하는 일이다.

토큰화 기술은 부동산 거래를 자유롭고 다양하게 만들 수 있지만 취득세와 보유세 같은 세금 관련 규제의 허들은 시장 스스로 해결할 수 없는 영역이다. 규제 당국이 세금과 대출 총량을 통해 부동산 시장을 통제해온 관성을 고려할 때 토큰화라는 새로운 그릇에 맞는 세무 가이드라인의 수립은 필수적이다. 이제 강남 아파트 토큰화라는 거대한 실험은 기술의 영역을 넘어 정책적 합의와 제도적 정교화라는 마지막 관문을 향해 나아가고 있다.

자산 토큰 없는 미래는 없다

경제적 리스크
분석 및 해결 방안

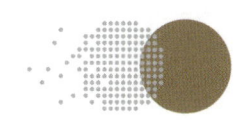

가격 괴리와 비유동성:
토큰화의 내재적 결함

이론적으로 부동산 토큰의 가격은 기초 자산인 아파트 시세와 동일하게 움직여야 하지만 실제 시장에서는 두 가격 사이에 간극이 발생하는 괴리율의 문제가 나타날 수 있다. 예를 들어 아파트 가격이 100억 원에서 200억 원으로 두 배 상승하더라도 30%의 해당 지분을 담은 토큰 30억 원어치는 60억 원에 못 미치는 가격에 거래될 가능성이 높다. 이는 토큰 보유자가 원하는 매각 시점과 실제 아파트 소유자의 매각 의사가 일치하지 않을 때 발생하는 비유동성 디스카운트 때문이다. 디지털 세상의 숫자는 빛의 속도로 변하지만 현실의 벽돌과 시멘트는 여전히 무거운 물리적 관성에 묶여 있는 셈이다.

집주인이 아파트에 장기 거주하며 매각을 거부할 경우 해당 토큰은 투자자 입장에서 배당도 만기도 없기에 투자 가치가 낮다. 자산의 가치는 올랐으나 이를 현금화할 통로가 막혀 있다면 시장은 자연스럽게 토큰의 가치를 낮게 평가할 수밖에 없다. 이러한 결함은 토큰화 기술이 부동산이라는 실물 자산의 태생적 비유동성에 가로막히는 상황을 초래한다. 이러한 보이지 않는 벽을 허물지 못한다면 토큰화는 그저 화려한 디지털 조각에 머물게 된다.

이와 같은 가격 괴리를 방어하기 위한 첫 번째 장치는 앞서 언급한 귀속 임대료 개념의 도입이다. 소유주가 자신의 집에 거주하면서 사실상 타인의 지분을 사용하고 있는 대가로 지불하는 가상의 임대료를 실제 배당금으로 전환하여 투자자에게 지급하는 방식이다. 소유주가 지분만큼의 사용료를 토큰 보유자들에게 정기적으로 지불하면 토큰에 현금 흐름이 발생하면서 토큰 가격의 하락을 방어하는 지지선이 된다. 그 결과 시세 차익뿐만 아니라 매달 월급처럼 들어오는 배당을 통해 비유동성 리스크를 상쇄할 수 있게 된다.

더욱 강력한 해법은 스마트 컨트랙트를 통해 투자의 만기와 강제 청산 기한을 설정하는 것이다. 토큰의 현금화 시점을 언제까지 기다려야 하는지 알 수 없는 불안을 코드로 제거하는 작업이다. 예를 들어 계약 후 10년이 지나면 반드시 아파트를 매각하여 시세 차익을 배분하거나 매각하지 않을 경우 소유자가 시장 가격으로 토큰을 전량 재매입하도록 의무화하는 식이다. 혹은 자산 가격이 목표치에 도달했을 때 자동으로 포지션을 정리하는 청산 시스템을 구축할 수도 있다. 투자의 끝이 명확히 보장될 때 비로소 시장은 현재 가치를 할인하지 않고 실물 자산과 토큰의 가격을 완벽하게 동기화하기 시작할 것이다.

궁극적으로 부동산 토큰화의 성패는 투자자가 언제든 제값에 팔고 나갈 수 있다는 확신을 가질 수 있느냐에 달려 있다. 이를 위해 도입되는 정기 환매 청구권은 투자자가 정해진 날짜에 시세대로 지분을 소유주에게 되팔 수 있는 권리를 명시한다. 매년 정해진 기일에 투자자가 환매를 요구하면 소유주가 시세대로 이를 사줘야 한다는 규칙이다. 집주인이 최종 매수자 역할을 자처함으로써 토큰은 실물 자산과 결합된 단단한 금융 상품으로 기능하게 된다.

금융권과의 결합: 하우스런을 잠재우는 제도적 방패

부동산 토큰화가 마주할 치명적인 위기는 모든 투자자가 일시에 자금을 회수하려는 하우스런house-run 리스크다. 이는 은행의 뱅크런과 유사한 개념으로 환매 요청이 소유주가 감당할 수 있는 현금 동원력을 넘어설 때 시스템이 붕괴되는 현상을 의미한다. 소유주가 이미 조달한 자금을 생활비나 사업 자금으로 사용해버린 상태에서 대규모 환매가 집중되면 결국 개인의 파산과 투자자 손실로 이어지는 파국을 맞이할 수 있다. 이러한 파국을 막기 위해서는 연간 환매 한도를 설정하거나 시장 우선 매각 시스템을 도입하는 등의 제어 장치가 필수적이다.

가장 실효성 있는 방어 모델은 설계 단계부터 은행이나 대형 금융기관을 유동성 공급자로 참여시키는 금융권 결합이다. 시장에서 새로운 매수자를 찾지 못할 경우 금융기관이 시세보다 일정 비율 할인된 가격으로 토큰을 즉시 사주겠다는 보증을 서준다면, 투자자들은 확정적 환금성을 보장받게 된다. 이는 시장의 공포를 잠재우고 하우스런을 미연에 방지하는 강력한 심리적 방어벽이 된다. 공포가 사라지면 뱅크런도 일어나지 않는 법이다. 모두가 언제든 팔 수 있다고 믿으면 역설적으로 아무도 급하게 팔지 않게 된다.

이 모델에서 금융기관은 자본 제공을 넘어 자산의 가치를 모니터링하고 배당금 집행을 관리하는 수탁자 역할을 수행한다. 소유주가 약속된 임대료나 배당금 지급을 연체할 경우 금융기관은 미리 설정해둔 저당권을 발동하여 자산을 강제로 매각하거나 경매에 넘길 수 있는 권한을 가진다. 이러한 법적 강제력은 개인 소유주의 도덕적 해이를 원천 차단하며 투자자들에게 대출보다 강력한 신뢰를 제공한다. 자본력과 실물 가치 그리고 법적 구속력이 결합된 이 구조는 토큰화의 안전성을 한 단계 격상시킨다.

소유주 입장에서도 금융권과의 결합은 대출 규제를 우회하여 거액의 자금을 안정적으로 조달할 기회를 제공한다. 무리한 이자 부담 대신 성실한 수익 배분을 통해 거주권을 유지할 수 있다는 점에서 이는 기존 금융 시스템이 해결하지 못한 주거와 자산운용의 불일치를 해소하는 대안이 된다. 금융기관 역시 할인 재매입 차익과 관리 수수료를 챙기며 우량한 부동산 자산을 담보로 안정적인 수익원을 확보할 수 있다. 이해관계자 모두가 상생하는 선순환 구조가 완성되는 것이다.

금융기관의 참여는 강남 아파트 토큰을 은행이 보증하고 실물이 뒷받침하는 안전한 디지털 자산으로 변모시킨다. 하우스런이라는 경제적 결함이 제도적 방패를 통해 소멸할 때 토큰화 혁명은 비로소 이론의 영역을 넘어 대중의 일상 속으로 깊숙이 침투하게 될 것이다. 이러한 시나리오들은 강남 아파트 토큰화가 기술적 가능성을 넘어 현실적인 금융 상품으로 자리 잡기 위한 필수적인 여정이다.

자산 토큰 없는 미래는 없다

정치·사회적 함의:
강남 아파트 토큰화, 왜 필요한가

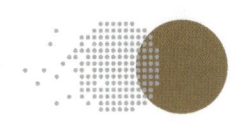

가계부채의 질적 구조개혁과
금융 안정성

대한민국 경제의 뇌관으로 지목되는 가계부채 문제는 비유동성이라는 구조적 결함을 안고 있다. 국제금융협회에 따르면 2025년 3분기기준으로 GDP 대비 가계부채의 글로벌 평균은 57%인 상황에서 한국의 가계부채는 GDP 대비 약 90%로 세계 2위에 육박한다.[132] 더 심각한 문제는 자산의 구성이다. 통계청의 가계금융복지조사에 따르면 대한민국 가계 자산의 약 75% 이상이 부동산이라는 비유동성 자산에 묶여있다.[133] 비유동성 자산이란 즉각적인 현금화가 어렵고 거래 비용이 높은 자산을 의미한다. 이러한 구조는 금리 인상기에 소비 여력을 급격히 위축시키며 집을 팔지 않고는 현금을 창출하기 어려운 치명적인 약점으로 작용한다.

강남 아파트 토큰화는 이러한 부채 중심의 경제 구조를 지분 중심의 건강한 구조로 전환하는 계기를 제공한다. 집주인이 부족한 자금을 은행 대출로 해결하는 대신 지분 매각을 통해 조달하면 매달 지불해야 하는 이자 비용의 굴레에서 벗어날 수 있다. 그렇게 되면 은행에서 빌린 부채에 대한 이자와 원금은 매월 수백만 원씩 발생하지만 지분을 판매한 것은 이자 부담이 제로에 수렴하게 된다. 이는 가계가 감당해야 할 원리금 상환 부담을 투자자와의 수익 공유로 대체하는 과정이며 금리 변동에 따른 가계의 연쇄 도산 리스크를 방어하는 방패가 된다.

국가 차원의 금융 시스템 측면에서도 토큰화는 민간 자본의 선순환을 이끄는 질적 개혁의 도구다. 대출이라는 이름의 빚이 아닌 자산 가치를 공유하는 자본이 부동산 시장의 유동성을 공급하게 되면 금융 시스템의 복원력은 한층 강화된다. 부채에 의존해 쌓아 올린 위태로운 부동산 시장이 시민들의 직접 참여와 지분 투자를 통해 단단한 자본 시장으로 재편되는 것이다. 이는 가계부채 문제를 해결하려는 정부의 정책적 노력에 기술이 선사하는 명쾌한 해법이기도 하다.

실제로 가계 자산의 대부분이 부동산에 쏠려 있는 상황에서 토큰화는 자산 포트폴리오의 유연성을 높여준다. 부동산이라는 거대한 바위에 갇혀 있던 자본을 디지털 조각으로 분해하여 흐르게 함으로써 경제 전반의 혈색을 돌게 만드는 혈관 역할을 수행하기 때문이다. 자산의 성격이 고정된 점에서 흐르는 선으로 변화할 때 가계 경제는 비로소 외부 충격에 유연하게 대응할 수 있는 기초 체력을 갖추게 된다. 가계부채의 구조개혁은 대출 총량을 규제하는 것만으로는 달성하기 어렵다. 토큰화와 같은 새로운 금융 기술을 통해 부채를 자본으로 치환하고 개인의 자산운용 방식을 다변화하는 근본적인 접근이 병행되어야 한다.

자산 토큰 없는 미래는 없다

기술이 제안하는 이 새로운 금융 고속도로는 대한민국 경제가 부채의 낭떠러지에서 벗어나 지속 가능한 성장을 도모할 수 있는 실질적인 동아줄이 될 것이다.

고령화 사회문제의 극복

급격한 고령화가 진행 중인 대한민국에서 강남 아파트는 소유주들에게 자산의 역설을 경험하게 하는 장소다. 수십억 원 가치의 집에 거주하고 있음에도 정작 노후 생활비나 세금을 납부할 현금이 부족해 고통받는 고령 은퇴자들이 급증하고 있기 때문이다. 이들은 자산가로 분류되지만 실질적인 삶의 질은 빈곤층에 가까운 하우스 푸어의 전형을 보여준다. 기존의 주택연금reverse mortgage은 이러한 문제를 해결하기 위한 국가적 대안이었다. 주택연금이란 집을 담보로 국가나 금융기관으로부터 매달 노후 자금을 받는 제도를 의미하는데, 자산을 국가에 귀속시켜야 한다는 심리적 저항과 경직된 설계로 인해 실효성이 떨어졌다.

토큰화는 이러한 제도적 한계를 넘어 소유주가 자산 관리의 주도권을 쥐고 필요한 만큼만 유동화하는 개인 주도형 자산운용의 시대를 연다. 소유주는 집을 완전히 처분하거나 국가에 넘기지 않고도 자산의 일부 지분만을 시장에 매각하여 즉각적인 현금 흐름을 창출할 수 있다. 이는 고령층에게 정든 주거지를 떠나지 않아도 되는 주거권 보장과 동시에 품격 있는 노후를 지탱할 금융적 기초를 제공한다.

사회적 관점에서 부동산 자산의 유동화는 세대 간 자본 선순환을 촉진하는 결정적인 촉매제가 된다. 대한민국 부동산 시장의 최대 병목 구간은 고령 세대가 독점하고 있는 비유동성 자산이다. 이 자산이 토큰화라는 필터를 거쳐 조각 단위로 시장에 흘러나오면 자산 형성이 절실한 청년 세대에게는 새로운 투자 기회가 열린다. 70대 소유주가 보유한 강남 아파트의 지분 10%를 2030 청년 수백 명이 나누어 소유하는 구조는 세대 간의 갈등을 이익 공유라는 공통 분모로 묶어낸다. 고령 세대의 자본과 청년 세대의 투자 욕구가 파트너십을 맺는 것이다.

강남 아파트 토큰화는 고령화라는 거대한 사회적 파고를 넘어서는 새로운 복지 인프라의 성격을 띤다. 주택연금과 같은 공공 제도가 미처 채우지 못하는 사각지대를 시장의 기술이 메워줌으로써 국가의 재정 부담을 줄이고 개인의 자립성을 높인다. 자산은 소유하고 있으되 빈곤에 시달리는 고령층의 모순된 현실을 치유하는 이 과정은 인구 구조 변화에 대한 현실적인 응답이다. 기술이 빚어낸 이 균형잡힌 배분 시스템은 대한민국이 직면한 세대 간 자산 불균형 문제를 해결하고 사회 전체의 부가 정체되지 않고 흐르도록 돕는 기제로 작동할 것이다.

자산의 민주화와
사회적 불평등의 해소

대한민국의 자산 불평등 문제는 소득 불평등보다 훨씬 심각한 수준이며 그 핵심에는 부동산 가치의 양극화가 자리 잡고 있다. 통계청이 발표한 2025년 가계금융복지조사 결과에 따르면 순자산 상위 10% 계층이 전체 가계 순자산의 약 46%를 차지하고 있어 부의 쏠림 현상이 극심함을 알 수 있다.[134] 더욱 우려스러운 점은 소득과 자산의 격차다.

한국의 소득 지니계수Gini Coefficient 가 약 0.3 수준인 반면 순자산 지니계수는 0.6에 육박한다.[135] 지니계수는 1에 가까울수록 불평등이 심함을 의미하므로 한국의 자산 격차는 소득 격차보다 두 배가량 더 고착화되어 있다는 뜻이다. 현재의 자산 격차는 서민층의 자산 형성 기회를 구조적으로 제약한다.

자산의 민주화는 계층 간의 갈등을 완화하는 사회적 통합의 도구로도 기능한다. 부유층이 집중 보유한 강남 아파트의 가치를 누구나 토큰 형태로 공유하게 되면, 부동산 가격 상승을 바라보는 서로 다른 시선이 공동의 이익이라는 지점에서 만나게 된다. 자산 격차로 인해 벌어진 사회적 틈을 기술이 메워줌으로써 불필요한 증오와 박탈감을 줄이고, 함께 자산의 가치를 키워가는 협력적 구조를 만들어내는 셈이다.

물론 이것이 곧바로 부의 불평등을 해소해주지는 않는다. 토큰화가 가격을 낮추는 것도, 물리적 소유를 완전히 평등하게 만드는 것도 아니다. 다만 자산에서 발생하는 수익에 대한 접근성을 넓힘으로써, 부의 증식 구조에 참여할 수 있는 통로를 확장한다는 점에서 의미가 있다. 완전한 평등이 아니라 참여의 확대가 핵심이다.

그 결과 사회적 긴장의 양상도 달라질 수 있다. 독점적 소유에 대한 박탈감이 전면적 배제로 이어지던 구조에서, 일정 부분이라도 참여와 공유가 가능해지면 갈등의 강도는 완화된다. 다른 급진적 처방들에 비해 제도 안에서 실현 가능한 선택지라는 점에서도 현실성이 있다. 강남 아파트라는 욕망의 상징을, 절대적 소유의 대상에서 분산된 투자와 수익의 대상으로 전환하는 것. 이는 거대한 이상을 약속하는 해법은 아니지만, 불평등을 둘러싼 사회적 비용을 줄이고 자산 접근성을 단계적으로 넓혀가는 하나의 실험이 될 수 있다.

정치적 긴장 완화와
글로벌 허브의 미래

평등은 정의의 한 요소지만, 평등만이 유일한 정의는 아니다. 특히 수출 의존도가 높고 지정학적·산업적 경쟁이 치열한 국가의 경우, 전략적 거점 도시의 형성과 자원의 집중은 일정 부분 구조적 필연성을 갖는다. 문제는 집중 자체가 아니라, 그 집중에서 발생하는 가치를 어떻게 분배하느냐에 있다.

서울은 국내적으로는 자본과 기회가 과도하게 집중된 지점이다. 2023년 기준 수도권은 전체 인구의 약 50% 이상을 차지하고, 국내총생산의 절반 이상을 생산한다. 대기업 본사, 금융기관, 연구개발 인력, 문화 인프라가 서울에 몰려 있으며, 이는 다시 인재와 자본을 끌어들이는 순환 구조를 형성한다. 그 결과 지방은 인구 유출과 산업 공동화라는 구조적 문제에 직면한다.

그러나 동북아시아 차원에서 보면 다른 해석이 가능하다. 동북아시아는 전 세계 제조업 부가가치의 약 40%를 차지하고,[136] 글로벌 반도체 생산의 50%가량이 이 지역에 집중되어 있다.[137] 도쿄, 상하이, 홍콩, 타이베이와 함께 서울은 이 생산 네트워크의 핵심 도시권 중 하나다. 서울은 국내적으로는 불균형의 축이지만, 국제적으로는 새로운 자본과 기회를 한국으로 유입시킬 수 있는 허브다.

이와 유사한 산업 구조를 가진 도시가 타이베이다. 대만은 반도체 산업을 중심으로 한 수출 주도형 경제이며, 수도 타이베이에 자본과 인구가 집중되어 있다. 타이베이 신이(信義)구와 다안(大安)구 일대의 초고급 아파트는 이미 1가구당 3억~5억 대만달러(한화 약 140억~220억 원)

에 거래되는 사례가 존재한다.[138, 139] 타이베이 101 인근의 초고층 주거 단지들은 아시아 최고가 주거지 중 하나로 분류된다. 산업과 금융, 글로벌 기업 본사가 집중된 허브 도시의 주거 비용이 높게 형성되는 것은 서울만의 특수 현상이 아니라는 점을 보여준다.

서울 강남 역시 같은 맥락에 있다. 한강 남측의 교통·업무·교육 인프라가 집중된 지역은 동북아 생산 네트워크의 거점 도시 안에서 핵심 입지를 형성한다. 이러한 위치적 조건을 감안하면 고가 주거지가 형성되는 것은 구조적으로 설명 가능하다. 뉴욕 맨해튼, 런던 메이페어, 도쿄 미나토구, 타이베이 신이구와 유사한 패턴이다.

이러한 맥락에서, 토큰화는 세계적인 도시가 필히 갖춰야할 글로벌 금융 네트워크와의 연결성을 만드는 수단이다. 전 세계 자본이 디지털 네트워크를 통해 24시간 이동하는 환경에서, 한국의 핵심 실물 자산이 국내 등기 체계 안에만 머무르는 것은 자본 유치를 심각하게 제약한다. 부동산을 규격화된 디지털 권리로 전환하고 국제 투자 기준에 맞춰 유통 가능하게 만들 경우, 서울은 실물 자산과 디지털 금융이 결합된 투자 허브로 재정의될 수 있다.

한국은 고도화된 IT 인프라, 높은 개인 투자 참여도, 그리고 국제적으로 인지도가 높은 표준화된 주거 자산을 동시에 보유하고 있다. 강남 아파트 토큰화는 단순한 국내 부동산 정책의 변형이 아니라, 자산 디지털화 모델을 선제적으로 설계할 기회다. 이는 가격을 낮추겠다는 정책이 아니라, 가치에 대한 접근 방식을 재설계하는 전략이다. 집중을 해체할 것인가, 아니면 집중에서 발생하는 가치를 분산할 것인가. 토큰화는 후자로 향하는 선택이다. 그리고 그 선택은 내부 갈등을 완화하면서도 외부 경쟁력을 유지하는, 현실적인 해법이다.

RealT와 Blocksquare,
주거용 부동산의 디지털 분할

이론으로만 존재할 것 같은 아파트 한 채의 분할 소유는 이미 글로벌 시장에서 실현되고 있다. 특히 미국의 리얼티RealT는 본문에서 언급한 개별 물건 지정 투자를 가장 공격적으로 실행하고 있는 플랫폼이다. 시카고, 일리노이 등 미국의 주요 도시의 주거용 주택을 토큰화하여 유통한다. 이들은 각 주택을 독립된 특수목적법인SPV에 귀속시킨 뒤, 해당 법인의 지분을 이더리움이나 폴리곤 기반의 토큰으로 발행한다. 투자자는 단돈 50달러 만으로도 투자가 가능하며, 임대 수익은 매일 또는 매주 단위로 USDC를 통해 지급된다.

슬로베니아의 블록스퀘어Blocksquare 역시 부동산 토큰화를 위한 인프라 프로토콜을 제공하는 기업이다. 이들은 주거용뿐만 아니라 상업용 자산까지 아우르며, 특정 부동산의 수익권을 토큰화할 수 있는 표준화된 기술 규격을 제시한다. 특히 자체적인 토큰을 발행하여 유동성을 공급하고, 2차 시장에서의 자유로운 거래를 지원하는 과정까지 서비스로 제공하고 있다. 이러한 해외 사례들은 부동산이 더 이상 국가라는 지리적 제약에 갇힌 자산이 아님을 보여준다. 토큰화는 부동산이라는 하나의 큰 고체 덩어리 자산을 전 세계 투자자의 포트폴리오에 흘러들어갈 수 있는 액체로 변화시킨다.

한국 시장 현황:
상업용에서 주거용으로의 확장기

대한민국의 부동산 조각투자 시장은 2019년 말 금융위원회의 혁신 금융서비스 지정으로부터 태동했다. 아직 시장이 완성되지는 않았지만, 초기의 실험은 혁신금융서비스와 규제자유특구라는 서로 다른 통로를 통해 전개되었다. 카사와 소유 같은 신탁 수익권 계열 모델, 비브릭처럼 집합투자증권과 연계된 구조가 병존하면서 한국형 부동산 분할소유의 법적 틀을 조금씩 넓혀 왔다. 중요한 것은 세부 구조의 차이가 아니라, 한국에서도 부동산을 더 잘게 쪼개어 권리화하고 유통하려는 흐름이 이미 제도와 시장의 언어 안으로 들어왔다는 사실이다.

이제 필요한 것은 신중한 관망이 아니라 선제적 설계다. 2026년 1월 토큰증권 관련 법 개정으로 제도권 편입의 문은 열렸고, 본격 시행은 2027년 2월로 예정되어 있다. 지금까지의 실증이 상업용·수익형 자산 중심이었다는 이유로 강남 아파트 토큰화를 뒤로 미루는 것은, 가장 큰 자산시장에 대한 준비를 가장 늦게 시작하겠다는 말과 다르지 않다. 기술이 먼저 도착했고 제도도 입구에 와 있다. 부족한 것은 한국의 현실에 맞는 부동산 토큰화 모델을 먼저 구상하고 제안하려는 의지뿐이다.

나가며

토큰화는 크립토 업계의 트렌드가 아니라 자본이 달리는 차세대 레일을 놓는 거대한 인프라 전쟁이다. 미국은 달러와 대형 금융기관 중심의 기존 금융망을 토큰화와 스테이블코인이라는 최신 레일로 업데이트하고 있다. 이들은 더 이상 막대한 마찰 비용을 감수하며 과거의 선로를 유지하지 않는다. 아예 글로벌 결제의 레일을 통째로 교체하여 주도권을 쥐려 한다. 질서를 유지하는 기술적 레일이 바뀌고 있다는 사실을 직시하지 못하면, 한국은 세계의 중심부가 아니라 변방으로 밀려날 수밖에 없다.

사실 한국은 이 거대한 전환의 전조를 누구보다 먼저 목격한 나라였다. 20년 전 싸이월드의 도토리는 디지털 화폐의 원형이었고 리니지의 아이템 소유권을 인정한 법원 판례는 디지털 자산에 대한 인류 최초의 법적 가이드라인 중 하나였다. 우리는 이미 디지털 데이터에 가치를 부여하고 그것을 실물 경제와 연결하는 미래를 가장 먼저 살고 있었다. 그러나 과거의 선구적 실험들은 세계 표준이 되지 못한 채 폐쇄된 서비스 안에서 고립되어 사라졌다. 우리가 그것을 세계를 규율할 새로

자산 토큰 없는 미래는 없다

운 금융 프로토콜이 아니라 단지 규제하고 관리해야 할 게임 산업이나 문화적 유행으로만 취급했기 때문이다. 기술적 원형을 쥐고도 그것을 제도적 표준과 거시적 인프라로 확장할 국가적 시야가 부재했다.

표준을 장악하지 못한 대가가 얼마나 가혹한지는 현재의 반도체 산업이 뼈저리게 증명한다. 한국은 세계 최고 수준의 메모리 칩 생산 역량을 갖췄지만, 첨단 비메모리 설계 생태계에서는 여전히 미국·유럽계 소프트웨어와 영국 ARM 같은 해외 사업자에 상당한 라이선스 비용을 지불해야 한다. 제조 기술력이 아무리 뛰어나도 생태계의 표준과 규칙을 쥔 쪽이 결국 산업의 지배자가 된다는 사실을 우리는 이미 대가를 치르며 배웠다.

이러한 표준의 부재가 만드는 종속이 토큰화라는 새로운 금융 레이어에서 똑같이 재현될 위기에 처해 있다. 토큰 경제의 표준이 곧 국가의 미래 금융 인프라가 되는 시대다. 이 규칙 설정의 무대에서 방관자로 남는다면 아무리 뛰어난 정보통신 인프라를 갖추고 있어도 결국 남이 설계한 글로벌 결제 레일 위에서 값비싼 수수료를 바치며 통행료를 내야 한다. 토큰화라는 새로운 자본의 언어를 주도적으로 제도권에 편입하지 못하는 것은 단순한 금융 정책의 지연이 아니라 미래 자본 시장에서 영구적인 하청 국가로 전락하는 치명적인 위기다.

이제 이 고질적인 표준 콤플렉스를 끊어내야 한다. 중심부 국가들은 결코 남의 인정을 구걸하지 않는다. 그들은 스스로 규칙을 선포하고, 타인이 그 규칙을 따르게 만드는 자들이다. 우리가 가야 할 길은 미국의 금융 문법을 그대로 답습하는 것도, 폐쇄적인 규제를 만들어 고립되는 것도 아니다. 지금이야말로 글로벌 자본에 대한 개방성을 높이고, 세계의 유동성을 흡수하는 표준을 설계할 절호의 기회다.

한국에는 이 설계자의 오만함을 뒷받침할 강력한 물리적 지렛대가 있다. 토큰화 금융의 모든 접속은 결국 사용자의 손에 들린 단말기에서 완성된다. 지갑을 열고, 서명을 하고, 신원을 인증하는 금융의 프론트엔드가 단말기 보안 영역과 사용자 경험 속에 녹아드는 시대가 오고 있다. 전 세계 단말기 업의 정점에 서 있는 한국은 이 금융의 관문을 장악할 수 있는 유일한 후보다. 우리가 단말기를 토큰 금융의 접속 표준으로 선점한다면, 한국은 비로소 규칙을 수입하는 나라에서 규칙을 설계하는 나라로 도약할 수 있다.

이때 규제는 차단의 도구가 아니라 국가가 새 질서에 편입되는 방식이 된다. 토큰화는 신뢰와 권리의 표준이 재편되는 전쟁터에서 한국이 설 자리를 묻는 전략적 실체다. 한국은 규칙을 수입해 쓰는 소비국에 머물 것인가, 아니면 스스로 레일을 까는 인프라 국가로 올라설 것인가. 프롤로그에서 던졌던 질문의 답은 명확하다. 토큰화라는 세계체제의 레일을 까는 자가 다음 시대의 중심부를 차지한다. 우리는 그 레일 위를 달리는 객체가 아니라, 레일의 규격과 방향을 결정하는 주체가 되어야 한다.

자산 토큰 없는 미래는 없다

1 Sujha Sundararajan, "Stablecoin Transactions Soared 72% in 2025, Hit \$33T With USDC in Lead", yahoo finance, 2026. 01. 09.

2 이 문단과 다음 문단에 서술된 화폐의 기호학적 해석과 소쉬르의 기호 개념을 토큰화에 대입한 분석틀은 이광희, 『화폐의 언어』(한양대학교출판부, 2026) pp. 16~24의 논지를 참고하였다.

3 Denise Schmandt-Besserat, "From Accounting to Writing", Denise Schmandt-Besserat, last updated 2015. 04. 25.

4 리디아 금속 화폐의 특징에 대해서는 Lam Museum of Anthropology, "Ancient Coins: Make Your Own Money," 2021. 참조. 최근에는 리디아와 비슷하거나 더 이른 시기에 중국에서 표준화 된 국가화폐가 등장했다는 주장도 힘을 얻고 있다. 자세한 서술은 Zhao, Hao, et al., "Radiocarbon-Dating an Early Minting Site," 2021. 참고.

5 콘더 토큰은 영국 각지의 상인들이 필요에 의해 찍어낸 상인 토큰(tradesmans tokens)을 훗날 제임스 콘더(James Conder)라는 수집가가 체계적인 목록으로 정리하면서 붙여진 이름이다. 원문은 James Conder, An Arrangement of Provincial Coins, Tokens, and Medalets, George Jermyn, 1798.

6 George Selgin, Good Money: Birmingham Button Makers, the Royal Mint, and the Beginnings of Modern Coinage, 1775-1821, University of Michigan Press, 2008. Ch 2. Druids, Willeys, and Beehives.

7 John Wolfe, "Effectiveness of Token Rewards for Chimpanzees", Comparative Psychological Monographs, Vol. 12, No. 5 1936,

8 Keith Chen, Venkat Lakshminarayanan and Laurie Santos, "The Evolution of Our Preferences: Evidence from Capuchin-Monkey Trading Behavior", Cowles Foundation Discussion Papers, No. 1524, 2005.

9 이더리움은 2022년 작업증명(Proof of Work, PoW)에서 PoS로 전환한 대표적인 프로젝트다. 이더리움 시스템에서 검증자(다음 블록 생성자)는 32 ETH를 예치한 뒤, 특정 클라이언트를 설치하여 참여한다. 검증자는 이러한 조건을 갖춘 노드들 중에서 12초마다 무작위로 선정되어 네트워크 안정성과 보안에 기여한다.

10 Vitalik Buterin, "Vitalik Buterin." about.me

11 크리스 딕슨, 『읽고 쓰고 소유하다』, 2024.

12 물론 블록체인에 기록되었다고 해서 무조건 모든 플랫폼에서 즉각적으로 쓸 수 있

는 것은 아니다. 플랫폼이 토큰을 자신의 생태계에서 기능하도록 허용하는 일은 기술적으로 가능하다. 때문에 토큰화를 도입하면서도 자사 플랫폼 또는 국경 밖으로의 거래를 차단하는 기업이 등장할 수 있다. 그러나 이는 기존의 중앙 서버를 이용하는 대신 토큰을 유통하는 이유와 정면으로 배치되므로, 안보 등 피치 못할 사정을 제외하면 플랫폼이 구태여 차단할 유인이 적다. 무엇보다, 플랫폼 간의 경쟁이 국경을 넘나드는 토큰을 발행하도록 이끌 것이다. 자국에서만 머물거나 타 플랫폼과 호환되지 않는 토큰이 시장에서 환영 받는 주류가 될 가능성은 희박하다.

13 블록체인은 단순한 기록 저장소가 아니라, 네트워크 전체가 하나의 거대한 가상 컴퓨터처럼 작동하며 코드를 실행한다는 의미에서 월드 컴퓨터(World Computer)라고도 불린다. 이는 데이터가 수동적으로 기록되는 것을 넘어, 스스로 논리(Logic)를 처리하고 상태를 변화시킬 수 있는 환경임을 뜻한다. 이에 대해서는 Vitalik Buterin, "A Next-Generation Smart Contract and Decentralized Application Platform", Ethereum Whitepaper, 2014. 참조.

14 토큰화된 환경에서의 원자적 결제 메커니즘에 대해서는 Bank for International Settlements (BIS), "The Future Monetary System", BIS Bulletin No. 72, 2022. 참조.

15 여기서 중요한 건 아토믹(atomic)이라는 단어다. 원자라는 뜻처럼 더 이상 쪼갤 수 없다는 의미다. 금융에서 아토믹 거래란 "이 묶음이 한 번에 완벽하게 처리되지 않으면, 아예 없던 일로 하겠다"는 철칙을 말한다. 예를 들어 내가 만든 패키지를 친구에게 파는데, 내 지갑에 금 토큰이 부족하다고 가정해보자. 기존 시스템이라면 애플 주식만 먼저 보내지는 배달 사고가 날 수도 있다. 하지만 아토믹 번들링은 재료가 하나라도 부족하면 거래 자체가 아예 실행되지 않고 취소된다(Revert). 즉, 복잡하게 섞인 자산 꾸러미를 주고받으면서도 배달 사고가 날 확률이 수학적으로 0이 되는 것이다. 이 기술이 가져올 변화는 명확하다. 이제 누구나 자신의 자산을 펀드 매니저처럼 운용할 수 있다. 복잡한 서류 작업이나 비싼 수수료 없이, 내 입맛에 맞는 자산들을 골라 나만의 ETF를 1초 만에 만들고, 이를 안전하게 시장에 내다 팔 수 있다. 금융 상품을 제조하는 권력이 거대 운용사에서 개인에게로 넘어오는 것이다.

16 다중서명 월렛(Multi-signature Wallet)은 하나의 트랜잭션을 실행하기 위해 두 개이상의 독립적인 개인 키(Private Key) 승인을 요구하는 보안 기술이다. 전통적인지갑이 하나의 열쇠로 금고를 여는 방식이라면, 다중서명은 여러 관리자가 각자의열쇠를 나누어 갖고 일정 수 이상의 합의(예: 3개 중 2개)가 있을 때만 자금을 이동시키는 구조다. 비트고와 같은 수탁 기관은 이를 통해 내부 횡령이나 단일 키 탈취를 방지한다.

17 소각(burn)이란 디지털 자산을 유통 시장에서 영구적으로 제거하는 행위다. 토큰

자산 토큰 없는 미래는 없다

을 개인 키가 존재하지 않아 인출이 불가능한 특정 주소(Burn Address 또는 Null Address)로 전송함으로써 해당 자산을 더 이상 사용할 수 없게 만든다. 래핑 시스템에서 소각은 언래핑 과정의 핵심으로, 수탁된 원본 자산을 반환하기 전에 발행되었던 복제 토큰을 파괴함으로써 전체 공급량과 담보 자산 간의 1:1 비율을 유지하는 역할을 한다.

18 에스크로(escrow)는 거래의 안전을 보장하기 위해 제삼자(은행이나 전문 업체)가 구매자의 결제 대금을 예치하고 있다가, 물품 배송 등 계약 조건이 완료되었을 때 판매자에게 대금을 지급하는 서비스다. 아토믹 스와프는 이 역할을 스마트 컨트랙트가 대신 수행함으로써 제3자에 대한 의존도와 수수료를 제거한다.

19 전통적인 금융시장에서는 담보 가치가 하락해 증거금이 부족해지면, 거래소는 투자자에게 추가 증거금을 납부할 것을 권고하고 일정한 유예 시간을 부여하는데, 이를 마진콜(Margin Call)이라 부른다. 반면, 다이와 같은 탈중앙화 금융 시스템의 스마트 컨트랙트 청산은 사람의 개입이 배제된 알고리즘의 집행이다. 시스템이 설정한 최소 담보 비율에 단 0.1%라도 미달하는 순간, 코드로 작성된 계약은 즉각적으로 담보물을 시장에 매각하여 시스템의 건전성을 방어한다.

20 Citi, "Securities Services Evolution2025", Citi, 2025.07.30.

21 Boston Consulting Group and ADDX, "Relevance of On-chain Asset Tokenization in Crypto Winter", 2022.08.

22 Larry Fink and Rob Goldstein, "How Tokenisation Could Transform Finance", The Economist, 2025.12.01.

23 블랙록은 2026년 2월부터 대표적인 탈중앙 거래소 유니스와프에서의 BUIDL 거래를 지원한다. 현재까지는 최소 구매액 500만 달러, 토큰 보유자로 등록된 화이트리스트 투자자라는 제약이 존재하지만, 규제 환경의 변화에 따라 조건이 완화될 것으로 전망된다. BUIDL 발행을 지원한 토큰화 전문 기업 시큐리타이즈의 CEO 카를로스 도밍고는 BUIDL 거래가 향후 소액 투자자에게도 동일하게 적용될 수 있다고 밝혔다. 자세한 내용은 Jeff John Roberts, "BlackRock offers DeFi trading for the first time, buys Uniswap tokens", Fortune, 2026.02. 참고.

24 세계은행의 보고에 따르면 은행 계좌가 없는 인구는 2022년 14억 명으로 추산되었으며, 동명의 2025년 정기 보고서에서는 13억 명으로 소폭 감소했다. 이에 관해서는 세계은행의 The Global Findex Database 2021 및 2025 보고서 참조.

25 위의 글(2025), 166쪽.

26 2024년, 케냐에서는 성인의 89%가 디지털 결제를 하거나 받은 이력이 있다. 이외에도 가나, 세네갈, 우간다 등의 국가에서는 성인의 절반 이상이 모바일 머니 계좌를

사용하여 저축했다. 위의 글(2025), 143, 297쪽.

27 Chainalysis, "The 2021 Geography of Cryptocurrency Report", 2021.10.

28 World Bank, "Nominal GDP Figures in current US\$", 2025.

29 SIFMA, "2025 Capital Markets Fact Book", 2025.07, 10쪽.

30 위의 글, 12-14쪽.

31 Ashley Lester, "Investment Trends in Focus: Keeping Pace with the First-Half Market Reshuffle", MSCI Blog, 2025.07.

32 Sunny Banerjea, "American Economic Exceptionalism And The Role Of Business Leaders", Forbes Business Council, 2025.10.02

33 U.S. Department of the Treasury, "Fiscal Data: Debt to the Penny", 2025.12.31.

34 Congressional Research Service, "Foreign Holdings of Federal Debt," updated 2025, https://www.congress.gov/crs-product/RS22331.

35 U.S. Department of the Treasury, "Major Foreign Holders of Treasury Securities", 2023.12.

36 Phillip Swagel, "The Budget and Economic Outlook: 2024 to 2034", Congressional Budget Office(CBO), 2024.02.14.

37 U.S. Securities and Exchange Commission, "SEC Charges Coinbase for Operating as an Unregistered Securities Exchange, Broker, and Clearing Agency", 2023.06.06.

38 Coinbase Global, Inc., "Introducing Coinbase International Exchange", 2023.05.02.

39 Paul S. Atkins, "American Leadership in the Digital Finance Revolution", SEC Speech Transcript, 2025.07.31.

40 위의 글.

41 Robinhood, "Robinhood Launches Stock Tokens, Reveals Layer2 Blockchain, and Expands Crypto Suite in EU and US with Perpetual Futures and Staking," 2025.06.30.

42 이은서, "로빈후드, 비트스탬프 2억달러에 인수 완료… '기관 디지털자산' 진출 선언", 블록미디어, 2025.06.04.

43 "SEC v. W.J. Howey Co.", 328 U.S. 293, 1946.
하위 테스트(Howey Test):1946년 미국 대법원 판례(SEC v. W.J. Howey Co.)에서 확립된 증권성 판별 기준으로, ① 금전의 투자, ② 공동의 사업, ③ 투자 이익의 기대, ④ 타인의 노력에 의한 이익 발생이라는 네 가지 요건을 모두 충족할 때 증권으로 간주한다. 그러나 중앙화된 주체 없이 운영되는 탈중앙화 프로토콜이나 유틸리티 토큰에 이 80년 전의 기준을 일률적으로 적용하는 것이 부적절하다는 비판이 지속되어 왔으며, 폴 앳킨스 위원장의 프로젝트 크립토는 이를 보완하기 위한 새로운 법적 가이드라인을 제시하고 있다.

44 Paul S. Atkins, 앞의 글.

45 DefiLlama, "Total Value Locked in DeFi", 2021.12.30.

46 뉴욕 법무부는 로만 스톰을 세 가지 혐의로 기소했으며, 이에 대한 평결은 그리 단순하지 않다. 가장 형벌이 무거운 자금 세탁 공모와 제재 위반 공모 혐의에 대해서는 배심원단이 끝내 만장일치에 도달하지 못해 평결 불일치로 심사가 종료되었다. 배포된 코드를 개발자가 통제하기 어렵다는 논리가 일부 통용된 결과다. 반면 무허가 자금 전송 사업 운영 공모에 대해서는 만장일치로 유죄 평결이 내려졌다. 배심원단은 해커의 범죄 자금과 직접 연관되었는지를 떠나 당국의 허가 없이 토네이도 캐시라는 송금 프로토콜을 구축하고 서비스한 행위 자체를 명백한 미등록 불법 금융업으로 규정했다. 이에 로만 스톰은 최대 징역 5년형을 받을 수 있는 처지에 놓여 있으며 항소를 준비 중이다.

47 Robin Fritsch et al., "Analyzing Voting Power in Decentralized Governance: Who Controls DAOs?", Digital Finance, Vol.5, No.3, 2024.

48 Brandon Kae and Ivan Wu, "Polymarkets Huge Year: $9 Billion in Volume and 314,000 Active Traders Redefine Prediction Markets", The Block, 2025.01.03.

49 Commodity Futures Trading Commission (CFTC), "How to Become a Designated Contract Market", 2018.01.12.

50 Bloomberg, "Stablecoin Transactions Rose to Record $33 Trillion in 2025", Bloomberg, 2026.01.08.

51 J.P. Morgan Private Bank, "Demystifying Stablecoins: The use cases, the pegging mechanism and the risks", J.P. Morgan Private Bank, 2025.10.13.

52 오태민·손혜민·김유정, 『비트코인 없는 미래는 없다』 거인의정원, 2025.

53 Circle, "Transparency & Stability: USDC Reserve Asset Composition", Circle.

54 Tether, 앞의 글.

55 U.S. Department of the Treasury, "Major Foreign Holders of Treasury Securities (TIC Data)", U.S. Treasury, 2025.11.

56 Plasma, "Why Crypto is Growing in Argentina", Plasma Learn, 2025.11.26

57 Chainalysis, "Sub-Saharan Africa: Nigeria Takes #2 in Global Crypto Adoption", Chainalysis Blog, 2024.10.02.

58 World Bank, 앞의 글.

59 Plasma, "The Rise of Stablecoins in Nigeria", Plasma Learn, 2025.12.19.

60 Chainalysis, "Latin America Emerges as a Crypto Powerhouse Amid Volatile Growth", Chainalysis Blog, 2025.10.02.

61 BVNK, "A Decade of Digital Dollars," 2024.

62 Lee E. Ohanian et al., The Impact of Bretton Woods International Capital Controls on the Global Economy and the Value of Geopolitical Stability: A General Equilibrium Analysis, NBER Working Paper Series, No. 31595, 2023.

63 Atlantic Council, "How Venezuela uses crypto to sell oil—and what the US should do about it", Atlantic Council, 2025.11.25.

64 TRM Labs, "2025 Crypto Adoption and Stablecoin Usage Report", TRM Labs, 2025.10.21.

65 TRM Labs, 앞의 글.

66 Christos Makridis, "Stablecoins Strengthen the Dollar and Empower the Developing World", The Heritage Foundation, 2025.12.03.

67 Tobias Adrian et al., "Understanding Stablecoins", IMF Departmental Paper No. 25/09, International Monetary Fund, 2025.12, 23-25쪽.

68 Alexander Copestake et al., "Macro-Financial Implications of Foreign Crypto Assets for Small Developing Economies", IMF Fintech Note 2023/012, International Monetary Fund, 2023.12, 5-6쪽.

69 Ripple, "The Role of Blockchain and Digital Assets in Cross-Border Payments", Ripple, 2020.09.10.

70 Bank for International Settlements, "Triennial Central Bank Survey of OTC Foreign Exchange Turnover in April 2025", 2025.09.30.

71 Oliver Wyman·J.P. Morgan, "Deposit Tokens: A foundation for stable digital money", Oliver Wyman Research Report, Oliver Wyman & J.P. Morgan, 2022.

72 박지원 외, 「지니어스 법(GENIUS Act)」 통과와 스테이블코인: 국제금융시장에 미치는 영향", 대외경제정책연구원(KIEP), 2025.

73 타이거리서치, "크립토 엑소더스: 한국 시장 160조 원 자금 유출 분석 리포트", 2025.

74 Chainalysis, "The 2025 Geography of Crypto Report", September 24, 2025

75 UK Parliament, "Carillion", 2018.05.16. 캐릴리온이 하도급 업체에 대한 대금 지급 주기를 고의적으로 연장하고 이를 역팩토링으로 상쇄하며 부채를 은폐한 구조를

자산 토큰 없는 미래는 없다

상세히 기술했다.

76 금융위원회, "[보도자료] 부동산 PF 상황 점검회의 개최", 2025.07.

77 한국형 PF의 특징인 책임준공 확약과 조건부 채무인수 약정은 회계상 우발채무로 분류되는 경우가 많다. 이는 캐릴리온 사태의 역팩토링이 차입 성격을 충분히 드러내지 못한 채 운영되면서 재무 구조의 불투명성을 키웠던 사례와 구조적으로 유사한 측면이 있다. 또한 건설 산업의 다층적 하도급 구조 역시 유동성 전이 경로가 될 수 있다. 원청 건설사의 신용도가 약화될 경우, 어음이나 외상매출채권 담보대출 등을 통해 자금을 조달하던 협력업체의 자금 흐름이 위축될 가능성이 있다. 정부는 2025년 하도급 대금 지급의 투명성과 안정성을 높이기 위한 전자대금지급시스템 의무화 등 제도 개선을 추진하고 있으나, 이러한 조치들이 모든 유동성 위험을 사전에 차단한다고 보기는 어렵다.

78 Timothy Yost, Shortages related to semiconductors to cost the auto industry $210 billion in revenues this year, says new AlixPartners forecast, AlixPartners, 2021.09.23.

79 McKinsey Global Institute, "Risk, resilience, and rebalancing in global value chains", 2020.08.06.

80 블록체인 기반 공급망 금융 전환이 공급망 교란 위험을 유의하게 낮추며, 효과가 특히 중소기업과 공급망 집중도가 높은 기업(특정 공급처 의존도가 큰 기업)에서 더 뚜렷한 것으로 조사되었다. P. Chen et al., "The impact of blockchain financial technology transformation on supply chain disruption risks", International Review of Economics & Finance, Vol.102, 2025.

81 블록체인을 도입한 SCF 기업군은 그렇지 않은 기업군에 비해 가치 하락과 변동성 충격이 완화되는 양상이 관찰되었다. S. Paul et al., "White knight in dark days? Supply chain finance firms, blockchain, and the COVID-19 pandemic", Information & Management, Vol.59, No.6, 2022.

82 BBVA CIB, "The Strategic Value of Supply Chain Finance: Beyond Funding", 2024.

83 Citi, "Citi Develops New Digital Asset Solution for Institutional Clients", Press Release, 2023.09.18.

84 Olea, "SC Ventures-backed SWIAT and Olea Partner to Enable Trade Financing on Blockchain", 2024.09.19.

85 Ledger Insights, "Blockchain Startup DLTledgers Processes More Than $3 Billion in Trade Finance", 2020.04.09.

86 Binance, "What Is Polymesh (POLYX)?", 2024.05.17.

87 UK Government, "Electronic Trade Documents Act 2023",

88 ICC Digital Standards Initiative, "Key Trade Documents and Data Elements(KTD-DE)", 2024.

89 Swift, "Swift explores blockchain interoperability to remove friction from to-kenised asset settlement", 2023.06.06.

90 Swift, "Swift unlocks potential of tokenisation with successful blockchain experi-ments", 2023.08.31.

91 Swift, "Swift takes bold steps to unlock the benefits of digital finance on a global scale", 2024.10.03.

92 WTO & ICC, "The Long-Run Impact of Digitalization on Trade Patterns", 2024.

93 Reuters, "Qingdao metals scandal accused handed 23-year jail term", 2018.12.10,

94 Caixin Global, "Dezheng founder gets 23 years in prison over port forgery scan-dal", 2018.12.12.

95 Reuters, "StanChart takes $175 million provision for suspected Qingdao fraud," 2014.08.06.

96 Reuters, "Hin Leong Trading founder on trial accused of cheating HSBC", 2023.04.11.

97 International Chamber of Commerce (ICC) Banking Commission, "Technical Ad-visory Briefing No. 3: Reducing discrepancy rates under Documentary Credits," 2022.06.27.

98 Reuters, "Bitcoin slides on 'fraud' warning from JPMorgan's Dimon", Reuters, 2017.09.13.

99 Ethena Labs, "USDtb Whitepaper", 2025.10.13.

100 Wikipedia, "2025 United States federal government shutdown", Wikipedia, 2026.02.02(최종 수정)

101 U.S. Department of the Treasury, Treasury International Capital Data for Octo-ber, 2025.12.18.

102 Michael J. Blankenship et al., "DTCC Partners with Digital Asset to Tokenize DTC-Custodied U.S. Treasury Securities", Winston & Strawn LLP (Capital Markets & Securities Law Watch), 2025.

103 Ledger Insights, "Goldman Sachs joins JP Morgan Repo blockchain network", Ledger Insights, 2021.06.23.

104 Broadridge Financial Solutions, "Broadridge's Distributed Ledger Repo Platform Processes Nearly $9 Trillion in December", Broadridge Press Release, 2026.01.08.

105 아이뉴스, "시큐리타이즈, 2025년 성과 발표…토큰화 자산 규모 34억 달러 기록", 2026.01.06.

106 Franklin Templeton, "Franklin Templeton Announces Availability of Peer-to-Peer Transfers for Franklin OnChain U.S. Government Money Fund", Franklin Templeton, 2024.04.25.

107 Coindesk, "로빈후드의 신규 벤처 펀드가 스트라이프와 일레븐랩스 지분을 최근 인수", 2026.03.17.

108 World Bank, "World Bank partners with Swiss National Bank and SIX Digital Exchange to advance digitalization in capital markets (Case Study)", World Bank Treasury, 2024.06, 1쪽.

109 Deutsche Börse Group, "D7 DLT: Clearstream Launches Tokenized Securities Platform", Deutsche Börse Group Press Release, 2025.11.04., bloomingbit, "NYSE, 시큐리타이즈와 토큰증권 플랫폼 개발…24시간 거래 추진", 2026.03.24.

110 싱가포르 금융청(MAS), 「Project Guardian: Operationalising Tokenised Funds」, 싱가포르 금융청(Monetary Authority of Singapore), 2025.11.12, 15-22쪽., ADGM, "Guidance - Regulation of Digital Securities Activities in ADGM", 2020.02.24.

111 금융위원회, 「토큰 증권(Security Token) 발행·유통 규율체계 정비방안」, 보도자료, 2023.02.06.

112 Finanzmarktaufsicht Liechtenstein, Token and TT Service Provider Act (TVTG), 2020.01.01.

113 Regulated United Europe, "Liechtenstein Crypto Regulation 2026", RUE, 2024.05.08.

114 UN, "World Urbanization Prospects 2025", 2025.

115 IFC, "Scaling Housing Finance in Africa", 2024.

116 World Bank, "Doing Business 2020: Comparing Business Regulation in 190 Economies", 2019.

117 Kenya Mortgage Refinance Company, "State of Banking Sector Mortgage Market in Kenya", 2024.

118 심영재, "17만원에 스페인 집주인 된다… 리엔탈 부동산 토큰 첫 공인", 블록미디어, 2025.

119 Lea, "A Run Through of the Maker Governance Process Using Centrifuge", Centrifuge Governance Forum, 2021. 04.

120 Bitcoinworld, "Chintai Tokenizes $28B in Indonesian Development Rights via Blockchain Partnership", Kucoin, 2026. 01. 07.

121 통계청·한국은행·금융감독원, "2025년 가계금융복지조사 결과", 통계청, 2025, 26-28쪽.

122 부동산투자회사법 제2조1호, 제14조8호, 제21조1호, 제28조.
부동산투자회사법에 따르면 부동산투자회사(REITs)는 다수의 투자자로부터 자금을 확보하여 부동산, 부동산 관련 증권 등에 투자·운용하고 그 수익을 투자자에게 배당하는 것을 목적으로 설립 된 주식회사이다.

123 금융위원회, "토큰 증권(ST) 발행·유통 규율체계 정비방안", 2023. 02. 05., 4쪽.
토큰증권(ST)은 개별 자산의 수익권화에 초점이 맞춰져 있으며, 특정 자산에 대한 수익 증권 보유자의 지위를 갖는다.

124 자본시장법 제4조 제5항 및 제6항. 수익증권 또는 투자계약증권의 정의와 적용을 설명한다.
자본시장법 제11조 제1항. 누구든지 금융투자업의 인가를 받지 아니하고는 금융투자업을 영위하여서는 아니 된다는 무인가 영업행위 금지를 적용한다.
자본시장법 제444조(벌칙) 제1항. 다음 각 호의 어느 하나에 해당하는 자는 5년 이하의 징역 또는 2억 원 이하의 벌금에 처한다.

125 소득세법 제16조 제1항 제11호. 이자소득으로서 비영업대금의 이익은 원천징수세율 25%에 지방소득세 10%를 합산한 27.5%를 세율로서 적용한다. 자본시장법 제444조(벌칙) 제1항. 다음 각 호의 어느 하나에 해당하는 자는 5년 이하의 징역 또는 2억 원 이하의 벌금에 처한다.

126 자본시장법 제110조 제1항. 신탁업자는 금전신탁계약에 의한 수익권이 표시된 수익증권을 발행할 수 있다.

127 지방세법 제107조 제2항 제5호 및 종합부동산세법 제7조 제2항. 신탁된 주택의 재산세 및 종합부동산세 납세의무자는 실질 소유자인 위탁자로 본다.

128 소득세법 제17조 제1항. 수익증권 등에서 발생하는 수익의 분배금을 배당소득의 범주에 포함시킨다. 소득세법 제129조 제1항 제2호 나목. 배당소득에 관한 원천징수세율은 14%이다.

129 지방세법 제13조의2 제1항 제1호. 법인이 주택을 유상으로 취득하는 경우 표준세율에 중과기준세율을 합산한 세율인 12%을 적용한다는 규정이다. (법인의 주택 취득 등 중과세율에 관한 법률)

130 종합부동산세법 제9조 제2항. 법인이 보유한 주택에 대해 기본공제를 배제하고 주

자산 토큰 없는 미래는 없다

택 수에 따라 단일 세율(2.7% 또는 5.0%)을 적용한다.

131 법무법인 율촌, 토큰증권 관련 전자증권법 및 자본시장법 개정안 국회 본회의 통과, 2026.

132 GDP 대비 가계부채의 1위는 100%라는 숫자를 기록한 캐나다이다. 캐나다는 가계, 금융, 정부 모두 GDP 대비 많은 부채를 가용하는 국가이다. 자세한 내용은 Institute of International Finance(IIF), "Global Debt Monitor: A New Wave of Debt Accumulation Ahead", 2025, 6쪽. 참조.

133 통계청·한국은행·금융감독원, 앞의 글, 8쪽.

134 위의 글, 6쪽.

135 위의 글, 37쪽.

136 United Nations Industrial Development Organization(UNIDO), "International Yearbook of Industrial Statistics 2025". Vienna: UNIDO, 2025.

137 Fortune Business Insights, "Semiconductor Market Size, Share & Industry Analysis", 2026.03.23.

138 Focus Taiwan. "Taipei Home Unit Sells for Reported Record NT$4 Million per Ping", 2025.10.23.

139 Taiwan News. "Apartment at Taipei's Tao Zhu Yin Yuan Sold for Record NT$1.2 Billion", 2025.10.

참고문헌

금융위원회, "토큰 증권(ST) 발행·유통 규율체계 정비방안", 금융위원회, 2023.02.06, https://www.fsc.go.kr/no010101/79386?srchCtgry=&curPage=&srchKey=&srch-Text=&srchBeginDt=&srchEndDt= (2026.02.03).

김갑래, 「토큰증권 발행·유통 제도 구축에 있어서의 주요 이슈 및 발전 방안」, 『이슈보고서 24-12』, 자본시장연구원, 2024.06.20.

김정우, "중소 코인 거래소··· 달러 환전소 전략", 서울경제, 2026.01.13.

김종호, 「토큰증권(STO)의 개념과 그 활용의 확산방안 - 오래된 병에 담긴 새 와인의 유통」, 『지급결제학회지』, 제16권 제1호, 한국지급결제학회, 2024.

김주호, 「실물 부동산 토큰화와 현행 등기 제도의 법적 정합성에 관한 고찰」, 『토지법학』, 제41권 제1호, 한국토지법학회, 2025.

리히텐슈타인 정부, Token and TT Service Provider Act (TVTG), 2020.01.01(시행).

박지원, 최홍석, 조영두, "「지니어스 법(GENIUS Act)」 통과와 스테이블코인: 국제금융시장에 미치는 영향", 대외경제정책연구원(KIEP), 2025.09.12, https://www.kiep.go.kr/gallery.es?mid=a10101010000&bid=0003&list_no=11999&act=view (2026.02.12).

부동산투자회사법, [시행 2024. 8. 14] [법률 제20294호, 2024. 2. 13, 일부개정].

소득세법, [시행 2025. 1. 1] [법률 제20153호, 2023. 12. 31, 일부개정].

에르난도 데 소토, 『자본의 미스터리』, 김원호 역, 에코리브르, 2003.

오태민·손혜민·김유정, 『비트코인 없는 미래는 없다』, 거인의정원, 2025.

이광희, 『화폐의 언어』, 한양대학교 출판부, 2026.

이은서, "로빈후드, 비트스탬프 2억달러에 인수 완료… '기관 디지털자산' 진출 선언", 블록미디어, 2025.06.04, https://www.blockmedia.co.kr/archives/920824 (2026.04.11).

자본시장과 금융투자업에 관한 법률, [시행 2025. 1. 1] [법률 제19924호, 2023. 12. 31, 타법개정].

정용환, "로빈후드, 일반 투자자를 위한 벤처 투자 펀드 출시 예정", 스타트업레시피(Start-up Recipe), 2025.09.24, https://startuprecipe.co.kr/archives/5745910 (2026.02.04).

종합부동산세법, [시행 2025. 1. 1] [법률 제19921호, 2023. 12. 31, 타법개정].

지방세법, [시행 2025. 1. 1] [법률 제20154호, 2023. 12. 31, 일부개정].

진영기, "원·달러 환율, 한 달 만에 장중 1480원 돌파", 한국경제, 2026.01.21.

크리스 딕슨, 『읽고 쓰고 소유하다』, 김의석 옮김, 매경출판, 2024.

타이거리서치, "크립토 엑소더스: 한국 시장 160조 원 자금 유출 분석 리포트", 2025. 12. 29, https://reports.tiger-research.com/p/160t-korea-exodus-kor (2026. 02. 11).

통계청·한국은행·금융감독원, "2025년 가계금융복지조사 결과", 통계청, 2025. 12. 04, https://mods.go.kr/board.es?mid=a10301010000&bid=215&list_no=439535&act=view&mainXml=Y (2026. 02. 03).

Jeff John Roberts, "BlackRock offers DeFi trading for the first time, buys Uniswap tokens", Fortune, 2026. 02. 11, https://fortune.com/2026/02/11/blackrock-uniswap/ (2026. 02. 21).

ADGM, "Guidance - Regulation of Digital Securities Activities in ADGM", 2020. 02. 24. https://en.adgm.thomsonreuters.com/sites/default/files/net_file_store/ADGM1547_19883_VER02240220.pdf (2026. 03. 18).

Alexander Copestake et al., "Macrofinancial Implications of Foreign Crypto Assets for Small Developing Economies", IMF Fintech Note 2023/012, International Monetary Fund, 2023. 12.

Amy Oldenburg·Frederick McMullen, "Stablecoins - Modernizing financial infrastructure", Morgan Stanley, 2025. 09. 15, https://www.morganstanley.com/im/en-gb/intermediary-investor/insights/articles/modernizing-financial-infrastructure.html (2026. 02. 02).

Ashley, Lester, "Investment Trends in Focus: Keeping Pace With the First-Half Market Reshuffle", MSCI Blog, 2025. 07, https://www.msci.com/research-and-insights/blog-post/investment-trends-in-focus-keeping-pace-with-the-first-half-market-reshuffle (2026. 02. 03).

Atlantic Council, "How Venezuela uses crypto to sell oil—and what the US should do about it", Atlantic Council, 2025. 11. 25, https://www.atlanticcouncil.org/blogs/new-atlanticist/how-venezuela-uses-crypto-to-sell-oil-and-what-the-us-should-do-about-it/ (2026. 02. 02.).

Ayllon, Teodoro and Nathan Azrin, The Token Economy: A Motivational System for Therapy and Rehabilitation, New York: Appleton-Century-Crofts, 1968.

Banerjea, Sunny, "American Economic Exceptionalism and the Role of Business Leaders", Forbes Business Council, 2025. 10. 02, https://www.forbes.com/councils/forbesbusinesscouncil/2025/10/02/american-economic-exceptionalism-and-the-role-of-business-leaders/ (2026.02.03).

Bank for International Settlements (BIS), "The Future Monetary System", BIS Bulletin No. 72, 2022, https://www.bis.org/publ/arpdf/ar2022e3.htm (2026.01.28).

Bank for International Settlements (BIS), "Triennial Central Bank Survey of OTC Foreign Exchange Turnover in April 2025", 2025.09.30, https://www.bis.org/statistics/rpfx25.htm (2026.02.11).

BBVA CIB, "The Strategic Value of Supply Chain Finance: Beyond Funding", 2024.12.04, https://www.bbvacib.com/insights/news/the-strategic-value-of-supply-chain-finance-beyond-funding/ (2026.01.29).

Beyoud, Lydia, "Gemini Gets Key CFTC Sign-off as Firm Eyes Prediction Markets", Bloomberg, 2025.12.11, https://www.bloomberg.com/news/articles/2025-12-10/gemini-gets-key-cftc-sign-off-as-firm-eyes-prediction-markets (2026.02.03).

Binance, "What Is Polymesh (POLYX)?", 2024.05.17, https://www.binance.com/en/academy/articles/what-is-polymesh-polyx (2026.04.12).

BlackRock, "BlackRock Launches Its First Tokenized Fund, BUIDL", BlackRock, 2024.03.20, https://www.blackrock.com/corporate/newsroom/press-releases/article/repository/press-releases/corporate/2024/march/blackrock-launches-first-tokenized-fund-buidl (2026.02.03.).

Blankenship, Michael J., Ben D, Smolij · Jacob Botros, "DTCC Partners with Digital Asset to Tokenize DTC-Custodied U.S. Treasury Securities", Winston & Strawn LLP (Capital Markets & Securities Law Watch), 2025.12.23, https://www.winston.com/en/blogs-and-podcasts/capital-markets-and-securities-law-watch/dtcc-partners-with-digital-asset-to-tokenize-dtc-custodied-us-treasury-securities (2026.02.04).

Blockmedia, "스페인 리엔탈, 규제 틀 안에서 부동산 토큰화 채권 발행 성공", 블록미디어, 2025.12.31, https://www.blockmedia.co.kr/archives/1027013 (2026.02.01).

Bloomberg, "Stablecoin Transactions Rose to Record $33 Trillion in 2025", Bloomberg, 2026.01.08, https://www.bloomberg.com/news/articles/2026-01-08/stablecoin-transactions-rose-to-record-33-trillion-led-by-usdc (2026.02.02).

Boston Consulting Group and ADDX, "Relevance of On-chain Asset Tokenization in Crypto Winter", Boston Consulting Group and ADDX, 2022.08, https://www.bcg.com/publications/2022/relevance-of-on-chain-asset-tokenization (2026.02.03).

Broadridge Financial Solutions, "Broadridge's Distributed Ledger Repo Platform Pro-

자산 토큰 없는 미래는 없다

cesses Nearly $9 Trillion in December", Broadridge Press Release, 2026.01.08, https://www.broadridge.com/press-release/2026/broadridge-distributed-ledger-repo-platform-december (2026.01.31).

Buterin, Vitalik, "A Next-Generation Smart Contract and Decentralized Application Platform", Ethereum White Paper, 2014 https://cryptorating.eu/whitepapers/Ethereum/Ethereum_white_paper.pdf (2026.01.27.).

BVNK, "A Decade of Digital Dollars," BVNK Report, 2024.06.01, https://bvnk.com/report/decade-of-digital-dollars (2026.01.30).

Central Bank of Nigeria, "Letter to All Deposit Money Banks, Non-Bank Financial Institutions and Other Financial Institutions", Central Bank of Nigeria, 2021.02.05, https://www.cbn.gov.ng/Out/2021/CCD/Letter%20on%20Crypto.pdf (2026.02.03).

Chainalysis, "APAC Crypto Adoption Accelerates With Distinct National Pathways", Chainalysis Blog, 2025.09.24, https://www.chainalysis.com/blog/asia-pacific-crypto-adoption-2025/ (2026.02.11).

Chainalysis, "Latin America Emerges as a Crypto Powerhouse Amid Volatile Growth", Chainalysis Blog, 2025.10.02 https://www.chainalysis.com/blog/latin-america-crypto-adoption-2025/ (2026.01.31).

Chainalysis, "Sub-Saharan Africa: Nigeria Takes #2 in Global Crypto Adoption", Chainalysis Blog, 2024.10.02 https://www.chainalysis.com/blog/subsaharan-africa-crypto-adoption-2024/ (2026.02.02).

Chainalysis, "The 2021 Geography of Cryptocurrency Report", Chainalysis, 2021.10, https://blog.chainalysis.com/reports/2021-geography-of-cryptocurrency-report/ (2026.02.03).

Chainalysis, "The 2024 Geography of Cryptocurrency Report", Chainalysis, 2024.10.01, https://www.chainalysis.com/reports/2024-geography-of-cryptocurrency-report/ (2026.02.02).

Chen, Keith, Venkat Lakshminarayanan and Laurie Santos, "The Evolution of Our Preferences: Evidence from Capuchin-Monkey Trading Behavior", Cowles Foundation Discussion Papers, no.1524 (2005): 1-26.

Chintai, "Chintai and Maluku Archipelago Joint Venture Unveil one of the World's Largest Regulated Nature-Based Asset Tokenization Projects", PR Newswire, 2025.08.28, https://www.prnewswire.com/news-releases/chintai-and-maluku-archipelago-joint-venture-unveil-one-of-the-worlds-largest-regulated-nature-based-asset-tokenization-projects-302653742.html (2026.02.02).

Christos Makridis, "Stablecoins Strengthen the Dollar and Empower the Developing World", The Heritage Foundation, 2025.12.03. https://www.heritage.org/international-economies/commentary/stablecoins-strengthen-the-dollar-and-empower-the-developing (2026.02.04).

Circle, "How USDC Works: Reserves and Redemptions", https://www.circle.com/en/usdc (2026.02.02).

Circle, "Transparency & Stability: USDC Reserve Asset Composition", Circle, https://www.circle.com/transparency (2026.02.02).

Citi, "Citi Develops New Digital Asset Solution for Institutional Clients", Press Release, 2023.09.18, https://www.citigroup.com/global/news/press-release/2023/citi-develops-new-digital-asset-capabilities-for-institutional-clients (2026.01.30).

Citi, "Securities Services Evolution", Citi, 2025.09.30, https://www.citigroup.com/global/insights/securities-services-evolution-2025 (2026.02.03).

Coinbase Global, Inc., "Introducing Coinbase International Exchange", Coinbase Blog, 2023.05.02, https://www.coinbase.com/en-mx/blog/introducing-coinbase-international-exchange (2026.02.03).

Committee on the Global Financial System, 『Repo market functioning』(CGFS Papers No. 59), Bank for International Settlements, 2017.04.12.

Commodity Futures Trading Commission (CFTC), "How to Become a Designated Contract Market", Commodity Futures Trading Commission (CFTC), 2018.01.12, https://www.cftc.gov/solr-search/content?keys=designated+contract+markets (2026.02.03).

Conder, James, An Arrangement of Provincial Coins, Tokens, and Medalets, Ipswich: George Jermyn, 1798.

Cynthia Kim, "US Treasury says recent Korean won weakness not aligned to fundamentals", Reuters, 2026.01.30.

Deci, Edward L., "Effects of Externally Mediated Rewards on Intrinsic Motivation", Journal of Personality and Social Psychology 18, no.1 (1971): 105-115.

DefiLlama, "Total Value Locked in DeFi", DefiLlama, 2021.12.30, https://defillama.com (2026.02.03).

Deutsche Börse Group, "D7 DLT: Clearstream Launches Tokenized Securities Platform",

자산 토큰 없는 미래는 없다

Deutsche Börse Group Press Release, 2025.11.04, https://www.deutsche-boerse. com/dbg-en/media/news-stories/press-releases/D7-DLT-Clearstream-Launch-es-Tokenized-Securities-Platform-4757912 (2026.02.04).

Doina Chiacu · Jihoon Lee, "Bessent says Korean won's depreciation not in line with fundamentals", Reuters, 2026.01.14.

Ethena Labs, "USDtb: A New Standard for Digital Dollars Backed by BUIDL", Ethena Documentation, 2025.09.01, https://docs.ethena.fi/usdtb (2026.01.31).

Fink, Larry and Rob, Goldstein, "How Tokenisation Could Transform Finance", The Economist, 2025.12.06, https://www.economist.com/by-invitation/2025/12/06/larry-fink-and-rob-goldstein-on-how-tokenisation-could-transform-finance (2026.02.03).

Focus Taiwan, "Taipei Home Unit Sells for Reported Record NT$4 Million per Ping", 2025.10.23. https://focustaiwan.tw/business/202510230015 (2026.02.26).

Fortune, "Bitcoin offers freedom from political repression—and that's why governments are afraid", Fortune, 2021.02.18, https://fortune.com/2021/02/18/bitcoin-censorship-political-repression-deplatforming-china-belarus-russia-nigeria-crypto/ (2026.02.02).

Franklin Templeton, "Franklin Templeton Announces Availability of Peer-to-Peer Transfers for Franklin OnChain U.S. Government Money Fund", Franklin Templeton, 2024.04.25, https://www.franklintempleton.com/press-releases/news-room/2024/franklin-templeton-announces-availability-of-peer-to-peer-transfers-for-franklin-onchain-u.s.-government-money-fund (2026.01.31).

Franklin Templeton, "Invest with Benji", Franklin Templeton Digital Assets, https://digitalassets.franklintempleton.com/benji/?utm_source=chatgpt.com (2026.01.31).

Fritsch, Robin, Marino Müller, and Roger Wattenhofer, "Analyzing Voting Power in Decentralized Governance: Who Controls DAOs?", Digital Finance, Vol.5, No.3, (2024) 1-33.

Hull, Clark. L., "The Goal-gradient Hypothesis and Maze Learning", Psychological Review 39, no.1 (1932): 25-43.

ICC Digital Standards Initiative, "Key Trade Documents and Data Elements(KTDDE)", 2024.04, https://iccwbo.org/wp-content/uploads/sites/3/2024/04/2024-ICC-DSI-Key-Trade-Documents-and-Data-Elements.pdf (2026.01.31).

International Chamber of Commerce (ICC) Banking Commission, "Technical Advi-

sory Briefing No. 3: Reducing discrepancy rates under Documentary Credits,"
2022.06.27.

Institute of International Finance (IIF), "Global Debt Monitor: A New Wave of Debt
Accumulation Ahead", IIF Report, 2025.12.09, https://www.iif.com/Search-Re-
sults?search=global%20debt%20monitor&sb-bhvr=1&sb-logid=144493-4symqgem-
fj7yiw1k&sb-page=1 (2026.02.03).

Internal Revenue Service, "FIRPTA Withholding", Internal Revenue Service, 2025.10.15,
https://www.irs.gov/individuals/international-taxpayers/firpta-withholding
(2026.02.04).

International Monetary Fund · Financial Stability Board, "IMF-FSB Synthesis Paper: Pol-
icies for Crypto-Assets", Financial Stability Board, 2023.09.07.

International Trade Centre, "Global Digital Trade Development Report 2025",
2025, https://www.intracen.org/sites/default/files/media/file/media_
file/2025/09/25/0103041315.pdf (2026.02.01.).

J.P. Morgan Asset Management, "J.P. Morgan Asset Management Launches Its First
Tokenized Money Market Fund", J.P. Morgan Asset Management(보도자료),
2025.12.15, https://am.jpmorgan.com/us/en/asset-management/adv/about-us/
media/press-releases/jp-morgan-asset-management-launches-its-first-tokenized-
money-market-fund/?utm_source=chatgpt.com (2026.01.31).

J.P. Morgan Private Bank, "Demystifying Stablecoins: The use cases, the pegging mech-
anism and the risks", J.P. Morgan Private Bank, 2025.10.13, https://privatebank.
jpmorgan.com/apac/en/insights/markets-and-investing/demystifying-stablecoins
(2026.02.02).

Kae, Brandon and Ivan Wu, "Polymarket's Huge Year: $9 Billion in Volume and 314,000
Active Traders Redefine Prediction Markets", The Block, 2025.01.03, https://www.
theblock.co/post/333050/polymarkets-huge-year-9-billion-in-volume-and-314000-
active-traders-redefine-prediction-markets (2026.02.03).

Kahneman, Daniel and Amos Tversky, "Prospect Theory: An Analysis of Decision un-
der Risk", Econometrica 47, no.2 (1979): 263-292.

Kenya Mortgage Refinance Company, "State of Banking Sector Mortgage Market in
Kenya", 2024, https://kmrc.co.ke/assets/file/2604ffdf-state-of-the-banking-mort-
gage-market.pdf (2026.02.26).

Krisztian Sandor, "Asset Tokenization in Europe Gets a Boost With Securitize's Land-

자산 토큰 없는 미래는 없다

mark Tokenized Equity Issuance", CoinDesk, 2023.07.27, https://www.coindesk.com/business/2023/07/27/asset-tokenization-in-europe-gets-a-boost-with-securitizes-landmark-tokenized-equity-issuance (2026.02.02).

Lea, "A run through of the maker governance process using centrifuge", Centrifuge Governance Forum, 2021.04.20, https://gov.centrifuge.io/t/a-run-through-of-the-maker-governance-process-using-centrifuge/1984 (2026.02.02).

Ledger Insights, "Blockchain Startup Dltledgers Processes More Than 3 Billion in Trade Finance", 2020.04.09, https://www.ledgerinsights.com/blockchain-startup-dltledgers-processes-more-than-3-billion-in-trade-finance/ (2026.02.02).

Ledger Insights, "Goldman Sachs joins JP Morgan Repo blockchain network", Ledger Insights, 2021.06.23, https://www.ledgerinsights.com/goldman-sachs-joins-jp-morgan-repo-blockchain-network/ (2026.01.31).

Lybarger, A. Stephen, "Chartering, Organization and Structure", Office of the Comptroller of the Currency (OCC), 2025.12.12, https://www.occ.gov/news-issuances/news-releases/2025/nr-occ-2025-125a.pdf (2026.02.03.).

McKinsey Global Institute, "Risk, Resilience, and Rebalancing in Global Value Chains", 2020.08, https://www.mckinsey.com/capabilities/operations/our-insights/risk-resilience-and-rebalancing-in-global-value-chains (2026.02.24).

Monetary Authority of Singapore, "Project Guardian: Operationalising Tokenised Funds", 2025.11.12.

Nunes, Joseph C. and Xavier Drèze, "The Endowed Progress Effect: How Artificial Advancement Increases Effort", Journal of Consumer Research 32, no.4 (2006): 504-512.

Ohanian, Lee E., Paulina Restrepo-Echavarria, Diana Van Patten, Mark L.J. Wright, The Impact of Bretton Woods International Capital Controls on the Global Economy and the Value of Geopolitical Stability: A General Equilibrium Analysis, NBER Working Paper Series, no. 31595 (2023).

OKX, "On-Demand Liquidity (ODL): How Ripple and XRP Power Instant Payments", OKX Learn, 2025.11.18, https://www.okx.com/learn/on-demand-liquidity-odl-ripple-xrp (2026.02.02).

Oliver Wyman · J.P. Morgan, "Deposit Tokens: A foundation for stable digital money", Oliver Wyman Research Report, Oliver Wyman & J.P. Morgan, 2023.02.09.

Plasma, "The Rise of Stablecoins in Nigeria", Plasma Learn, 2025.12.19 https://www.

plasma.to/learn/nigeria-stablecoins (2026.01.31).

Regulated United Europe, "Liechtenstein Crypto Regulation 2026", RUE, 2024.05.08, https://rue.ee/kr/crypto-regulations/liechtenstein/ (2026.02.01).

Reuters, "Bitcoin slides on 'fraud' warning from JPMorgan's Dimon", Reuters, 2017.09.13, https://www.reuters.com/article/technology/bitcoin-slides-on-fraud-warning-from-jpmorgans-dimon-idUSKCN1BO232/ (2026.02.03).

Ripple, "The Role of Blockchain and Digital Assets in Cross-Border Payments", Ripple, 2020.09.10, https://ripple.com/insights/the-role-of-blockchain-and-digital-assets-in-cross-border-payments/ (2026.02.02).

Robert N. McCauley, 「Safe assets: Made, not just born」, BIS Working Papers No. 769, Bank for International Settlements, 2019.02.27.

Robinhood Markets, Inc., "Robinhood to Acquire Bitstamp", Robinhood Investor Relations, 2024.06.06, https://investors.robinhood.com/events/event-details/robinhood-acquire-bitstamp (2026.02.03).

Robinhood, "Robinhood Launches Stock Tokens, Reveals Layer2 Blockchain, and Expands Crypto Suite in EU and US With Perpetual Futures and Staking", Robinhood Newsroom, 2025.06.30, https://robinhood.com/us/en/newsroom/robinhood-launches-stock-tokens-reveals-layer-2-blockchain-and-expands-crypto-suite-in-eu-and-us-with-perpetual-futures-and-staking/ (2026.02.03).

Ryan, Richard M. and Edward L. Deci, "Self-Determination Theory and the Facilitation of Intrinsic Motivation, Social Development, and Well-Being", American Psychologist 55, no.1 (2000): 68-78.

Schmandt-Besserat, Denise, "From Accounting to Writing", Denise Schmandt-Besserat, last updated 2015.04.25, https://sites.utexas.edu/dsb/tokens/from-accounting-to-writing (2026. 02. 02).

Securitize, "BlackRock Launches Its First Tokenized Fund, BUIDL, on the Ethereum Network", Securitize, 2024.03.20, https://securitize.io/learn/press/blackrock-launches-first-tokenized-fund-buidl-on-the-ethereum-network?utm_source=chatgpt.com (2026.01.31).

Securitize, "Securitize Launches New Fund Administration Services and Surges Past $1B in On-chain Issuances", PR Newswire, 2024.10.31, https://www.prnewswire.com/news-releases/securitize-launches-new-fund-administration-services-and-surges-past-1b-in-on-chain-issuances-302292844.html (2026.01.31).

자산 토큰 없는 미래는 없다

Selgin, George, Good Money: Birmingham Button Makers, the Royal Mint, and the Beginnings of Modern Coinage, 1775-1821, Ann Arbor: University of Michigan Press, 2008.

Semiconductor Industry Association, "2025 SIA Factbook", SIA, 2025.05.01., https://www.semiconductors.org/wp-content/uploads/2025/05/2025-SIA-Factbook-FINAL-1.pdf (2026.02.26).

SIFMA, "2025 Capital Markets Fact Book", SIFMA, 2025.07, https://www.sifma.org/resources/research/capital-markets-fact-book/ (2026.02.03).

Singapore Land Authority, "Foreign ownership of property", Singapore Land Authority, 2026.02.03, https://www.sla.gov.sg/regulatory/foreign-ownership-of-property/ (2026.02.04).

Sujha Sundararajan, "Stablecoin Transactions Soared 72% in 2025, Hit $33T With USDC in Lead", yahoo finance, 2026.01.09, https://finance.yahoo.com/news/stablecoin-transactions-soared-72-2025-054951388.html (2026.01.30).

Supreme Court of the United States, "SEC v. W.J. Howey Co.", 328 U.S. 293 (1946), Cornell Law School Legal Information Institute, https://www.law.cornell.edu/supremecourt/text/328/293 (2026.02.03).

Swagel, Phillip, "The Budget and Economic Outlook: 2024 to 2034", Congressional Budget Office (CBO), 2024.02.14, https://www.congress.gov/118/meeting/house/116833/witnesses/HHRG-118-BU00-Wstate-SwagelP-20240214.pdf (2026.02.03).

Swift, "Swift Explores Blockchain Interoperability to Remove Friction From Tokenised Asset Settlement", 2023.06.06, https://www.swift.com/news-events/news/swift-explores-blockchain-interoperability-remove-friction-tokenised-asset-settlement (2026.01.27).

Swift, "Swift Takes Bold Steps to Unlock the Benefits of Digital Finance on a Global Scale", 2024.10.3, https://www.swift.com/news-events/news/swift-takes-bold-steps-unlock-benefits-digital-finance-global-scale (2026.01.29).

Swift, "Swift Unlocks Potential of Tokenisation With Successful Blockchain Experiments", 2023.08.31, https://www.swift.com/news-events/press-releases/swift-unlocks-potential-tokenisation-successful-blockchain-experiments (2026.01.28).

Taiwan News, "Apartment at Taipei's Tao Zhu Yin Yuan Sold for Record NT$1.2 Billion", 2025.10.25, https://www.taiwannews.com.tw/news/6228078 (2026.02.26.).

Tether, "Tether Delivers $10B+ Profits in 2025, $6.3B in Excess Reserves and Record $141 Billion Exposure in U.S. Treasury Holdings", Tether, 2026.01.30, https://tether.io/news/tether-delivers-10b-profits-in-2025-6-3b-in-excess-reserves-and-record-141-billion-exposure-in-u-s-treasury-holdings/ (2026.02.02).

Timothy S. Y. Lam Museum of Anthropology, "Ancient Coins: Make Your Own Money," Wake Forest University, 2021.03.24., https://lammuseum.wfu.edu/2021/03/ancient-coins-make-your-own-money/ (2026.02.06.).

Tobias Adrian et al., "Understanding Stablecoins", IMF Departmental Paper No. 25/09, International Monetary Fund, 2025. 12.

Treasury Borrowing Advisory Committee, 「Digital Assets and the Treasury Market (Charge 2)」, 「Report to the Secretary of the Treasury」, U.S. Department of the Treasury, 2024.10.

TRM Labs, "2025 Crypto Adoption and Stablecoin Usage Report", TRM Labs, 2025.10.21, https://www.trmlabs.com/reports-and-whitepapers/2025-crypto-adoption-and-stablecoin-usage-report (2026.01.31).

U.S. Congress, "S.1582 - Guiding and Establishing National Innovation for U.S. Stablecoins Act", Congress.gov, 2025.07.18, https://www.congress.gov/bill/119th-congress/senate-bill/1582/text (2026.01.31).

U.S. Department of the Treasury, "Fiscal Data: Debt to the Penny", Fiscal Data, 2025.12.31, https://fiscaldata.treasury.gov/datasets/debt-to-the-penny/debt-to-the-penny (2026.02.03).

U.S. Department of the Treasury, "Major Foreign Holders of Treasury Securities (TIC Data)", U.S. Treasury, 2025.11, https://ticdata.treasury.gov/resource-center/data-chart-center/tic/Documents/slt_table5.html (2026.02.02).

U.S. Department of the Treasury, Treasury International Capital Data for October, 2025.12.18, https://home.treasury.gov/news/press-releases/sb0342 (2026.02.25).

U.S. Department of the Treasury · Treasury Borrowing Advisory Committee, "Digital Assets and the Treasury Market: TBAC presentation", U.S. Department of the Treasury, 2024.10.

U.S. House Committee on Financial Services, 「Game Stopped: How the Meme Stock Market Event Exposed Troubling Business Practices, Inadequate Risk Management, and the Need for Legislative and Regulatory Reform」, U.S. House Committee on Financial Services, 2022.06.22,. https://democrats-financialservices.house.

자산 토큰 없는 미래는 없다

gov/uploadedfiles/6.22_hfsc_gs.report_hmsmeetbp.irm.nlrf.pdf (2026.02.02).

U.S. House of Representatives, "H.R. 3633: Digital Asset Market Clarity Act of 2025", Congress.gov, 2025.09.18, https://www.congress.gov/bill/119th-congress/house-bill/3633/text (2026.02.03).

U.S. Securities and Exchange Commission Division of Examinations, "Shortening the Securities Transaction Settlement Cycle", 2024.03.27.

U.S. Securities and Exchange Commission, "SEC Charges Coinbase for Operating as an Unregistered Securities Exchange, Broker, and Clearing Agency", 2023.06.06, https://www.sec.gov/newsroom/press-releases/2023-102 (2026.02.03).

UK Government, "Electronic Trade Documents Act 2023", 2023 (2026.01.30).

UK Parliament, "Carillion", 2018.05.16 (2026.03.03).

UN, "World Urbanization Prospects 2025", 2025.

United Nations Industrial Development Organization, "International Yearbook of Industrial Statistics 2025", UNIDO, 2025, https://stat.unido.org/publications/international-yearbook-industrial-statistics-2025 (2026.02.26.).

Vitalki Buterin, "Vitalik Buterin", about.me, https://about.me/vitalikbuterin (2026.02.04.).

Wikipedia, "2025 United States federal government shutdown", Wikipedia, 2026.02.02. (last updated), https://en.wikipedia.org/wiki/2025_United_States_federal_government_shutdown (2026.01.31).

Wolfe, John, "Effectiveness of Token Rewards for Chimpanzees", Comparative Psychological Monographs, Vol.12, No.5 (1936): 1-72.

World Bank, "Nominal GDP Figures in Current US$", World Bank Data, 2025, https://data.worldbank.org/indicator/NY.GDP.MKTP.CD?locations=US (2026.02.03).

World Bank, "The Global Findex Database 2025", World Bank, 2025, https://www.worldbank.org/en/publication/globalfindex (2026.02.03).

World Bank, "World Bank partners with Swiss National Bank and SIX Digital Exchange to advance digitalization in capital markets (Case Study)", World Bank Treasury, 2024.06, 1쪽, https://thedocs.worldbank.org/en/doc/61850daab4ddc23cbbcd-7653c32e842f-0340022024/original/World-Bank-Swiss-Digital-Bond-wCBDC-Case-Study-June-2024-final.pdf (2026.02.01).

WTO & ICC, "The Long-Run Impact of Digitalization on Trade Patterns", 2024.12.04, https://www.wto.org/english/res_e/reser_e/ersd202501_e.pdf (2026.01.31.).

Yost, Timothy, Shortages related to semiconductors to cost the auto industry $210 billion in revenues this year, says new AlixPartners forecast, AlixPartners, 2021.09.23, https://www.alixpartners.com/newsroom/press-release-shortages-related-to-semiconductors-to-cost-the-auto-industry-210-billion-in-revenues-this-year-says-new-alixpartners-forecast/ (2026.02.24).

Zhao, Hao, Li Liu, Yanan Fan, et al., "Radiocarbon-Dating an Early Minting Site: The Emergence of Standardised Coinage in China", Antiquity, Vol. 95, No.382 (2021): 1161-1178.

자산 토큰 없는 미래는 없다

자산 토큰 없는 미래는 없다

1판 1쇄 발행 2026년 4월 24일
1판 2쇄 발행 2026년 4월 30일

ⓒ 오태민 · 진성훈 · 박수훈 · 김유정 · 손혜민, 2026

지은이	오태민, 진성훈, 박수훈, 김유정, 손혜민
펴낸곳	거인의 정원
출판등록	제2023-000080호(2023년 3월 3일)
주소	서울특별시 강남구 영동대로602, 6층 P257호
이메일	nam@giants-garden.com